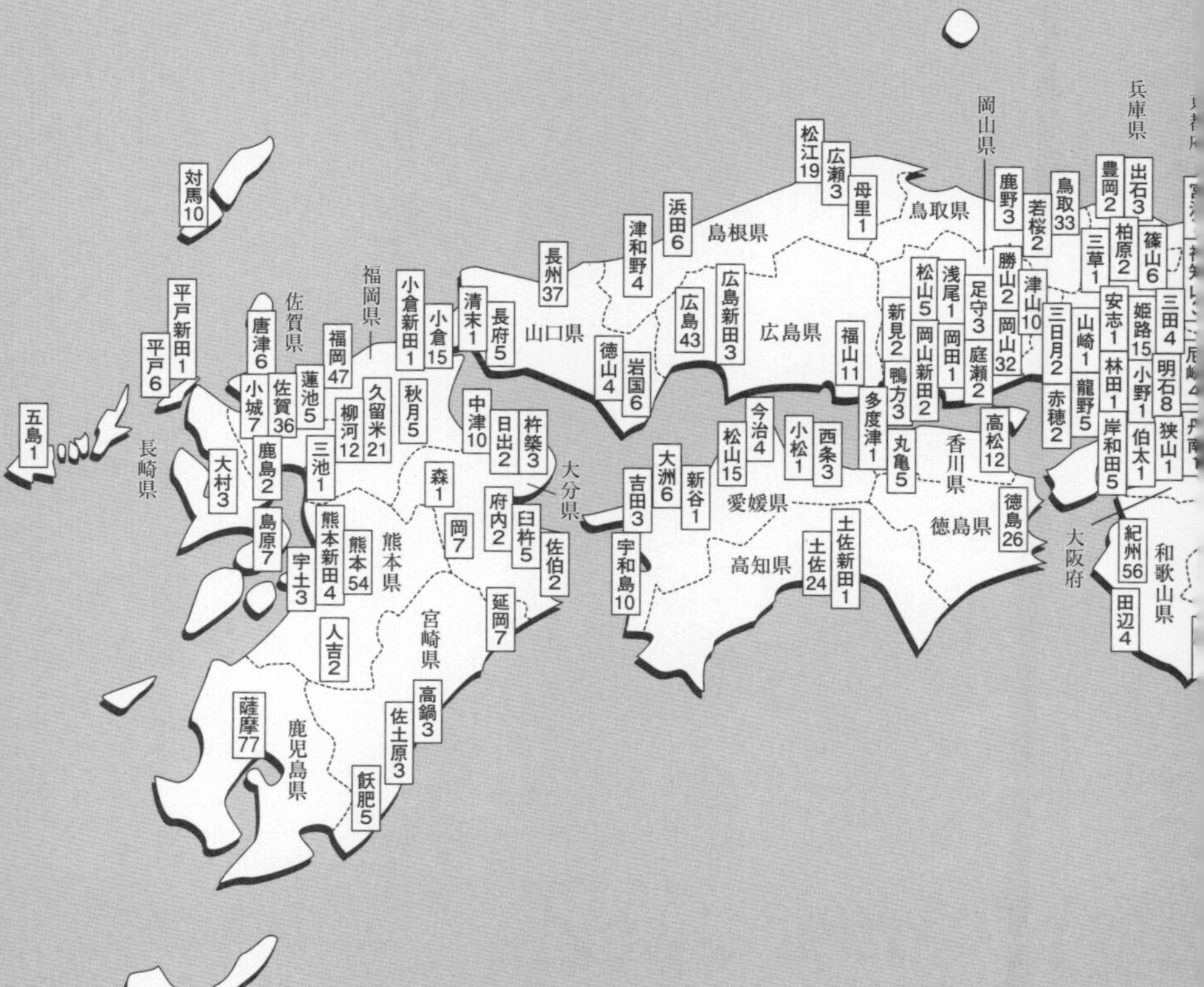
対馬10
平戸新田1
平戸6
五島1
長崎県
佐賀県
唐津6
小城7
佐賀36
蓮池5
鹿島2
大村3
島原7
福岡県
福岡47
柳河12
久留米21
三池1
小倉新田1
小倉15
秋月5
清末1
長府5
山口県
長州37
中津10
日出2
杵築3
大分県
森1
府内2
臼杵5
岡7
佐伯2
熊本新田4
熊本54
熊本県
宇土3
人吉2
延岡7
宮崎県
高鍋3
佐土原3
飫肥5
薩摩77
鹿児島県
津和野4
浜田6
島根県
松江19
広瀬3
母里1
広島43
広島新田3
広島県
徳山4
岩国6
福山11
鳥取県
岡山県
鹿野3
若桜2
鳥取33
松山5
浅尾1
足守3
勝山2
津山10
新見2
岡山新田2
岡田1
庭瀬2
岡山32
鴨方3
多度津1
丸亀5
高松12
香川県
今治4
小松1
西条3
松山15
大洲6
新谷1
吉田3
愛媛県
宇和島10
土佐24
土佐新田1
高知県
徳島県
徳島26
兵庫県
豊岡2
出石3
三草1
柏原2
篠山6
安志1
姫路15
三田4
三日月2
山崎1
林田1
明石8
赤穂2
龍野5
小野1
岸和田5
伯太1
狭山1
大阪府
紀州56
田辺4
和歌山県

シリーズ藩物語

小田原藩

下重清……著

現代書館

プロローグ

駿豆相《すんずそう》地域の要としての小田原

江戸時代の小田原藩は相模国足柄上郡・足柄下郡（現在の神奈川県西部地域）を小田原城のお膝元たる城付領《しろづきりょう》としていた。時期にもよるが、この城付領に隣接して駿河国駿東《すんとう》郡（御厨《みくりや》領）や伊豆国賀《か》茂《も》・君沢《きみさわ》・田方《たがた》郡（伊豆領）など、現在の静岡県側にも長らく藩領域を有していた。そして、これらの地域をまとめて「駿豆相《すんずそう》」と呼び慣わすことがある。

同一藩領であるという統治上の枠組みだけでなく、行政上の国境を越えて密接に関係し合う地域性や人と人とのつながりは、おそらく戦国時代、後北条氏★が一括支配していたことに由来しているに違いない。

足柄平野を流れる酒匂川《さかわがわ》の上流は鮎沢川として富士山麓まで遡ることができる。富士山の宝永噴火の折には、この流域が火山灰によるダメージを受けた。また、箱根関所など六関所は関東への出入り口とされたが、箱根外輪山の御要害を含めて首都江戸の藩屏《はんぺい》とされたのであり、いざという時に関所に駆け付ける村足軽は相模国側に

藩という公国

江戸時代、日本には千に近い独立公国があった

江戸時代。徳川将軍家の下に、全国に三百諸侯《しょこう》★の大名家があった。ほかに寺領や社領、知行所《ちぎょうしょ》★をもつ旗本領《はたもとりょう》などを加えると数え切れないほどの独立公国があった。そのうち諸侯を何々家《け》家中《かちゅう》と称していた。家中は主君を中心に家臣が忠誠を誓い、強い連帯感で結びついていた。家臣の下には足軽《あしがる》層《そう》★がおり、全体の軍事力の維持と領民の統制をしていたのである。その家中を藩と後世の史家は呼んだ。

江戸時代に何々藩と公称することはまれで、明治以降の使用が多い。それは近代からみた江戸時代の大名の領域や支配機構を総称する歴史用語として使われた。その独立公国たる藩にはそれぞれ個性的な藩風《はんぷう》と自立した政治・経済・文化があった。幕藩体制とは歴史学者伊東多三郎《いとうたさぶろう》★氏の視点だが、まさに将軍家の諸侯の統制と各藩の地方分権が巧く組み合わされていた、連邦でもない奇妙な封建的国家体制であった。

今日に生き続ける藩意識

明治維新から百四十年以上経っているのに、今

▶後北条氏＝北条早雲、氏綱、氏康、氏政、氏直と五代にわたって小田原に居城をかまえた戦国大名。

だけ配置されたのではない。駿河国側の村も関所の維持・管理を任された守村《もりむら》となっている。箱根（深良《ふから》）用水は、国境の山中を穿ち芦ノ湖の湖水で駿河国側に畑成田《はたなりた》を増やした。

さらに、相模湾に面した伊豆半島に産出する材木・石材、あるいは海産資源は戦国期より小田原に集められ、のち江戸（東京都）・浦賀（横須賀市）などに供された。将軍上洛や朝鮮通信使といった大通行の際、酒匂川に架けられた船橋は、小田原から伊豆の浦々に課された役目でもあった。

明治になって置かれた足柄県域も、おおよそこの「駿豆相」地域と重なる。のち県境をもって行政上は分割され、神奈川県と静岡県にそれぞれ組み込まれるが、富士箱根伊豆という括りで国立公園が設置される前から、交通網の充実が地域一体となって目指され、保養・観光の面では利害が一致し、歩調を合わせてきた。

これらの要が小田原であり、江戸時代の小田原藩・小田原城下のみならず、戦国時代から近代・現代まで一貫して「駿豆相」の枢要である立場は変わっていない。本書では以下、折に触れて「駿豆相」の要としての小田原の立ち位置を意識しながら小田原藩を解説していきたい。

でも日本人に藩意識があるのはなぜだろうか。明治四年（一八七一）七月、明治新政府は廃藩置県《はいはんちけん》★を断行した。県を置いて、支配機構を変革し、今までの藩意識を改めようとしたのである。ところが、今でも、「あの人は薩摩藩の出身だ」とか、「我らは会津藩の出身だ」と言う。それは侍出身だけでなく、藩領出身も指しており、藩意識が県民意識をうわまわっているところさえある。むしろ、今でも藩対抗の意識が地方の歴史文化を動かしている。そう考えると、江戸時代に育まれた藩民意識が現代人にどのような影響を与え続けているのかを考える必要があるだろう。それは地方に住む人々の運命共同体としての藩の理性が今でも生きている証拠ではないかと思う。

藩の理性は、藩風とか、藩是《はんぜ》とか、ひいては藩主の家風ともいうべき家訓などで表されていた。

〔稲川明雄（本シリーズ『長岡藩』筆者）〕

諸侯▼江戸時代の大名。
知行所▼江戸時代の旗本が知行として与えられた土地。
足軽層▼足軽・中間・小者など。
伊東多三郎▼近世藩政史研究家。東京大学史料編纂所教授を務めた。
廃藩置県▼幕藩体制を解体する明治政府の政治改革。廃藩により全国は三府三〇二県となった。同年末には統廃合により三府七二県となった。

シリーズ藩物語

小田原藩

目次

第三章　大久保氏小田原藩政の展開

小田原地域の十八世紀は経験値のない大災害との戦いだった。

第六章　幕末維新の小田原藩

幕府を守り、京都を守り、小田原を守る、それが藩屏たるゆえん。

エピローグ

これも小田原

第一章 近世黎明期の小田原藩

元後北条氏領の小田原は家康三河譜代の大久保氏の手により近世化されていく。

大久保忠世像（小田原城天守閣蔵）

1 東国の雄・後北条氏

後北条氏が滅びて、戦国時代が終わった。
後北条氏の籠城作戦を破る秀吉の秘策とは？
後北条氏の二元政治体制を徳川家康は参考にした。

戦国時代は後北条氏五代の百年

知名度では武田信玄・上杉謙信に一歩劣るが、彼らの小田原侵攻を籠城《ろうじょう》作戦で凌《しの》ぎきってみせたのは北条氏康であり、その領国は伊豆から関東一円にまで広がっていた。しかし、北条氏政・氏直《うじなお》父子は、天下統一を成し遂げる豊臣（羽柴）秀吉の前にあって、旧戦法を頑迷に墨守《ぼくしゅ》するアンチ・ヒーローとして描かれることが多い。

近年の戦国史研究では戦国時代の始まりを明応二年（一四九三）の政変からとするのが通説となってきている。この年、将軍足利義材《あしかがよしき》★が河内《かわち》へ出陣中、細川政元★がクーデターを決行し、日野富子★の協力を得て足利義遐《よしとお》（のちの義澄《よしずみ》）を新将軍に擁立した。ここに細川政元政権が誕生し、こののち将軍職を奪還しようとす

▼**足利義材**
室町幕府第十代将軍、のち義尹（よしただ）・義稙（よしたね）と改名。

▼**細川政元**
細川勝元の子、室町幕府管領。

▼**日野富子**
室町第八代将軍足利義政室、尼御台とも呼ばれ義政没後、幕府政治に関与。

る義材勢との間に攻防戦が展開する。

時を同じくして、駿河《するが》今川氏の客将であった伊勢盛時《もりとき》（北条早雲★）が伊豆の堀《ほり》越公方《ごえくぼう》★足利茶々丸《ちゃちゃまる》★を攻めた。手こずるも明応七年には茶々丸を討ち、伊豆国を手中に収め、韮山《にらやま》を拠点に相模《さがみ》国（関東）へ進軍していく。早雲は素浪人などではなく、室町幕府政所《まんどころ》執事伊勢氏の一族で、若き頃は幕府へも出仕していたとされる。姉北川殿《きたがわどの》が今川義忠《よしただ》に嫁ぎ、義忠亡きあとの御家騒動の渦中、甥今川氏《うじ》真《ざね》を支えるべく当時駿河にあった。

さて、第十一代将軍に担ぎ出される前の義澄は、京都天龍寺で修行中の僧清晃《せいこう》で、堀越公方茶々丸とは腹違いの兄弟であった。しかし、二年前に二人の父足利政知《まさとも》★が死去した直後、茶々丸は清晃母と清晃同母弟潤童子《じゅんどうじ》を殺害して堀越公方の座に就いたとされる。早雲の伊豆侵攻は新将軍義澄にとって敵討ちでもあった。これ以降、畿内でのクーデターと連動して東国までもが戦乱の世に突入していくことになる。つまり、戦後時代の始まりは北条早雲の伊豆侵攻と重なる。

そして、東国の戦国時代に終止符を打つ戦いが天正十八年（一五九〇）の小田原合戦である。後北条氏とともに豊臣秀吉の惣無事《そうぶじ》命令を受け入れなかった伊達《だて》政宗《まさむね》も、小田原合戦中に秀吉に恭順の意を示し、後北条氏の敗北とともに秀吉による天下統一が完成する。後北条五代の約百年は、まさに戦国時代そのものといえよう。

▼北条早雲
伊勢新九郎盛時、第九代足利義尚の申次衆。法名は宗瑞、庵号が早雲、北条早雲と通称されるが、北条の名字を名乗るのは氏綱から。

北条早雲像（模写・小田原城天守閣、原本は箱根湯本・早雲寺蔵）

▼堀越公方
伊豆堀越（ほりごえ）に拠る鎌倉公方、下総の古河公方家と対立。

▼足利茶々丸
足利政知長男、政知没後、堀越公方を継ぐ。

▼足利政知
足利義政弟、鎌倉公方足利成氏（しげうじ）が古河（こが）に退いたのち関東に送り込まれ堀越公方と呼ばれた。

戦国大名後北条氏

大森氏★が拠《よ》っていた小田原城を手中にした早雲は積極的に相模経略を展開した。早雲は永正十五年（一五一八）、すでに小田原城を任せていた嫡男氏綱に家督を譲り、翌年韮山で没する。生前の当主交代は後北条氏の代名詞といってよい。氏康の家督相続は氏綱死去によるものであるが、氏康から氏政、氏政から氏直と生前に血族嫡男に家督が譲られ、いわゆる二元政治形態がそのつどとられた。新当主をめぐる内紛を未然に防ぎ、隠居と新当主で役割分担をしながら家臣団をまとめていくという方法は、のち江戸幕府を開く徳川氏も採用する。

さて、小田原を本拠と定めた氏綱は、家督を継ぐとさっそく「禄寿応穏《ろくじゅおうおん》」の虎《とら》印判《いんばん》を使用しはじめ、のちの当主に代々受け継がれていく。この虎印判は家臣や領民に直接当主の意志・裁定を伝える手段として活用され、文書《もんじょ》による支配体制が確立する。また、関東を支配する正当性を表現するべく名字を伊勢から北条に改めた。のち、天文《てんぶん》七年（一五三八）には古河《こが》公方足利氏より関東管領《かんれい》★職に任命され、その正当性があと付けられることになる。

虎朱印

▼大森氏
応永年間以降、国人領主として駿河東部（駿東）から相模西部へ進出。関東公方足利持氏の奉公衆。八幡山に小田原館を構築。

▼関東管領
鎌倉公方の補佐役、代々上杉氏が務めた。天文七年（一五三八）、第一次国府台（こうのだい）合戦後、氏綱は足利晴氏から補任された。

▼里見氏
安房館山を本拠とした戦国大名。

▼扇谷上杉氏
もと鎌倉扇谷に拠った関東管領上杉氏の一族。天文十五年（一五四六）、河越合戦にて上杉朝定が氏康に敗北して滅びる。

▼山内上杉氏
鎌倉山ノ内に拠った関東管領上杉氏宗家。天文二十一年（一五五二）、上杉憲政は越後に追われ、のち長尾景虎（上杉謙信）に家督を譲る。

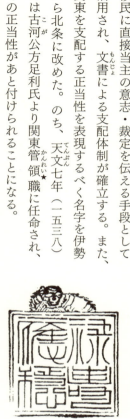

大森氏が築いた小田原城も、氏綱期に八幡《はちまん》山（小田原市城山）から現在の城跡に拠点が移されたと考えられる。城下では松原明神（現松原神社）の門前宮前《みやのまえ》町を中心に、その西側に今宿《いましく》町、東側に新宿《しんしく》と町並みが形成され、多くの商人・職人が移り住んだ。また、上級家臣の屋敷地も城下に設けられ、兵商未分離の城下町が形作られていく。江戸時代の小田原用水の原型はすでに見られ、箱根山中を流れ下る早川の水は小田原城の堀や城内にも引き入れられて、御隠居様の庭園の池にも注ぎ込んでいたようだ。

氏康・氏政期、後北条氏が関東一円へと勢力範囲を広げる過程で、対立する房総の里見氏★、扇谷《おうぎがやつ》★・山内《やまのうち》上杉氏★、その流れをくむ越後上杉氏、常陸《ひたち》の佐竹氏と北関東の国衆、そして甲斐《かい》・駿河の武田氏とは、時に同盟を取り結び、また相克した。永禄四年（一五六一）上杉謙信、同十二年武田信玄の小田原来襲を籠城《ろうじょう》

後北条氏略系図

- 盛時（伊勢宗瑞）
  - 氏綱
    - 氏康
      - 氏政
        - 氏直
        - 氏房
      - 氏照
      - 氏邦
      - 氏規
        - 氏盛（狭山藩主）
          - 氏信
    - 為昌
    - 氏堯
  - 宗哲（幻庵）

北条氏康像
（模写・小田原城天守閣、原本は箱根湯本・早雲寺蔵）

御用米曲輪の切石敷庭園遺構
（小田原市教育委員会）

戦法で凌ぎきり、持久戦に勝機を見出した経験が、のちの過信ともなっていく。

さて、武田氏と対峙《たいじ》する中で北条氏政は、天正七年（一五七九）遠江《とおとうみ》の徳川家康と同盟を結んだ。家康の背後にいる織田信長を恐れての政略であり、信長には従属の意志を示し、そのために信長の娘を氏直の妻に迎える約束を取り付け、氏政は家督を氏直に譲った。

秀吉の惣無事《そうぶじ》

天正十年（一五八二）、信長の武田氏攻めに後北条氏も加勢。武田氏は滅亡し、甲斐・信濃のみならず関東の上野《こうずけ》までが滝川一益《かずます》★の支配に帰すかに見えた矢先、本能寺の変である。織田との縁組みは御破算になってしまったが、甲斐若神子《わかみこ》の合戦で家康と和睦した後北条氏は上野国と、徳川氏との縁組みを手に入れた。この時、家康が北関東の国衆らに宣言したのが信長在世時と同様の「各《おのおの》惣無事」で、これは勝手な合戦を止めて、覇権者へ従属することを意味していた。のち、秀吉にとって関東惣無事の実現は家康の責任と認識されることになっていく。

家康二女督姫《とくひめ》と氏直の婚礼も調《ととの》い、小牧・長久手《ながくて》の合戦で家康と引き分けた羽柴秀吉の実力に後北条氏は懐疑的であった。百姓あがりの秀吉が信長の後継者といえるのか、天下の覇者に相応《ふさわ》しいのか、判断を先送りしていた。その間秀吉は、

▼滝川一益
織田信長の家臣。武田氏滅亡後、甲斐・信濃・上野の支配を任される。

天正十三年系譜を創出★し関白に就任、そして四国の長宗我部《ちょうそかべ》氏を討ったことで、翌十四年には上杉景勝、次いで徳川家康が相次いで秀吉に臣従を約束した。天正十五年、秀吉の惣無事命令を無視した九州の島津氏が征伐された頃には、後北条氏も来たる秀吉軍との一戦を覚悟する。郷村の百姓たちに兵役を賦課するため人改め★を実施し、小田原城および支城の普請、兵粮《ひょうろう》の備蓄等を開始した。

秀吉来襲・小田原合戦

その一方で、家康を間に挟み、後北条氏と秀吉との間で和睦交渉が進められていた。天正十六年（一五八八）八月、一門の北条氏規《うじのり》★を京都に派遣し、関東における大名領国の境目画定について、秀吉の命令に応じることを約束した。ただし、秀吉の目的は後北条氏の従属であり、そのためには氏政、ないしは氏直の上洛が絶対条件であった。懸案であった上野沼田領の国分けは、同十七年に板部岡江雪《こうせつ》斎《さい》★を上洛させ、三分の二を後北条氏領、三分の一を真田《さなだ》氏領とする秀吉の裁定を引き出すも、後北条当主の上洛については先送りという対応を取り続けた。

沼田城の後北条家臣猪俣邦憲《いのまたくにのり》が真田氏の名胡桃《なぐるみ》城★を奪取したことを聞いた秀吉は、国分け命令に背き、なおかつ上洛命令に従わないと怒り心頭。十一月、小田原出兵を決定する。小田原籠城を覚悟していた後北条氏は、随分前から大外郭の

▼系譜を創出
公家の五摂家しかなれない関白職に、近衛前久（さきひさ）の猶子となり藤原秀吉として就任。さらに正親町天皇により豊臣姓の新摂家を許される。

▼人改め
酒匂河原などに領内農民に武器を持って集合させ、城守備の補充兵力や戦闘要員として動員にできる人数を登録させた。

▼北条氏規
氏康五男。三浦三崎城主、伊豆韮山城将、上野館林城代を務める。

▼板部岡江雪斎
実名は融成。後北条氏の評定衆・奏者・右筆、使僧として外交も担当。茶人山上宗二より茶の湯秘伝書を受け継ぐ。のち秀吉、家康にも仕える。

▼名胡桃城
現群馬県みなかみ町。沼田城の支城。秀吉の裁定では沼田城は後北条氏、名胡桃城は真田氏の属城だった。

構築に着手していた。八幡山《はちまんやま》から小田原城を取り巻く惣構《そうがまえ》の外側に、土塁と空堀によって城下までを取り込む大規模な大外郭（総延長は約九キロメートル）を造り上げた。後北条氏は関東の国衆らに参陣を命じ、関東各地・伊豆の諸城の防衛体制を調えた。小田原城には兵士をはじめ城下・周辺の領民ら計六万人が立て籠もり、秀吉軍を迎え撃つことになる。明けて天正十八年三月一日、秀吉の出陣を受け、同三日に三島、翌日には伊豆・駿河の国境でもある黄瀬川《きせがわ》で徳川家康・織田信雄《のぶかつ》・羽柴秀次ら秀吉軍の先陣と後北条軍との間に合戦が始まった。

山中城★を攻め落とし、秀吉は四月六日、後北条氏の菩提寺でもある箱根湯本の早雲寺に本陣を置いた。四月下旬、すでに秀吉軍は関東の諸城を攻め取り、小田原城近くの郷村・寺社の求めに応じて、秀吉軍の乱妨《らんぼう》・狼藉を禁ずる禁制《きんぜい》を多数発給している。また、後北条氏の持久戦に対抗すべく、海路兵粮・武器を補給し、さらに小田原城を見下ろす早川対岸山頂に惣石垣の石垣山城を突貫工事で造り上げた。兵粮攻めの最中、石垣山には秀吉側室茶々★が遠路招かれ、千利休《せんのりきゅう》も「山の家（茶室）」を構えたという。六月に入り、残っていた韮山城★・鉢形《はちがた》城★・八王子城★など拠点の城が次々と攻略され、同月下旬に氏直が降伏交渉を開始し、七月五日、秀吉方の陣所に走り入り降伏した。直後、会津黒川★まで動座した秀吉によって関東・奥両惣無事が再確認され、全国六十余州に向けて仕置令《しおきれい》が発令された。天下統一が成った瞬間である。

▼山中城
現静岡県三島市。箱根外輪山の西側に築かれた。城将は松田康長。

▼茶々
父浅井長政と母お市の長女。秀吉の側室。淀城に住んだことから淀殿とも呼ばれた。

▼韮山城
現静岡県伊豆の国市。北条早雲が築城、本拠とした。小田原合戦での城将は北条氏規。

▼鉢形城
現埼玉県寄居町。城主は北条氏邦。

▼八王子城
現東京都八王子市。山城。北条氏照が居城を平山城の滝山城から移して構築。

▼黒川
現福島県会津若松市。

さて、隠居の氏政と氏照★が責任をとって切腹となったが、氏直や一門・重臣らは高野山《こうやさん》★への追放処分とされた。岳父家康の懇願により、翌天正十九年氏直は赦免され、一万石の所領を拝領し秀吉の家臣となるはずであったが、疱瘡《ほうそう》に罹患して三十歳で死没する。北条の名跡《みょうせき》と氏直の所領は氏規嫡男氏盛に相続が許され、のち北条氏は江戸時代河内《かわち》狭山《さやま》藩★主として生き続けていくことになる。

石垣山城井戸曲輪の石塁（『小田原市史』別編城郭より）

▼北条氏照
氏康三男。滝山城、のち八王子城主。小田原合戦では氏政・氏直とともに小田原城に籠城。

▼高野山
現和歌山県高野町。空海が開いた金剛峰寺（真言宗）がある。

▼河内狭山藩
現大阪府狭山市に陣屋を置いた。拝領高一万一千石。

◆2

関東領国体制と大久保忠世の小田原入封

家康は三河譜代の大久保忠世・忠隣親子をとても信頼していた。
小田原城主大久保忠世によって小田原に村請制が導入される。
小田原城の本丸は徳川将軍の陣所だった。

家康の江戸入封

関東・奥両惣無事《そうぶじ》の責任者とされた徳川家康の関東移封は、秀吉の腹づもりとしては当然の流れであった。天正十八年（一五九〇）六月二十八日には、家康が江戸を新しい本拠とすることも決まっていた。北条氏が降伏し、七月十三日、小田原城に入った秀吉から家康の移封が公表され、あわせて家康重臣の大久保忠世《ただよ》を小田原城主に指名した。その際、忠世は家康から城周りの所領四万石を預かり、さらに秀吉から五千石を加増された。直後、忠世の嫡子忠隣《ただちか》も武蔵羽生《はにゅう》城★（二万石）を拝領するので、親子で合計六万五千石を領有することになる。

十六日に秀吉は小田原を発って奥羽仕置《おううしおき》のため会津へ向かった。家康も二十日には江戸に着いている。二十六日には二人とも宇都宮にいるので、世にいう家康

▼羽生城
現埼玉県羽生市。

大久保忠世像（小田原城天守閣蔵）

の「八朔《はっさく》（八月一日）江戸御打ち入り」は、後年吉日《きちじつ》が選ばれて、幕府の重要な年中行事化したことによるもので、事実とは違うようである。

さて、家康は関東二百四十万石の領地の内、忠世のほかにも番方譜代の井伊直政《いいなおまさ》を上野箕輪《こうずけみのわ》★（十二万石）、榊原康政《さかきばらやすまさ》を同国館林★（十万石）、本多忠勝を上総大多喜《かずさおおたき》★（十万石）の城将に配置するなど、関東周辺の諸勢力と対峙するための防衛体制を整えていく。また、江戸を中心にして一夜泊まりの範囲に、蔵入地や旗本クラスの知行地を配置し、その一方で、必要に応じて南関東を手始めに地方《じかた》巧者の代官頭《だいかんがしら》伊奈忠次《いなただつぐ》・大久保長安《ながやす》・彦坂元正《もとまさ》・長谷川長綱らに検地を命じた。

三河譜代《みかわふだい》大久保忠世

大久保氏は三河時代より松平家★に仕える家臣で、碧海《あおみ》郡上和田郷★を本貫《ほんがん》★とする。忠世は忠員《ただかず》の嫡男として生まれ、天文《てんぶん》十五年（一五四六）渡《わたり》村の戦い★で初陣《ういじん》をかざった。弘治元年（一五五五）蟹江《かにえ》の戦い★での戦功者「蟹江の七本鎗」には、忠員ほか忠世・忠佐《ただすけ》ら大久保一族が名を連ねた。その後、家康（当時松平元康）は、西三河の一向一揆を相手に苦戦するが、永禄七年（一五六四）にようやく平定し、大名としての地位を確立する。この頃、三河譜代衆が家康のもと結束し強力な軍団を形成していた。忠世の嫡男忠隣《ただちか》も十一歳から一向一揆倒滅戦に加わり、家康

▼**箕輪城**
現群馬県高崎市。慶長三年（一五九八）、直政が居城を高崎城に移し、廃城。

▼**館林城**
現群馬県館林市。戦国期、上杉氏と後北条氏でたびたび取り合いとなった。江戸期は東北地方に対する押さえの城。

▼**大多喜城**
現千葉県大多喜町。東上総の拠点となる城。安房の里見氏に対する押さえの城。

▼**松平家**
室町期、三河賀茂郡松平郷（現愛知県豊田市）を本貫とする土豪。三河・遠江を統一した宗家の家康は名字を徳川と改称。

▼**上和田**
現愛知県岡崎市。

▼**本貫**
出身地。

▼**渡村の戦い**
現愛知県岡崎市の渡河原で松平広忠（家康父）と織田方についた松平信孝が戦う。

▼**蟹江の戦い**
織田方の蟹江城（現愛知県蟹江町）を攻略するため松平竹千代（徳川家康）の手勢岡崎衆は今川義元軍の先鋒を拝命。

の目にとまって、のち近習《きんじゅう》に召し抱えられることになる。

家康は今川氏が去った遠江《とおとうみ》を武田氏と取り合い、元亀元年（一五七〇）には居城を三河岡崎から浜松に移した。天正三年（一五七五）に武田の城将依田信蕃《よだのぶしげ》の守る二俣城《ふたまた》★を攻め取ると、戦功のあった忠世を二俣城の城主とした。のち、天正七年（一五七九）、信長が家康を従属させるために、その子信康《のぶやす》に自殺を強要した際には、忠世が信康を預かることになる。しかし、家康は信康に死を命じ、責任を感じた忠世は岡崎城下の萬松院《ばんしょういん》に信康の供養塔を建立した。

天正十年武田氏滅亡後、家康は駿河《するが》・甲斐《かい》・信濃《しなの》を含め五カ国を領有することになるが、武田氏旧臣の徳川家臣団への編入や、甲斐・信濃の攻略に井伊直政や忠世・忠隣父子らの果たした役割が大きかったという。忠世に小田原城が任されたのも、そうした役割の延長線上での指名であったと考えられる。

小田原に入った当初の忠世は元山角《やまかく》氏の屋敷★に住居しながら、小田原城の修築に取りかかった。入生田《いりうだ》などより石材を調達して本丸周り・内外堀などの石垣普請に着手した。後年、稲葉氏が建造する外堀の切石による石垣の下から発見された玉石積みの石垣がその一部と考えられる。空堀と土塁を基本とする小田原城は、石垣造りの近世的な城へと変貌を遂げることとなった。なお、天守は後北条時代よりあったか、忠世が最初に築いたかは不明であるが、本丸御殿《ごてん》は後北条時代のものが当初のまま残っていた。「相中雑志《そうちゅうざっし》」によれば、忠世が二俣から招いた

三の丸東堀遺構（『小田原市史』別編城郭より）

▼二俣城
現静岡県浜松市。天竜川・二俣川に囲まれた要害。

▼山角氏の屋敷
天神社と玉伝寺の間、現JR・箱根登山鉄道の線路敷地付近。

僧日英は翌天正十九年城下山角町に大久寺《だいきゅうじ》の堂宇ができるまで石垣山城に住み、毎月小田原城本丸に通い、元北条氏館《やかた》の「不入《ふにゅう》の間」で亡き北条氏政らのために法華経をとなえたとあるので、そのように推定できる。本丸に現存する七本松（クロマツ）のうちの一本が、後北条時代から小田原城を見守り続けてきた生き証人である。

奥羽仕置を終えて会津より帰路途中の秀吉から忠世は石垣山城も拝領しており、石垣山城の保全も担当した。石垣山城本丸跡から見つかっている天正十九年銘の瓦は、忠世が修復した証《あかし》である。

忠世の領内経営

天正十九年（一五九一）、小田原の城付《しろづき》領のうち酒匂《さかわ》川左岸地域に検地が実施された。家康が関東各地で実施した徳川系検地の一環として、忠世の家臣が検地奉行となって行われた。反別《たんべつ》（面積）表示で「畝《せ》」を用いず、「大・半・小」の小《こ》割《わり》を用いるなど、秀吉の太閤検地と異なる特色も見られる。この検地によって、「荘・郷」が村切りされ、大庄屋制をやめて、村ごとに名主《なぬし》（庄屋）を置き、名主が年貢などの請け負いに責任を持つ村請《むらうけ》制が採用された。後北条氏の家臣のうち在地性の強い地侍《じざむらい》は、この機に土着し土豪《どごう》百姓として名主となった者も多い。

天正19年銘の平瓦（部分、小田原市郷土文化館蔵）

本丸に残るクロマツ

また、検地帳には石高《こくだか》表記や田畑の名請《なうけ》がなされ、兵農分離も一定程度進められたが、隷属関係★を示す分付《ぶんつけ》記載★も少なからず見られる。

この間、忠世は陸奥《むつ》九戸《くのへ》の乱平定にも出陣しているので、実際の領内経営は検地も含めて重臣らに任せていた。その典型は寺社政策である。城下では山角町の保聚寺《ほしゅうじ》（大久寺）、茶畑町の正恩寺《しょうおんじ》★、そのほか風祭《かざまつり》村の萬松院は忠世の招きにより新創開山した寺院であるが、そのほか領内の由緒ある寺社には家老後藤弥次《やじ》兵衛《べえ》から寺社領安堵状や不入《ふにゅう》★などの許可状が出されている。

小田原城下は当初、江戸の町奉行加々爪《かがづめ》正房（政尚）が管轄しており、城付領村からの年貢米徴収など蔵米管理も徳川直轄地同様に代官頭伊奈忠次が担当していた。しかしそれも、文禄元年（一五九二）頃から忠世の家老衆へ順次引き継がれていく。それと併せて、大口《おおぐち》の土手普請など足柄平野を流れる酒匂《さかわ》川の治水事業にも着手したと思われる。しかし文禄三年、志《こころざし》半ばで忠世は没する。享年六十三、大久寺に葬られた。

家康の陣所としての小田原城

小田原の城主は忠隣が継ぎ、居所は二の丸屋形《やかた》とされたが、本丸御殿《ごてん》（本陣）には家康の陣所であった。『相中留恩記略《そうちゅうりゅうおんきりゃく》』によれば、文禄の役《えき》（朝鮮出兵）に

▼**隷属関係**
名田地主的大規模経営の百姓は庶子家族・親族や、下人・門屋（かどや）と呼ばれた隷属農民を抱えていた。

▼**分付記載**
田畑を実質耕作する請作者も検地帳に（地主百姓）分〇〇と名請された。

▼**正恩寺**
現小田原市本町四丁目。浄土真宗。

▼**不入**
守護不入権。犯人逮捕や役賦課のための領主役人立ち入りを拒否する権限。

大久保忠世の墓（左、小田原市城山・大久寺）

際して江戸を出発した家康は、文禄元年（一五九二）二月五日小田原城に着陣、肥前名護屋《なごや》★に向かい、翌二年の帰路でも十月二十三日に小田原城本丸に入城している。慶長五年（一六〇〇）、石田三成方との決戦（関ヶ原の合戦）に向かうに際して家康は、九月三日、小田原城に着陣し西上していく。この時は忠隣の嫡子忠常《ただつね》が父に代わり小田原城で家康を出迎えている。このように小田原城本丸は徳川氏の本陣として機能しており、その性格は江戸期を通じて変わらない。

翌慶長六年、家康は東海道の宿駅や伝馬《てんま》制度を整え、主要な街道や往還沿いの各所に御殿を設けていく。そして、家康や秀忠は出陣に限らず、東西の移動に際して小田原城を宿所とすることを常とした。慶長八年に将軍となった家康は、わずか二年余でその座を嫡子秀忠に譲り大御所《おおごしょ》となる。のち駿府《すんぷ》城★を隠居所とするが、その間、江戸と伏見との往復だけでなく、頻繁に関東各地を鷹狩《たかがり》で訪れている。そうした際の宿泊・休憩所の一つが小田原城であった。

▼**名護屋**
現佐賀県唐津市。朝鮮半島への出兵拠点・本陣として秀吉が名護屋城を築城。

三葵紋の軒丸瓦
（本丸御殿跡出土、小田原郷土文化館蔵）

▼**駿府城**
現静岡県静岡市。天正十四年（一五八六）からは家康の本拠地であった。

③ 秀忠政権の重鎮・大久保忠隣

二代将軍秀忠付の大久保忠隣が小田原城主を相続する。
荒れ川酒匂川の治水は豊かな足柄平野への基盤整備だった。
改易された忠隣の妻子は、なぜ小田原に住み続けたのか?

秀忠の傅役《もりやく》・忠隣

家康軍団の馬廻り衆★であった大久保忠隣《ただちか》は、家康の関東移封とともに武蔵羽《は》生《にゅう》領（二万石）を拝領するが、拝領地の支配は元羽生城主木戸忠朝《ただとも》の遺臣鷺坂道《さぎざかどう》可《か》に任せていた。

文禄二年（一五九三）、忠隣は十五歳になった秀忠の傅役を拝命し、秀忠の後見をしながら徳川家の家政にも関与していく。翌文禄三年、忠世が死去すると、その遺領を継ぎ、羽生領も合わせて合計六万五千石を領有することになった。

実子拾丸《ひろいまる》（秀頼）の成長に伴い、関白職を譲った甥秀次《ひでつぐ》との間に亀裂を生じていた秀吉は、文禄四年（一五九五）七月、秀次のもとに石田三成《いしだみつなり》らを派遣して、謀反《むほん》の有無を糺明。謀反の疑いは晴れず、秀次は高野山に追放され切腹する（秀

▼馬廻り
合戦時に主人の護衛を担当する騎馬家臣。近習・側近などからなる直轄軍。

次事件）。秀次は石田らの詰問を受けた直後、家康を味方につけるべく家康の嫡子秀忠を人質にしようとした。しかし、傅役大久保忠隣の機転で、いち早く秀忠を伏見城の秀吉のもとに送り込むことで、その難を逃れている（『藩翰譜』）。

朝鮮出兵（慶長の役《えき》）の最中、慶長三年（一五九八）、秀頼（六歳）の将来を五大老★・五奉行★に遺言し伏見城で秀吉が没した。直後、石田三成は権勢を振るい始めていた家康を警戒し、暗殺を計画したといわれている。この時、不穏な空気を察した家康は、本能寺での織田信長のように父子ともに討たれないようにと秀忠（二十歳）を密かに江戸に向かわせた。護衛を任された忠隣は、襲撃に備え自分の輿《こし》・馬に秀忠を乗せて無事江戸に帰城させたとされる（「近世小田原史稿本★」）。

関ヶ原合戦での忠隣

慶長五年（一六〇〇）、会津に新城を築き、上洛の催促にも応じず引き籠もったままの上杉景勝《かげかつ》を討伐するため家康は伏見城から出陣した。途中、石田三成の挙兵を知った家康は下野《しもつけ》小山《おやま》で軍議を開き、反転を決める。二男結城《ゆうき》秀康を総大将として関東に残し、三男秀忠に先鋒別動隊三万八千の大将を任せ中山道《なかせんどう》で信濃《しなの》上田へ向かわせた。真田昌幸《まさゆき》★・信繁《のぶしげ》★父子が石田方についたからである。大久保忠隣・忠常親子のほか、本多正信★・榊原康政★ら歴戦の強者《つわもの》が秀忠に従軍したが、上田

▼**五大老**
徳川家康・前田利家・毛利輝元・宇喜多秀家・小早川隆景（死後、上杉景勝）。

▼**五奉行**
前田玄以・浅野長政・増田長盛・石田三成・長束正家。

▼**「近世小田原史稿本」**
昭和初期、瀬戸秀兄ら小田原有信会の会員が大久保家・家中宅に残る文書等により小田原藩の歴史を編纂。出版されず稿本として残る。

▼**真田昌幸**
上田城主。始め武田氏、のち織田信長、徳川家康、豊臣秀吉に付く。

▼**真田信繁**
昌幸二男。通称幸村。武田景勝、のち豊臣秀吉の近習。大坂の夏の陣で戦死。

▼**本多正信**
徳川家康の元を離れ一向一揆に加わったが帰参する。秀忠将軍就任後は年寄（老中）として幕政に参画。

▼**榊原康政**
家康側近中の武功派。康の字を賜わる。上野国館林城主（十万石）。

城攻めに手こずる。攻め落とせぬまま進軍するも、長雨で木曽川が増水し行軍を阻まれ、結局秀忠軍は関ヶ原の合戦の五日後、九月二十日に家康本陣に参上した。遅参に怒って家康は対面しなかった。間に立ったのが忠隣で、忠隣の弁明により、のち近江《おうみ》大津での対面が叶うことになる。

関ヶ原の合戦自体は、九月十五日、一日の激闘で決着がついた。当初、東西両軍の戦力は拮抗し一進一退をくり返すも、西軍（石田方）につき松尾山に陣取っていた小早川秀秋★軍が徳川軍に内応し寝返ったことで、西軍の足並みが乱れ、一気に決着がついたのであった。

石田方の討伐を大坂城の豊臣秀頼《ひでより》に報告した家康は、大坂城西丸《にしのまる》に重臣を呼び寄せ、徳川家の跡取りについて意見を訊いた。本多正信は二男秀康を、井伊《いい》直政は四男忠吉《ただよし》を推し、大久保忠隣は三男秀忠の名を挙げた。「知勇（文武）兼備」の秀忠が相応《ふさわ》しいとする意見に榊原康政も賛同した。後日、家康は忠隣の見立てが一番自分の考えに近いとして、秀忠を世嗣《せいし》に決定する（「東照宮御実紀付録」）。これは重要なことを重臣らに諮問して当主自らが決定するというスタイルで、のちの二元政治も同様であるが、スムーズな当主交代と家臣間の対立防止は長期政権のキー・ポイントといえよう。

関ヶ原の論功行賞で、井伊直政が石田三成の居城であった近江佐和山《さわやま》（十八万石）へ、本多忠勝が伊勢桑名（十五万石）へとそれぞれ加増・移封となり、大久

▼小早川秀秋
秀吉の養子であった小早川秀秋は、秀頼誕生後、小早川隆景の養子となり家督を相続。関ヶ原合戦時は十九歳。

保忠隣も直政の跡の高崎（十二万石）へ国替えを内命されたが固辞している。それでも一緒に出陣した忠常には武蔵騎西城《きさい》★（二万石）が新たに与えられ、再び大久保家は親子で城持ちとなった。家康は忠常にも期待を寄せていたようで、忠常は奥平信昌《のぶまさ》★の娘を妻にすることになる。

わずか二年、家康の将軍職

慶長八年（一六〇三）、家康（六十二歳）は伏見城にて後陽成《ごようぜい》天皇の勅使より宣《せん》下《げ》を受けて征夷大将軍に就任し、居城江戸に幕府を開いた。ただし、翌月豊臣秀頼（十一歳）も内大臣に任じられ関白の一歩手前の地位に就《つ》いているので、豊臣に対する将軍家康の絶対優位が確定したわけではない。七月には、秀吉の遺命にもとづき秀忠の娘千姫《せんひめ》（七歳）が秀頼に輿入れした。いとこ同士★のこの結婚も、豊臣恩顧の大名たちの警戒を解くための政略であろう。

転機は翌年の竹千代（家光）の誕生である。秀忠の正室江《ごう》の腹になるかどうかは諸説あるが、徳川家にとってみれば待望の世継ぎ誕生である。さっそく徳川氏嫡系による将軍職世襲の準備に取り掛かり、慶長十年、家康（六十四歳）は将軍職を秀忠（二十七歳）に譲った。家康の将軍在職は二年二カ月であった。仮に秀頼が関白になったとして、それが世襲される可能性は見えていない。徳川王権へ

▼**騎西城**
現埼玉県騎西町。城下は交通の要衝。のち寛永九年（一六三二）、忠職が移封して廃城。

▼**奥平信昌**
関ヶ原後、上野小幡（三万石）から美濃加納（十万石）へ移封、京都所司代を務める。妻は家康の娘亀。

▼**いとこ同士**
秀頼の母は秀吉側室茶々（淀殿、浅井長政長女）、千の母は秀忠正室江（浅井長政三女）。

の布石を打ったのである。鎌倉・室町の将軍も、死んでから次の将軍職を選び出したがため幕府が分裂したりして、盤石な王権を築けなかった。

将軍秀忠が首都江戸の建設や関東を中心とする江戸幕府体制の構築に専念し、大御所家康は源氏長者《げんじのちょうじゃ》★の地位を保持したまま、京都の朝廷・公家社会に睨《にら》みを利かし続けた。諸大名にお手伝い普請を命じて実施した江戸城の大改修に目途が立つと、家康は隠居所、駿府城の改築を開始する。全国の外様《とざま》大名を動員し駿府城を構築して、二元政治を展開していく。といっても家康は駿府に落ち着くことなく江戸・京都へと頻繁に往復するとともに、東海道筋・関東各地に御殿・御茶屋を設けて、たびたび鷹狩《たかがり》に出向いた。放鷹は関東各地の民情視察、とくに代官・大名・旗本の領地支配の実地見分であったともいわれる。栢山《かやま》村★など小田原地域での鷹狩の記録も残っている。慶長十六年十月十日、小田原城にて大久保忠常が三十二歳という若さで病没するが、その前日、駿府から鷹狩に出向いていた家康がその病床を見舞っている。

▼源氏長者
源氏一族でもっとも高い官位者。家康は右大臣は辞したが従一位は保持していた。

▼栢山村・酒匂村・千代村・鴨宮村
現小田原市。

小田原藩の酒匂《さかわ》川治水と新田開発

忠世治世中に始まった酒匂川の治水工事は、忠隣の代になっても継承された。暴れ川であった酒匂川の本流を足柄平野の中央部に固定するため、斑目《まだらめ》・大口

鷹狩をする家康像（駿府城公園）

の両土手（南足柄市）の築造を進め、大久保権右衛門・天野金太夫《きんだゆう》ら重臣の監督のもと、慶長十四年（一六〇九）に完成したとされる。また、土手普請と並行して新川（酒匂堰《さかわぜき》）の開削も行われた。金手《かなで》村から酒匂川本流の水を分けて、酒匂川東部の十三カ村を潤す用水路である。

大久保氏は、酒匂堰の開削に際し祈禱の功績があった酒匂村★妙蓮寺に一一二〇坪の寺地を寄進し、また土手普請で一千座の祈禱を勤めた千代《ちよ》村★蓮華寺《れんげじ》にも寺領九石余を寄せた。ともに日蓮《にちれん》宗の寺院で、開祖日蓮以来の治水と同宗との深い関わりを推測させる。ちなみに、宝永の富士山噴火後に決壊した大口堤を田中休《きゅう》愚《ぐ》★が再建し、その時、堤上に水神《すいじん》を勧請《かんじょう》して、酒匂川沿いに「川丈《かわたけ》六地蔵」を置いたとされる。しかし、これもじつは地蔵ではなく「おそっさん（お祖師さん）」、つまり日蓮上人《しょうにん》の坐像であった。

酒匂川下流域で新田開発が始まった。慶長年間（一五九六〜一六一五）、鴨宮《かものみや》村★の新田では浪人らに鍬下《くわした》年季★を保証し帰農・移住を推奨している。これは後北条の遺臣らに土着を勧め、開発の核として組み込みをはかったものであろう。

当初、小田原藩は有毛検見《ありげけみ》★により年貢を徴収していたが、慶長十四年より春《はる》免《めん》★制を採用している。これは年貢割り付けでの藩側の労力を減らすためで、同十六〜十七年には天正検地を行わなかった村々で検地を実施し、藩領域の正確な石高《こくだか》★把握に努めた。

▼田中休愚
川崎宿の本陣・名主。隠居後、民政の建言書「民間省要」が将軍吉宗の目にとまり、大岡忠相の地方御用を手伝う。治水に業績を上げ幕府代官となる。

▼鍬下年季
新田の生産力が上がり検地を受けるまでの五年、ないし七年、開発中の年貢を大幅に減免する処置。

▼有毛検見
収穫前に藩役人を派遣して村ごとに実施した米・作物の作柄調査。

おそっさん（お祖師さん）

忠隣、京都出張中に突然の改易

二元政治の秀忠政権内において、関東を中心とする領国経営は大久保忠隣と本多正信の二人に任されていた。またこの時期、もと武田の遺臣で、忠隣より大久保の姓を授けられたとされる大久保長安★が代官頭の一人として民政を担当している。しかし、慶長十六年（一六一一）嫡男忠常の病没後、忠隣は病床に伏せることも多くなり、本多正信との間に確執を深めていく。翌十七年の岡本大八事件が、その溝を一層深めた。正信の子正純《まさずみ》の与力岡本が有馬晴信《はるのぶ》★から賄賂をせしめたという事件で、裁きを担当し岡本に切腹を命じたのが大久保長安であり、キリスト教の禁止も強化されていく。

さらに翌慶長十八年には、忠隣の養女を無断で息子の嫁にした罪で、山口重政★が取りつぶしとなる。同年、大久保長安（六十九歳）が病没し、直後長安の不正蓄財も発覚して、子息らが縁坐となった。こうした身内の厳罰・極刑に接した忠隣が出仕を滞らせたため、家康・秀忠・正信との意志疎通を欠くことになる。

慶長十八年十二月、忠隣はキリシタン取り締まりのために京都出向を命じられた。同じ頃、中原御殿★に滞在中の家康に讒訴《ざんそ》する者★があり、翌慶長十九年正月忠隣の改易が決定する。表向きの理由は、養女の実父石川忠義★が謹慎中にもかかわ

▼春免
検見せず、三～五年間の年貢量平均値等をもとに作付け前に年貢量を通達する。

▼石高
米の量（単位は石）に換算した田・畑・屋敷地の生産高。

▼大久保長安
家康に仕え、幕府直轄領の財政、とくに金銀山統括や検地・海道整備を担当。

▼有馬晴信
キリシタン大名。肥前日野江（島原）藩主。旧領復活のため使用した賄賂が発覚（岡本大八事件）、配流後に切腹。

▼山口重政
常陸牛久藩主、大番頭。

▼中原御殿
現神奈川県平塚市。御殿の敷地内には中原代官陣屋もあったが、それぞれ廃止後の跡地は御林となる。

▼讒訴する者
小田原預かり中の元武田信吉（家康五男）家臣馬場八左衛門（八十歳）。讒訴内容は不明。

▼石川忠義
父石川重通（美濃大垣藩主）は忠隣妻の兄。

らず、忠隣が家康・秀忠の承認を得ずに一存で嫁がせた点とされた（『近世小田原史稿本』）。なお、これを公儀法度に背いたからと解釈されがちであるが、大名らの御法度を定めた武家諸法度はまだ公布されていない。家康・秀忠はすぐさま小田原に乗り込み小田原本城を接収、後北条の遺物ともいえる大外郭を破却した。

忠隣は京都所司代板倉勝重より改易の奉書を受け取ると、わずかの家臣を従え、配流《はいる》先近江国栗本郡中村郷上笠村★に向かった。この時、小田原藩領は没収されたが、忠隣には五千石の知行が与えられた。すぐさま配所から小田原の若宮八幡宮に奉納した願文《がんもん》で、忠隣は無実を訴えている。

忠隣の子や孫たちは縁坐の対象で、すでに嫡男忠常の遺領騎西《きさい》二万石を継いでいた孫忠職《ただもと》（十一歳）は幼少ゆえ厳罰を被らず、自らの城地騎西に閑居した。二男石川忠総《ただふさ》★・五男成堯《なりたか》は家康の御膝元駿府で閑居し、三男教隆《のりたか》・四男幸信《ゆきのぶ》は川越の高力忠房のもとで蟄居《ちっきょ》した後、それぞれ津軽と南部に配された。幼かった六男忠尚《ただなお》と七男忠村《ただむら》は忠隣室（妙賢院）とともに上知《あげち》となった小田原城下の谷津★に住み続けた。忠隣の帰りを待っているがごとくである。忠隣室に給された月封二百人扶持、石高《こくだか》に換算すれば四千三百二十石がそれを推測させる。

とばっちりを喰ったのが忠常の長女を娶っていた里見忠義《ただよし》★で、連坐で安房《あわ》館山十二万石から伯耆《ほうき》倉吉三万石に減転封となり、名門外様大名を関東から追い出す口実を与えることになった。

▼上笠村
現滋賀県草津市。

▼石川忠総
母方の石川家成の養子となり、慶長十四年（一六〇九）家督を相続、美濃大垣藩主。

▼谷津
谷津村。現小田原市城山・谷津・荻窪・緑にまたがる一帯。

▼里見忠義
表向き理由は無断での城郭修理など。安房国九万石を没収、常陸領三万石を倉吉に移封。のち元和三年（一六一七）倉吉も鳥取藩に吸収され、廃藩となる。

小田原の城主・藩主一覧

名字	実名	官名	通称	就任・退任年月日	生・没年月日	享年
大久保	忠世		新十郎 七郎右衛門	天正18年８月 文禄３年９月15日	天文元年 文禄３年９月15日	63
大久保	（忠泰） 忠隣	治部少輔 相模守	千丸 新十郎	文禄３年９月15日 慶長19年正月19日	天文22年 寛永５年６月27日	76
第１次番城期（慶長19年～元和５年）						
阿部	正次	備中守	善九郎 善兵衛	元和５年閏12月 元和９年４月18日	永禄12年 正保４年11月14日	79
第２次番城期（元和９年～寛永９年）						
稲葉	正勝	丹後守	宇右衛門	寛永９年11月23日 寛永11年正月25日	慶長２年 寛永11年正月25日	38
稲葉	正則	美濃守		寛永11年２月３日 天和３年閏５月27日	元和９年６月２日 元禄９年９月６日	74
稲葉	（義雅） 正通 （正往）	丹後守	宇右衛門	天和３年閏５月27日 貞享２年12月11日	寛永17年11月10日 享保元年10月９日	77
大久保＊	（教広） 忠朝	出羽守 加賀守	杢之助	貞享３年正月21日 元禄11年10月16日	寛永９年11月13日 正徳２年９月25日	81
大久保	（教忠） （忠能） （忠恒） 忠増	安芸守 隠岐守 加賀守	大内蔵	元禄11年10月16日 正徳３年７月25日	明暦２年３月４日 正徳３年７月25日	58
大久保	（忠英） （忠郁） 忠方	大蔵少輔 加賀守	伝吉郎	正徳３年９月12日 享保17年10月３日	元禄５年６月15日 享保17年10月３日	41
大久保	（忠教） 忠興	出羽守 大蔵大輔	伝吉郎	享保17年11月19日 宝暦13年９月10日	正徳４年12月19日 明和元年10月29日	52
大久保	（忠清） 忠由	大蔵少輔 安芸守 加賀守	万次郎 半次郎	宝暦13年９月10日 明和６年10月８日	元文元年11月19日 明和６年10月８日	34
大久保	忠顕	加賀守	直次郎 七郎右衛門	明和６年11月24日 寛政８年正月18日	宝暦10年10月28日 享和３年８月８日	44
大久保	忠真	出羽守 安芸守 加賀守	新十郎	寛政８年正月18日 天保８年３月９日	天明元年12月２日 天保８年３月９日	57
大久保	忠愨	加賀守	仙丸 伝吉郎	天保８年５月６日 安政６年11月30日	文政12年４月18日 安政６年11月30日	31
大久保＊	忠礼	加賀守	準之助	安政６年12月27日 明治元年９月27日	天保12年12月２日 明治30年８月10日	57
大久保＊	忠良	相模守	岩丸	明治元年10月２日 明治４年７月14日	安政４年５月５日 明治10年３月29日	22

＊は養子相続。

4 徳川直轄小田原城

小田原に城代が置かれたのは徳川直轄城の証。
阿部正次による小田原藩復活も長くは続かなかった。
大御所秀忠の小田原隠居所計画はどうして幻となったのか？

小田原城代近藤秀用《ひでもち》

接収された小田原城は幕府の直轄となり、しばし番城★となり、およそ一年間は旗本が交替で在番した。冬・夏、二度の大坂の陣で出陣した将軍秀忠は、その往復で小田原城に着陣・止宿している。陣後、元和元年（一六一五）から旗本近藤秀用が小田原城代★として小田原城の守衛を任されることになった。御鎗奉行を務めていた近藤の知行地五千石は上野国《こうずけのくに》邑楽郡《おうらぐん》青柳《あおやぎ》★にあったが、小田原赴任に先立って小田原周辺で一万石を加増されている。つまり、青柳藩主近藤が職務として小田原城代を務め、勤務地で賄い領一万石を拝領したということになる。相模国足柄上・下郡の残りの元小田原藩領村は幕府代官中川勘助★が管轄した。

▼番城
城主交代・城接収時、次の城主が決まるまで交替で在番が警衛する城。

▼城代
大坂城・二条城など直轄の城を預かる譜代・家門大名の職。

▼青柳
現群馬県館林市。

▼中川勘助
実名安孫。慶長十五年（一六一〇）伊奈忠次没後、中原陣屋（平塚市）に拠り相模を管轄した相代官の一人。詳細は不詳。

阿部正次が小田原拝領

元和五年（一六一九）、幕府奏者番で上総《かずさ》大多喜《おおたき》で三万石を領していた阿部正次が二万石を加増され、居城を大多喜から小田原に移し、再び小田原藩が復活する。家康亡き後の幕閣の再編成と、大名の全国的な再配置の過程で小田原は再び幕閣譜代大名の城地となった。

前年、小田原宿と三島宿から各五〇軒を箱根芦ノ湖畔の東海道沿いに移住させ、新たに箱根宿が設けられた。険素な山道である箱根八里★を小田原から三島まで荷物を積んだ馬で付け通すのが困難であったからである。また、元和五年、箱根宿に隣接して箱根関所が置かれた。「入り鉄砲に出女《でおんな》」を取り締まる、浜名湖畔の新居《あらい》関所★とともに東海道でもっとも重要な関所となる。

この箱根関所の新設と阿部正次の小田原入封とは無縁ではなかった。最重要な関所を新設しても、当時、東海道に沿ってそれぞれ一番近い城地である小田原と沼津には大名が配置されていなかった。箱根関所で万一のことがあった場合に駆け付ける兵力＝藩兵を一番近い小田原城に配置したのである。

しかし四年後の元和九年、第三代将軍家光の誕生とともに政権内部の人事異動が小田原へも影響した。青山忠俊《ただとし》が年寄職（老中）から追われ、大幅な減封で大

▼箱根八里
小田原から三島間、約三十一・四キロメートル。

▼新居関所
現静岡県新居町。今切渡船場にあり今切（いまぎれ）番所ともいった。

復元された箱根関所

多喜二万石へ所領替えとなったため、代わりに阿部正次が五千石加増で武蔵岩槻★に移封し、再び小田原藩が消滅した。

二度目の小田原城代体制

小田原城は暫時の番城体制を経て、翌寛永元年（一六二四）、経験を買われて近藤秀用が再度小田原城代を拝命した。秀用すでに七十八歳で、賄い領も拝領していないので、一、二年間の在任予定であったはずであるが、結局同八年八十五歳で死去するまで城代を務めることになる。

小田原城下の支配は三島代官揖斐《いび》政景《まさかげ》が小田原町奉行をも兼務★することになった。また、城付領村は幕府代官の守屋行広《ゆきひろ》（のち八木重朋《しげとも》）・森川長次・山田正次らが分割して支配した。ちなみに、城付領での年貢徴収に際して厘取《りんどり》法が採用されている。田畑別の石高に年貢率を乗じて取米《とりまい》を算定するシンプルな年貢割り付け方法である。また夫免引《ぶめんびき》も廃止された。徳川氏は関東移封後、村が負担する夫《ぶ》役《やく》★の見返りとして村高の一割を控除してきたが、それが廃止され、年貢賦課基準となる村高がその分、一律に増加することになった。

ところで阿部正次の移封後、なぜ小田原藩がすぐさま復活しなかったのか。それは寛永元年、それまで甲斐国・信濃小諸《こもろ》で計二十五万石を領していた将軍家光

▼岩槻
現埼玉県さいたま市。

▼兼務
番城・城代は直轄城郭の警衛を担当、直轄城下町には別に町奉行を置いた。

▼夫役
普請人足、年貢等の運搬や村継ぎ人足など。

の弟徳川忠長が駿河・遠江二国を加えられて駿府藩（五十万石★）を復活させたからである。「駿河大納言」忠長が駿河国を領有したことにより、早期の小田原藩復活が必要なくなったのであったが、理由はそれだけではなかった。

秀忠小田原隠居計画

元和九年（一六二三）、家光（二十歳）に五摂家《ごせっけ》の鷹司《たかつかさ》家より孝子★が正室として迎えられることになる。年上の姉さん女房であった。家光妹和子《まさこ》の後水尾《ごみずのお》天皇女御《にょうご》（のち中宮《ちゅうぐう》）としての入内《じゅだい》に続き、公武の融和が一層進むことになる。

江戸城では西丸《にしのまる》の普請が進められ、寛永元年（一六二四）西丸御殿が完成すると、まず本丸から大御所秀忠が西丸に引き移り、入れ替わりに西丸から将軍家光と孝子が本丸に入った。そして、翌寛永二年になって家光と孝子との婚礼が正式に執《と》り行われた。こうして西丸に入った秀忠であったが、家光と孝子の間に男子が生まれたならば、生まれながらにして徳川将軍家を継ぐべき嫡孫となるので、秀忠も早晩西丸御殿を明け渡さなければならない。二元政治の開始とともに、秀忠の隠居城探しが始まった。

駿府城には忠長が入ったので、城主のいない小田原城がその候補に挙げられた。「梅津政景《まさかげ》日記」によれば、寛永元年八月、出羽《でわ》秋田藩の家老梅津が江戸町奉行

▼**五十万石**
一説に五十五万石。

▼**鷹司孝子**
前関白鷹司信房の娘。のち中の丸様と呼ばれ、家光死後の法名は本理院。

島田利正より、来春より「小田原御普請」が始まるかもしれない、という情報を得ている。翌二年には普請奉行の経験のある先手頭《さきてがしら》阿部正之が隠居所計画のため小田原巡見に派遣された。

このため、かつての駿府城の時のように小田原城改修の御手伝い普請が諸大名には予想された。一番手のかかるのが石垣石で、小田原周辺での確保に奔走しだす。久野《くの》から塚原にかけての山間には、この時に途中まで切り出したと考えられる石材が多数放置されている。寛文十二年の塚原村村鑑《むらかがみ》（石川明世氏所蔵文書）には、寛永元年、池田輝澄《てるずみ》（播磨山崎藩）・同政綱（播磨赤穂《あこう》藩）・同忠雄《ただお》（備前岡山藩）・京極高広（丹後宮津藩）・加藤忠広（肥後熊本藩）・池田長幸《ながよし》（備中松山藩）・古田重恒《しげつね》（石見《いわみ》浜田藩）が「小田原御普請」のために石を切り出し、その割石丁場跡が同村内にあると記す。また、久野村山中にも「くぼ入りまで松平土佐守石」と彫られた自然石が残っており、山内康豊《やすとよ》（高知土佐藩）が石丁場に手付けをうったと推測されている。

さて、小田原隠居計画は幻で終わり、秀忠は江戸城西丸に居ながら大御所政治を続けた。なぜ計画が中止されたのか、これまでその理由は不明とされてきた。何のことはない、家光と孝子の間に子供ができず、秀忠が西丸から出ていかずに済んだだけのことである。むしろ、思惑《おもわく》だけで先走って行動せざるをえなかった外様大名たちと徳川将軍家との力関係が垣間見られて面白い。

「加藤肥後守石場」銘（石垣山城跡）
＊隠居所計画に際して熊本藩主加藤忠広が刻印、実際は天地が逆になっている。（『小田原市郷土文化館報告』No.35より）

小田原周辺略図

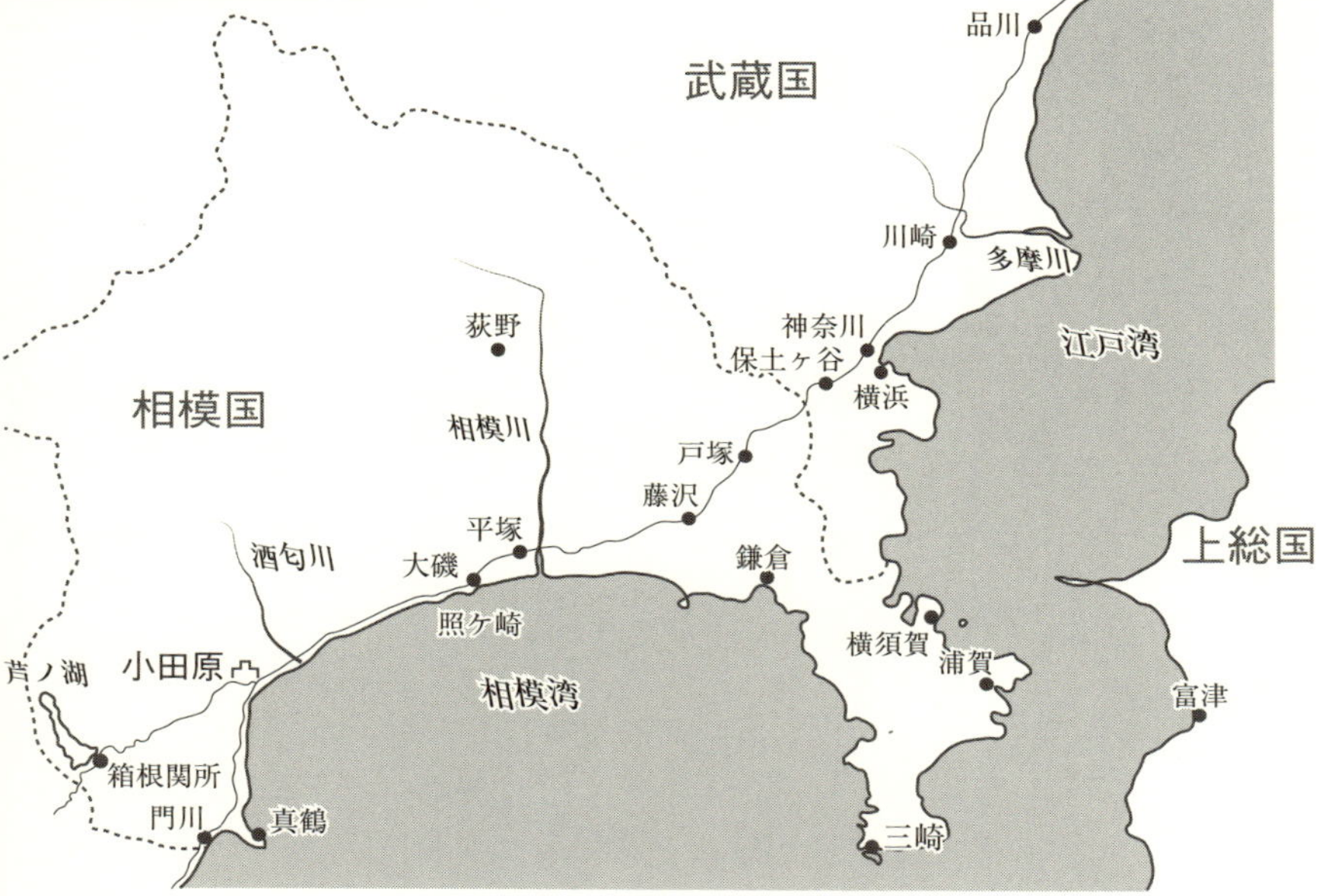

旧国名図

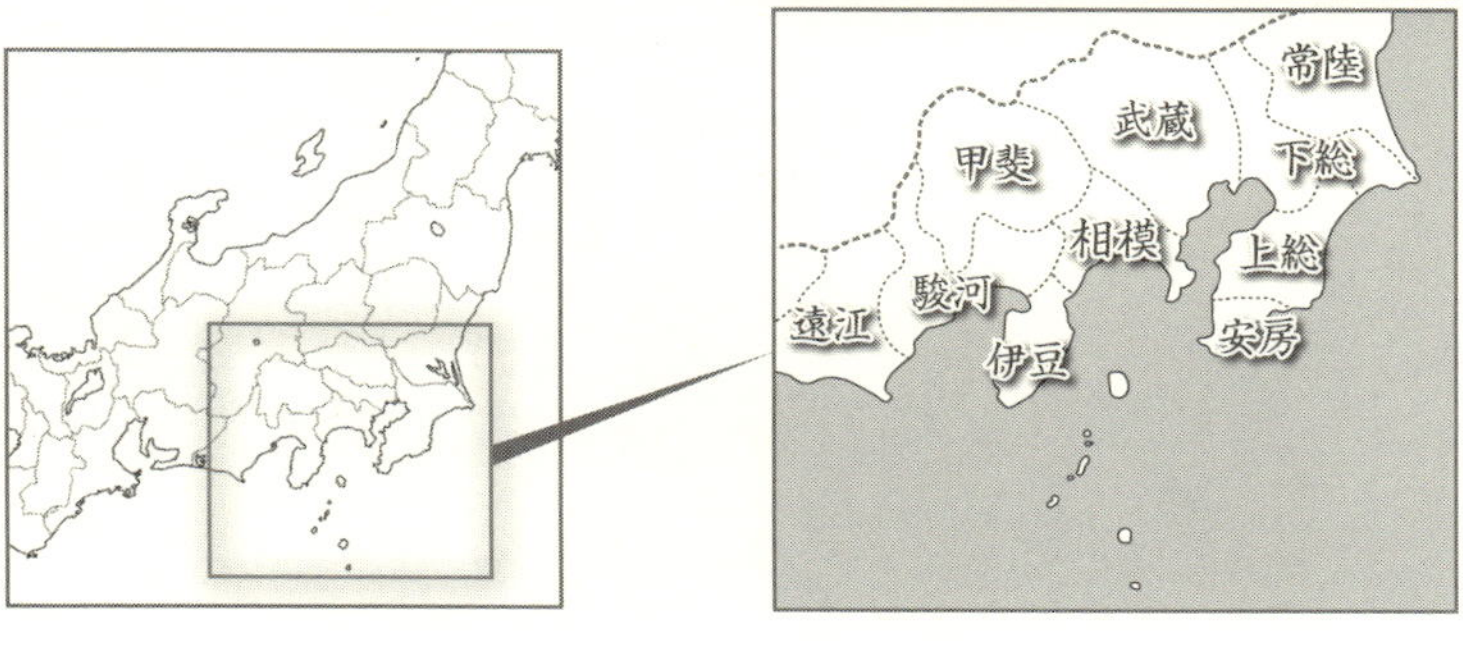

第二章

譜代大名稲葉氏による小田原藩政

小田原藩の役割、小田原の城下・領域の基盤は稲葉期に形作られた。

稲葉正則像（神奈川県立歴史博物館蔵）

1 家光政権出頭人稲葉正勝の小田原入封

新興譜代大名の稲葉家は養子・養女の正成・福夫婦に始まる。
三代将軍徳川家光が稲葉正勝を小田原に配した理由とは？
なぜ、幼少の鶴千代に家督相続が許されたのか？

天下取りのキーマン稲葉正成《まさなり》

関ヶ原で徳川軍が勝利し得た要因は、西軍石田方の小早川秀秋が寝返った点にあった。その若き主人秀秋（十九歳）に代わって小早川軍を率いていたのが家老稲葉正成と平岡頼勝《よりかつ》で、彼らが事前に徳川側と内応していたことによる。合戦二日後の慶長五年（一六〇〇）九月十七日、家康は正成に感状《かんじょう》★を与え、今回の秀秋の忠節は「その方《ほう》才覚ゆえと執着《しゅうちゃく》候」と感謝の気持ちを申し送っている。

もともと織田信長に属した西美濃衆稲葉良通《よしみち》★（一鉄）の子、清水《きよみず》城主の重通《しげみち》に、十七条城主林《はやし》家より婿《むこ》養子に入った正成は、秀秋の小早川家相続に際して秀吉の命令で付家老《つけがろう》として送り込まれたのであった。関ヶ原後、備中《びっちゅう》岡山五十一万石に転じた秀秋のもと五万石もの知行を拝領したが、すぐに秀秋に見切りを付け

▼感状
合戦での戦功を賞して家臣に与えた書状。戦後、恩賞獲得の証拠となった。

▼稲葉良通
土岐氏、斎藤氏、織田信長、のち豊臣秀吉に仕える。美濃曽根城主。

稲葉正成像（神奈川県立歴史博物館蔵）

て自ら浪人した。のち林家の本領であった美濃十七条藩★主に返り咲き、家門★の越後高田藩主松平忠昌★の付家老（糸魚川《いといがわ》城主）を経て、寛永四年（一六二七）には下《しも》野《つけ》真《も》岡《おか》藩二万石を拝領する。徳川家は稲葉正成を放ってはおかなかった。

福《ふく》の家光乳母《うば》登用

正成の最初の妻は重通の娘いせで、いせの死去後、重通の養女になっていた福を後室とした。のちの春日局《かすがのつぼね》である。そもそも福は明智光秀《あけちみつひで》の片腕斎藤利三《としみつ》★の末娘で、本能寺の変の時はわずか四歳であった。変後、福の母安《あん》は実家稲葉家を頼ることになる。福は重通の養女となってから、正成の後妻となった。正成が慶長の役《えき》で朝鮮に出陣している最中に、福は京都で長男正勝《まさかつ》を産んでいる。

正成が浪人した慶長九年（一六〇四）、福（二十六歳）は四人目の男子正利《まさとし》を産んだ。その直後、徳川秀忠に嫡男竹千代《たけちよ》（家光）が誕生するに際して、その乳母に採用された。福は正成と別れ、正勝はじめ三人の男子を伴い、乳母という職務をもって徳川家に仕えることになる。福の生い立ちや資質が徳川家の求めていた人材と合致した点を重視すべきであろう。斎藤利三の母は明智光秀の妹といわれ、血筋に問題はない。元夫は浪人中だし、斎藤家は頼るべき大名として生き残っておらず、しがらみのない福であった。この点は軽視できない。波乱万丈の幼年期

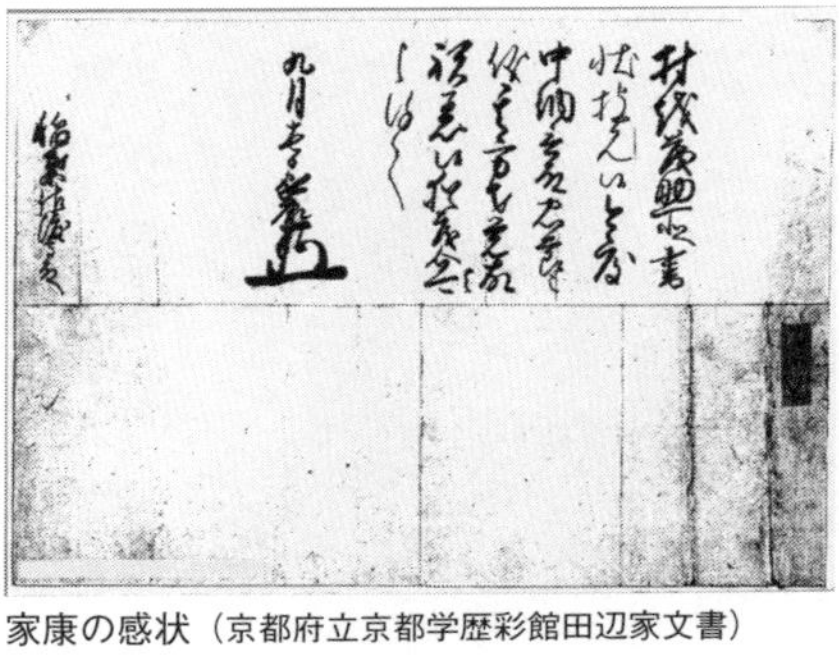
家康の感状（京都府立京都学歴彩館田辺家文書）

▼美濃十七条藩
現岐阜県瑞穂市。慶長十二年（一六〇七）、正成は実家林家の旧領で一万石を拝領。

▼家門
松平一族など、徳川家の親族大名。

▼松平忠昌
結城秀康二男。

▼斎藤利三
母は明智光秀妹美（よし）、妻は稲葉良通の兄通明娘安。斎藤義龍、稲葉良通、織田信長、明智光秀に仕える。

で肝っ玉は据わっており、若き頃は京の三条西家★で公家奉公もしたという。一説に、採用した京都所司代板倉勝重が「俗姓といい、夫といい、何れも武勇名高き」とその理由をあげた点からすれば、正成の武功も高い評価ポイントであった(「招隠館漫録抄」)。

なお、福が正成と離縁して斎藤姓に戻ったというのは間違いである。稲葉家に養女に入ったところで斎藤姓は捨てている。福の墓が湯島の麟祥院《りんしょういん》★にあるが、墓石の前の門塀には葵《あおい》の御紋と稲葉家の家紋「折敷《おしき》に角三文字」が飾られている。

家光が将軍となってから、福は江戸城本丸表の局《つぼね》として大名たちと家光との間を取り次いだ。幕閣が特定の大名・旗本の取り次ぎ役(御用頼み)となっていたのと同じである。寛永三年(一六二六)、それまで大奥★を束ねてきた江《ごう》(崇源院《すうげんいん》)が亡くなる。その役割を引き継ぐはずの御台所《みだいどころ》(鷹司《たかつかさ》孝子)は世継ぎを授からないこともあって、プレッシャーに耐えきれず舌を噛みきり自殺を図った。一命は取り留めるも言語が不自由となり、その後は表舞台から降りて中の丸でひっそりと余生を送ることになる。そのため家光は、全幅の信頼を寄せる福に大奥の実権をも委ねた。同六年、福は京都御所参内《さんだい》を前に東福門院★より春日の局号《つぼねごう》を授かり、戻って江戸神田(のち代官町)に屋敷を賜り、さらに相模国高座《こうざ》郡吉岡★にて三千石の化粧料《けわいりょう》を拝領する。屋敷地・知行地を拝領した福は女でありながら、将軍家光に仕える直臣同様で、采地《さいち》の農民たちから見れば福は紛れもなく領主で

▼三条西家
稲葉良通の妻は公家三条西公条(きんえだ)の娘。

▼麟祥院
現東京都文京区。福が寛永元年(一六二四)創建した臨済宗天澤寺、同十一年改号。

▼大奥
江戸城本丸にて将軍の公的空間の表に対して私的空間の奥の内、御台所・側室の居所が大奥、将軍の居所が中奥。

▼東福門院
家光の妹和子(まさこ)。後水尾天皇の中宮。後水尾譲位後、娘女一宮(興子内親王)が明正天皇として即位する。

春日局像(淀稲葉神社文書)

あった。

家光政権再編と稲葉正勝の御取り立て

家光のお七夜にあたる慶長九年（一六〇四）七月二十三日、稲葉正勝も家光付きの小姓《こしょう》として召し出され、五百石の采地と二〇人扶持《ふち》★を拝領した。わずか八歳で直臣《じきしん》旗本の仲間入りである。その後、御小納戸《おこなんど》、御歩行頭《おかちがしら》、御小姓組番頭《ばんがしら》を経て、元和七年（一六二一）御書院番頭★に出世する。

元和九年、京都伏見にて将軍宣下《せんげ》した家光は、供奉《ぐぶ》していた正勝（二十七歳）に官位（従五位下《じゅごいのげ》・丹後守《たんごのかみ》）を授け、江戸に戻るやいなや奉行職（年寄・老中）に任じた。この抜擢は将軍家光による幕閣最初の人事であり、これにより正勝も国政に参加することになる。翌寛永元年（一六二四）、知行も加増され、遅ればせながら大名の仲間入りをする。陣屋を常陸新治《ひたちにいはり》郡柿岡に置いたので柿岡藩★と呼ばれているが、翌二年には下野《しもつけ》佐野★で一万石を加増され、さらに同五年には父正成の遺領二万石を相続し、真岡藩四万石の藩主となる。

寛永九年正月、大御所秀忠の死去を契機として、家康・秀忠と二代にわたって展開した二元政治が終わりを告げ、本丸将軍付きと西丸《にしのまる》大御所付きに分かれていた幕閣の再編が始まる。計八名いた年寄衆には酒井忠世《ただよ》・酒井忠勝・土井利勝《としかつ》

▼吉岡
現綾瀬市。

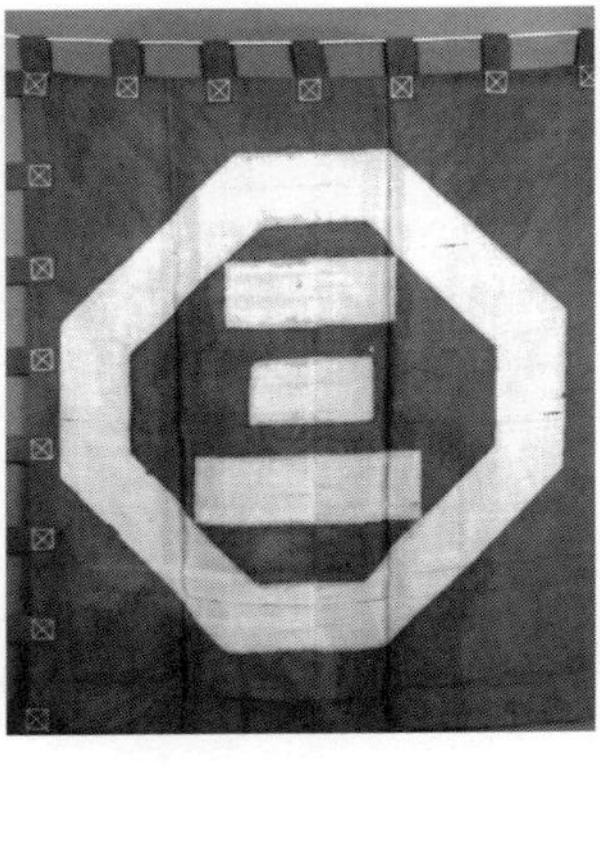
稲葉家旗指物（京都府・竹林直彦氏蔵）

▼扶持
一人扶持は一年で米一・八石。

▼御書院番
旗本番方の一つ。江戸城や将軍の身辺警護等を担当。

▼柿岡藩
現茨城県石岡市。

▼佐野
現栃木県佐野市。

ら古参のメンバーがまだおり、家光の取り立てた稲葉正勝はひときわ若く知行も四万石しかなかった。そこで家光は、近江《おうみ》彦根藩主井伊直孝★と大和郡山《やまとこおりやま》藩主松平忠明《ただあきら》★の二人に、在府して大政に参与することを命じた。のちに置かれる大老職と同様に、年寄衆の上位に位置付けられ、重要な政務事項に関しては御前会議や老臣（老中）会議に参加し、時に政務を主導した。二人に古参年寄の役割の一部を分担させ、かつその影響力を削ごうとしたのであろう。

続いて家光は二大名の改易《かいえき》を実行に移した。「御代《みよ》始めの御法度《ごはっと》」とも呼ばれる将軍大権発動による大名の取りつぶしである。一人目は肥後熊本五十四万石の外様《とざま》大名加藤忠広★で、二人目は蟄居《ちっきょ》中の将軍弟・駿河大納言徳川忠長★である。加藤忠広は日頃の行状も悪かったが、明確な改易理由は無かったようである。その熊本城の受け取りの上使《じょうし》★衆の一員に、急きょ家光は幕閣より稲葉正勝を加えた。上使軍を率いて肥後国の国政を沙汰し、あわせて中国・九州を幕閣の目で視察するという職務をつつがなく成功させたことは正勝の大きな実績となった。家光が、この功績をもとに正勝を「御取り立て」するという噂が派遣前からあり、派遣直前に江戸城二の丸（のちの三の丸）内に屋敷を拝領していた。それまで二の丸に上屋敷を持っていたのは酒井忠世・酒井忠勝だけであり、すでに年寄衆筆頭らと肩を並べるほど、その地位が上昇していたといえる。

▼井伊直孝
井伊直政二男。兄直勝を後継、大坂の陣での戦功により加増される。彦根藩主（三十万石）。

▼松平忠明
母は家康娘亀姫、家康の養子となる。奥平松平家の祖。大和郡山藩主(十二万石)。

▼加藤忠広
加藤清正三男、妻は秀忠養女（蒲生秀行娘）、十一歳で家督を相続。

▼徳川忠長
寛永元年（一六二四）から駿府藩主。奇行が改まらないとして領内甲府で蟄居、のち改易、高崎に幽閉されていた。

▼上使
将軍が派遣する使者。

小田原藩復活と関東御要害構想

稲葉正勝ら上使衆が帰府した翌十月、甲府に蟄居中の忠長が上野《こうずけ》高崎藩安藤重《しげ》長《なが》のもとに預けられるとともに（幽閉）、駿河《するが》・遠江《とおとうみ》・甲斐《かい》三カ国にまたがる五十万石の所領が収公され、徳川家門の駿府《すんぷ》藩が消滅した。秀忠存命中に勘当処分として蟄居を命じられていたが、更生の見込みなしと判断されたことによる。

直後の十一月、稲葉正勝の小田原城拝領が公表された。下野真岡・上野佐野・常陸柿岡の旧真岡藩領四万石に加え、新たに幕府直轄であった小田原城付領四万五千石（相模国足柄上・足柄下・淘綾《ゆるぎ》三郡）を拝領しての国替えである。この時期、関東およびその周辺で四万五千石の大加増を受けたのは正勝だけであり、倍増以上の加増で稲葉氏小田原藩（八万五千石）が誕生した。

家光は、なぜ側近稲葉正勝を小田原に配置したのか。まず、この時家光には世継ぎがおらず、二元政治のための隠居所は必要がなかった。江戸と京・大坂の間にあった駿府藩が消滅した、この二点を考慮してのことであろう。御三家と肩を並べる駿府藩五十万石を任せるに足る人物は、この段階では見当たらない。となれば、駿府藩なしでの新たな江戸（関東）の防衛体制を組み立て直す必要がある。すでに寛永八年（一六三一）から、幕府は関東を囲繞《いにょう》する御要害地の調査を実施

稲葉正勝像（神奈川県立歴史博物館蔵）

しており、箱根から碓氷《うすい》★を結ぶ関東山間と、利根川・江戸川とを防衛線とする関東御要害体制の検討が進められていた。

正勝が小田原城を拝領した際に、あわせて「関東第一の要害」である箱根の関所ほか四関所（のち五関所）の警衛を任されたのも、そのためである（「大猷院殿《たいゆういんでん》御実紀」）。正勝はさっそく小田原城の縄張りをし直し、城郭整備に取りかかる予定であった。

寛永大地震と小田原城・城下のリニューアル

小田原城の縄張りが開始された十日後、寛永十年（一六三三）正月二十一日明け方五時頃、相模・伊豆地方をマグニチュード七クラスの地震が襲った。内陸直下型の地震と考えられる。小田原城下の町家・武家屋敷も被害を受け、家中の死者だけで二三七人を数えた（「日向変動記事」）。城下町人の死者数は数え切れない。小田原城も甚大な被害を被った。

翌年に家光の上洛が予定されていたため、将軍御座所ともなる小田原城本丸は幕府の肝煎《きもいり》で迅速に再建された。天守をはじめ本丸御殿、本丸周りの石垣等については、幕府御作事奉行に任命された酒井忠知《ただとも》ら指揮官のもと、四万五〇〇〇両の公費でもって突貫工事が実施された。

▼碓氷　峠は群馬県と長野県の県境。中山道の碓氷関所は現群馬県安中市。

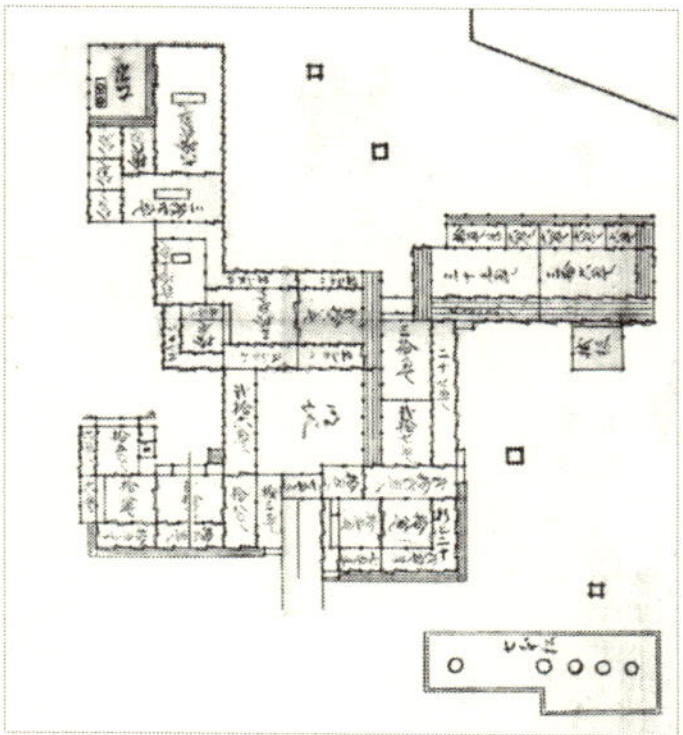

小田原本丸御殿図（小田原有信会文庫）

一方、藩庁である二の丸屋形《やかた》と迎賓館の役割を有する御花畑《おはなばた》の茶屋（浜御殿）は小田原藩稲葉家が一万七〇〇〇両余の経費を投入して作り上げた（「稲葉氏覚書」）。あわせて、復興を機に城下にも整備事業がほどこされ、のちの小田原城下町の基礎となる町割りが完成する。また城米曲輪《ぐるわ》★には城詰米《しろづめまい》五千石（のち八千石）が兵粮米《ひょうろうまい》として備蓄され、あわせて城付きの武具として稲葉氏の手で具足（甲冑）一〇〇〇領余・鉄砲★一三〇〇挺余・槍九〇〇本等が調えられ、天守・櫓《やぐら》・土蔵などに備えられていく。

寛永十年三月、上野佐野領一万石が元は駿府藩領である駿河駿東《すんとう》郡に替え地となった。この御厨《みくりや》★領は箱根外輪山を挟んで相模国足柄上・下郡の城付領に接しており、御要害地一円が小田原藩領となった点も見落とせない。

早すぎる正勝の死と正則の相続

江戸での幕閣としての職務、および小田原での復興の舵取りなど激務が重なり、寛永十一年（一六三四）正月二十五日夜、稲葉正勝（三十八歳）が江戸藩邸で病没した。そのことを肥後八代《やつしろ》の細川忠興《ただおき》★に知らせる忠利の書状によれば、正勝は細川家にある「南蛮《なんばん》の寝床」に寝てみたいと所望していたので、もしかすると忠興か妻玉（ガラシャ）の愛用したベッドの上で息をひき取ったかもしれない（『細川

▼城米曲輪
現在は御用米曲輪と呼んでいる。

▼鉄砲
城下の新宿町と小峯に鉄砲細工所があった。

▼御厨領
駿河国駿東郡（現静岡県御殿場市・小山町、裾野市の一部）。

▼細川忠興
号は三斎。細川藤孝（幽斎）長男。妻は明智光秀娘玉（ガラシャ）。

稲葉正勝の墓
（右、東京都・養源寺、『小田原市史』通史編近世より）

家史料』)。なお、家老の塚田杢助《もくのすけ》が殉死しており、千駄木（元湯島）の養源寺の墓所には二人の墓石が並んで建てられている。

正勝の死を一番悲しんだのは福であった。自分の子どもに遅れをとった悲しさから、みずからも法号麟祥院《りんしょういん》を授かり、湯島に建立した報恩山天《てん》澤《たく》寺《じ》の寺号を天沢山麟祥院に改めている。

稲葉家の名跡を継いだのは元服も済んでいない嫡男鶴千代《つるちよ》（十二歳）であった。正勝の妻はすでに亡く、鶴千代と腹違いの妹清《せい》、この二人の子どもが残されたのであるが、鶴千代は四歳の時から祖母福に引き取られ七歳まで一緒に暮らした経歴を持つ。つまり、幼少期の鶴千代は福に付いて江戸城大奥に出入りし、当然、将軍家光とも顔見知りであった。幼年の家督相続であったから減封や領知替えが考えられた。家臣たちにとってみればリストラもありえる状況であり、奥村小右衛門は旧領舟津川村★の福地多左衛門に「なげきの中の悦《よろこ》びまでにござ候」と書き送っている（『下野国近世初期文書集成』3）。この書状には浪人せずに済んだ素直な気持ちがにじみ出ている。江戸上屋敷は西丸下《にしのまるした》に移されたが、西丸下とて、大手前とともに現役幕閣大名や家門大名の屋敷拝領地であるから、やはり別格扱いといえる。なお、小田原には国目付★として旗本の斎藤利宗《としむね》★が派遣され、小田原での仕置き（藩政）を監督することになる。

小田原藩主稲葉氏略系図

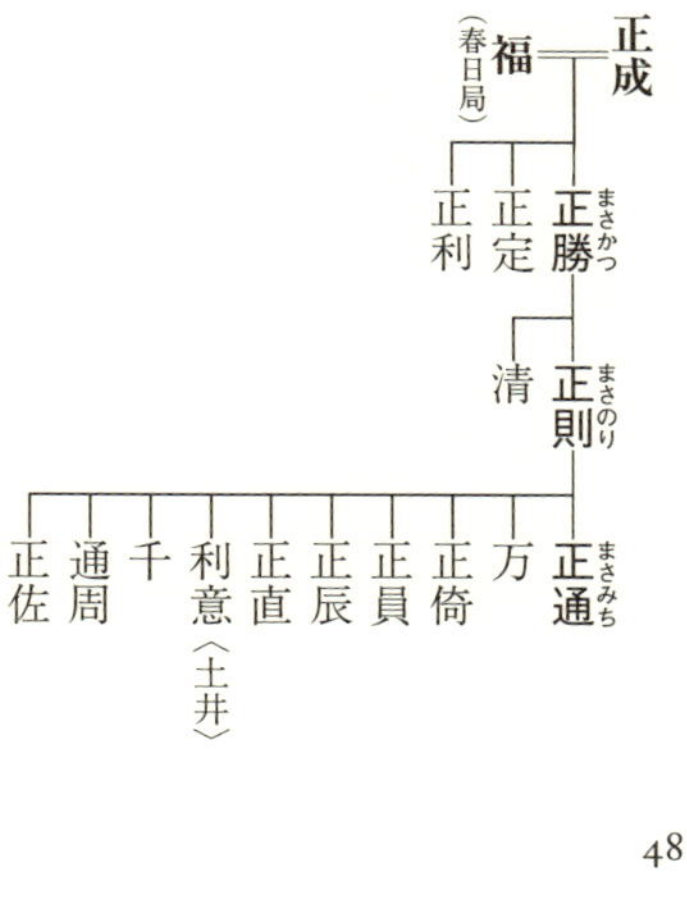

▼旧領舟津川村
現栃木県佐野市。寛永十年まで正勝の所領（真岡藩・小田原藩）。

▼国目付
国持大名などが藩主幼少の場合、国元の監視役として旗本（番頭）が派遣された。

▼斉藤利宗
福の兄。本能寺の変後、細川忠興、稲葉良通、加藤清正と仕え、当時旗本五千石・御持筒頭。

② 稲葉家の家臣団と軍役・御用の負担

家臣団を増強した理由は小田原藩が担った軍役だけではない。箱根関所を任されたのは関東御要害構想の一環だった。意外にも小田原藩では武士身分も人足役を負担した。

家臣団の編成

戦国の世を知る者たちがまだ生きているこの時代、大名の家臣団は出陣の陣立てを基準とした番方編成がなされており、徐々に領地・領民の支配や藩政運営を担当する役方業務が制度化されるにつれて、軍事組織から行政組織として編成替えされていくことになる。

稲葉家も家臣団は大まかにいって家中《かちゅう》（藩士）と武家奉公人から構成されていた。家中は、①知行高百石以上の知行取層と、②それ以下の寄合《よりあい》組・諸役人層からなり、これらが侍身分にあたる。稲葉家は地方《じかた》知行制★を採らずに俸禄米支給で、完全なる兵農分離が達成されていた。侍身分は家族・使用人を含めた「イエ」を単位として藩主に仕えており、「イエ」の格席《かくせき》に対応した職務・役目を分担し、

▼**地方知行制**
知行として地方（村）を宛行われ藩士が直接村・農民を支配する体制。知行主は給人とも呼ばれた。

同じく格席に応じた知行を世襲する仕組みであった。家中は藩主とともに江戸藩邸に勤務する江戸詰と、小田原城・藩領を預かり支配・管轄する小田原詰に二分される。③徒《かち》★・組足軽・同心層と④女中層、⑤部署ごとに雑役に従事する中間《ちゅうげん》層は、それぞれ年限を区切って雇われる武家奉公人である。このほか、⑥御抱え大工や関所定番人《じょうばんにん》・御林守《おはやしもり》などが藩から扶持米を支給された。

家老および組頭《くみがしら》（番頭）のもと家中は約二〇名ずつ番方に組編成されており、非常時にはそれぞれ一師団として行動するシステムである。番方に属する家中は、交代で小田原城・箱根等各関所、および江戸藩邸の御広間番などの警衛番に従事した。また物頭《ものがしら》ごとに徒・旗・弓・鉄砲（筒）・槍（長柄《ながえ》）の足軽組が組織されており、番方家中とともに各所に配置された。

一方、役方家中の職務としては、江戸詰では大納戸《おおなんど》・小納戸・右筆《ゆうひつ》といった役人衆、藩主の身の回りで取次《とりつぎ》・使役《つかいやく》・御供を務める小姓衆があった。小田原詰では、町奉行・郡《こおり》奉行・代官・目付など領内支配を担当する役職と、勘定方・蔵奉行・御金《おきん》奉行・普請奉行など財政を担う役職に分けられていた。

小田原入封により領地も倍増し、拝領高に見合った軍役勤めのために常に家臣の増員がはかられた。浪人の召し抱えも積極的に行われた。それだけはない、ほかにも、稲葉家には家臣団を増強しなければならない理由があった。藩主家督を継ぐ嫡男正通《まさみち》★と、土井家に養子に入り三河西尾藩主となる利意《としもと》★のほか、正倚《まさより》・正《まさ》

▼徒
騎乗せず供廻りとして主人を警固する足軽。ベテランの組足軽からなる場合も多く、家中に準じ名字・帯刀等が許された。

▼稲葉正通
義雅、のち正往（まさゆき）。寺社奉行、京都所司代、を経て幕府老中。

▼土井利意
始め稲葉利忠。のち奏者番・寺社奉行を務める。

員《かず》・正辰《まさとき》・正直《まさなお》・通周《みちちか》・正佐《まさすけ》と六人の庶子が寛文元年以降それぞれ分家し旗本として独立していく。分家に際しては、本家よりしかるべき家臣団を割き与える必要があり、そのためにも本家の家臣団増強が必要であった。

幕閣譜代大名としての軍役、普請役・御用

将軍より領知を認められた大名には軍役負担があった。小田原入封後の稲葉氏に命じられた軍役としては、①島原への出兵など戦場への軍陣こそなかったが、②将軍の日光社参への供奉《ぐぶ》や将軍に代わっての代参・上使《じょうし》があった。慶安元年(一六四八)、家光の日光社参に正則は随行を自ら希望し、その願いは叶わなかったが、翌年の家綱の社参には供奉し跡押さえを担当した。続いて寛文三年(一六六三)の家綱日光社参の際には、老中であった正則が江戸留守居《るすい》に指名されたため、正通が騎馬三〇、総勢一〇九六名の人数を率いて社参の隊列に加わった(「稲葉氏覚書」)。

③幕閣クラスの家門《かもん》・譜代大名は、当主が幕閣の要職に就いていない時、江戸城の大手三門★の警衛番などを交代で務める義務があった。正則が幕府老中に就任する明暦三年(一六五七)以前、稲葉氏も内桜田門番や城中紅葉山《もみじやま》★の火の番などを務めている。将軍が寛永寺・増上寺への参詣のため城を出る時、沿道の警固役

▼大手三門
大手門・内桜田門・西丸大手門。

▼紅葉山
本丸と西丸に挟まれ、歴代将軍の霊廟と紅葉山文庫(宝蔵・図書館)があった。

を務めることもあった。

小田原藩に固有の軍役としては、④小田原城、および箱根関所など要害の番があった。小田原城本丸は将軍家の本陣ともなる施設であり、天守・櫓《やぐら》に詰められた武具・武器、および城米曲輪《くるわ》に保管された城詰米は非常戦闘に備えるための兵粮として位置付けられている。

五街道の関所は基本的に幕府直轄であったが、主要関所は近隣に所領を持つ譜代大名に管理・警衛を任せることも多く、中でも東海道の箱根関所および根府川・仙石原《せんごくはら》・矢倉沢・川村・谷ケ《やが》の脇関所の番を小田原藩が担当した。箱根関所では大名らの携帯する鉄砲・槍の数をチェックし、規定以上の武器の通過を制御するとともに、武家女性や事件首謀者・犯罪者らの通行を厳しく取り締まった。関所破りの防止は勿論のこと、将軍の日光社参・死去、あるいは慶安事件★など大事件が起きると各関所・要害には加番の人数が配置され、警固を強化することになっていた。

なお、⑤将軍の軍事統帥権の発動という側面から見れば、大名への参勤交代の強制や首都江戸の火消し役、さらに各江戸藩邸の警備なども、兵力の移動を伴う点からも広義の軍役といえよう。

戦場での要害普請と同様、⑥お手伝い普請が小田原藩にも課され、江戸城の諸門・石垣の普請等をたびたび務めた。普請役に対して幕府から経費の給付はなく、

小田原藩関所御番の人数

〈貞享３年〉

	箱根	根府川	矢倉沢	仙石原	川村	谷ケ	計
侍	4	2	2	1	1	1	11
定番	3	3	3	2	2	1	14
足軽	11	2	2	2	0	0	17
中間	2	1	1	1	1	0	6
計	20	8	8	6	4	2	48

そのため領内の農民・職人を動員するだけでなく、家中や足軽たちにも家中役人と呼ばれた人足役★を負担させ凌《しの》いだ。そのほか小田原城の修築、箱根・熱海《あたみ》の御殿や各関所の修理、東海道の道橋維持のための普請なども担当した。もう一つ、⑦小田原藩に特徴的な役負担として石材の献上御用が挙げられる。領内の風祭《かざまつり》・根府川・岩・真鶴《まなづる》などで良質の石材が産出したため、海上輸送し江戸城の石垣構築のため早くより利用されている。また、寛永寺・紅葉山の仏殿用や禁中★御庭造営用にも献上された。

家中の窮乏と拝借金

家中の給料に相当する禄米（蔵米）は小田原と江戸において春・夏・秋の借米《かしまい》と暮れの足米《たしまい》で、年四度の分割支給が基本であった。家中の知行高に物成免《ものなりめん》（支給率）を乗じた現米を借米では各一〇パーセントほど、残りの過半は足米で支給された。ただし、支給すべき現米の調達が間に合わない時は、借米の支給が中止となることも珍しくなかった。

家中には、藩主の参勤交代の大名行列を仕立てるため、知行高に応じて人足役負担が割り当てられ、要害山での藩主の鹿狩《しかがり》でも勢子《せこ》人足が家中に割り振られた。さらに、小田原城や江戸屋敷の普請、江戸城のお手伝い普請や酒匂川の川除《かわよけ》普請★

▼**慶安事件**
家光死去直後、慶安四年（一六五一）由井正雪らが幕府転覆をはかった事件。未然に発覚。

▼**人足役**
知行取の家中が知行高に応じて普請人足役を提出する義務があった。

▼**禁中**
京都御所。仙洞・女院御所等も含まれる。

▼**川除普請**
河川の堤普請。

などでも、領民と同様に侍身分の家中が人足役（家中役人）を負担した。家中に賦課された人足役には、軍役負担同様に見合った扶持《ふち》支給などが藩から無かったため、家中の持ち出しとなり家計を圧迫した。

そこで小田原藩は金に困った家中・小役人には個人、足軽には組単位での貸し付け金を用意した。拝借金と呼ばれ、希望者には御金支配人が審査してまとめて貸し付けた。貸し付け金の利息は年一五パーセントで、二年から五年賦での返済とし、年末の足米で相殺された。毎年数千両が貸し付けられ、家中返済金の利息分だけで数百〜千両ほどが藩の収益となった。つまり、貸し付け金運用は百姓・町人に対してだけではなく、家中も対象とされ、利息分は藩の収入となる仕組みであった。

③ 東海道と城下町小田原

城下の区画整備事業は寛永地震で壊滅的被害を受けたお蔭だった。
小田原城下の町人も百姓同様に土地税を納めていた。
町人の負担する人足役は業種別に異なっていた。

寛永地震後における小田原府内の町割り

小田原北条氏の本拠小田原は、戦国期すでに関東有数の城下町であった。幸い秀吉との小田原合戦でも市街戦は展開せず、合戦直後に大外郭の一部は破却されたが、城下は無傷のまま残った。のち小田原宿の本陣や町役人の町年寄・宿老《しゅくろう》を務める久保田甚四郎・清水金左衛門・外郎《ういろう》藤右衛門をはじめ、鋳物師《いものじ》の山田治郎右衛門、石屋の青木（田中）善左衛門、京紺屋津田藤兵衛などの職人頭らが、城下や隣接する板橋村★に住み続けたことを考えると、都市機能はそのまま維持されたといえる。

大きな画期は寛永十年（一六三三）の小田原地震であった。復興事業として東海道山王《さんのう》口の付け替えや、大手門に直通する御成道《おなりみち》の整備、さらに板橋口周辺に

▼板橋村
東海道は城下山角町から西へ板橋口（上方口）を抜けると板橋村へと町並みが続いていた。

寺社が集められ寺町とするなど、新たな町割りが施され、近世城下町「小田原府内」の大枠が形作られた。

①小田原府内の中心には内堀と外堀で守られた丸の内空間がある。大手門・箱根口門・幸田口《こうだぐち》門・谷津口門の四門から出入りする、この空間が狭義の小田原城にあたる。本丸には将軍家の施設本丸御殿と三層からなる天守、二の丸には藩庁および藩主の屋形《やかた》、それと城米曲輪ほか各曲輪が配置され、家老・年寄など重臣の屋敷が三の丸に割り当てられた。その外側に、②家中屋敷や足軽長屋などの侍屋敷地、新蔵（御蔵）・御花畑《おはなばた》（浜辺屋敷）などが分散配置された。③東海道沿いの通《とお》り町《ちょう》九町が宿駅機能を担う「小田原宿」で、④甲州道沿い、および通り町の外側に

小田原府内の概念図　(17世紀中頃)

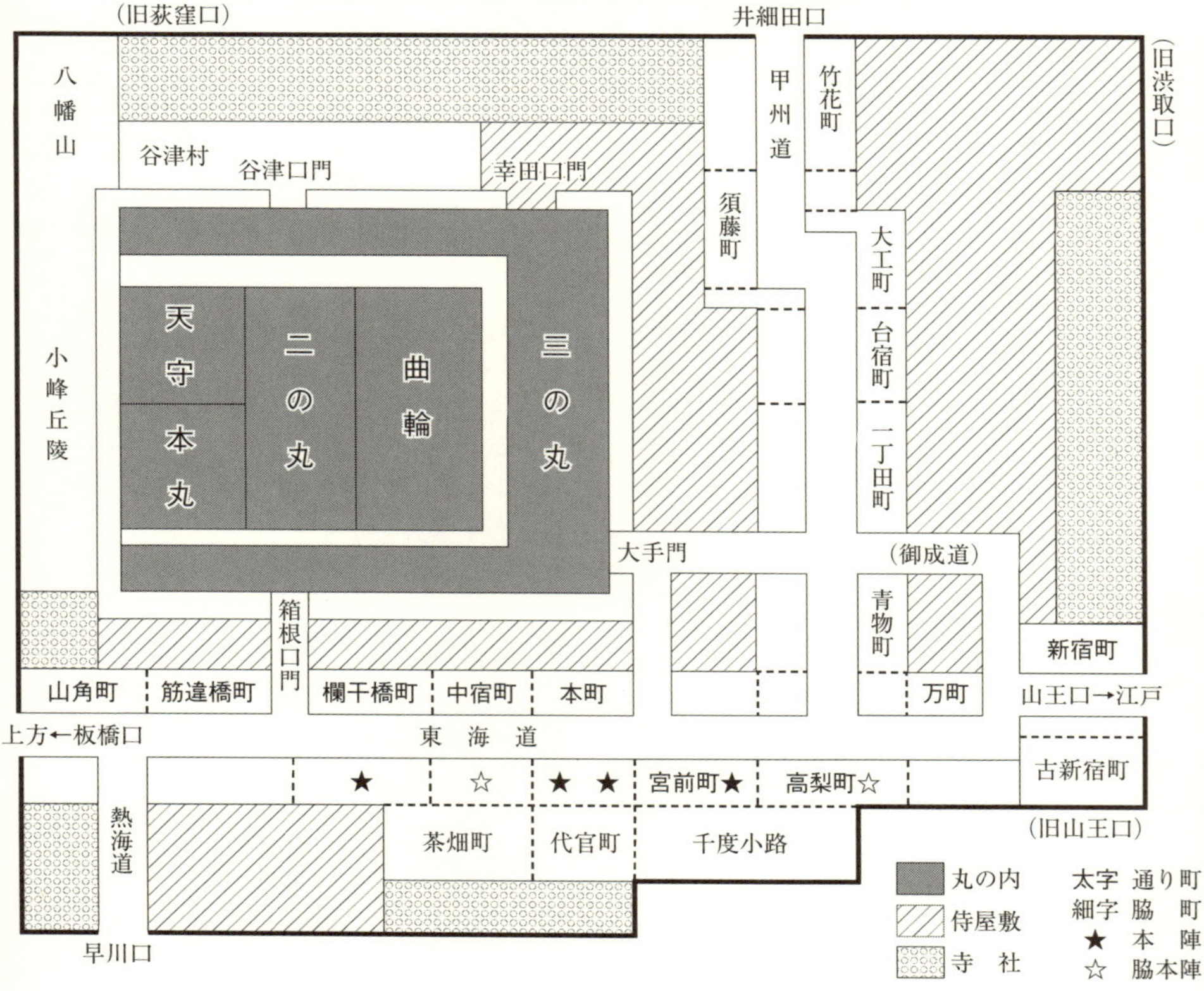

一〇町からなる脇町《わきちょう》がある。これら一九町が町人町である。脇町のうち海岸沿いの漁師が多く住んだ千度小路《せんどこうじ》と古新宿《こしんしく》町は「小田原浦」とも呼ばれた。⑤街道に面していない、小田原城北側の小丘陵地に谷津村があり、さらに⑥府内外縁部に寺町が形成された。ただし、寺町は町としては独立しておらず、各寺社・門前は個別に町人町に付属した。

通り町と脇町

街道に面した城下町を概観してみよう。東海道東口の山王口（江戸口）から西へ新宿《しんしく》町・万町《よろっちょう》・高梨町・宮前町・本町・中宿《なかしく》町・欄干橋《らんかんばし》町・筋違橋《すじかいばし》町・山角《やまかく》町と通り町が続き、板橋口（上方《かみがた》口）から板橋村へと抜ける。新宿町からクランクして浜側の万町へとゆるやかな蹴上《けあげ》坂を上ることになる。万町には魚屋が多く、のち蒲鉾《かまぼこ》屋が軒を連ねることになる。高梨町には下りの問屋場《といやば》があり、北へ抜ける甲州道との分岐点にあたる。城下惣鎮守《そうちんじゅ》の松原明神の門前にあたるのが宮前町で、本陣清水金左衛門があった。

街道と並行した裏町は宮小路《みやこうじ》と呼ばれ、大手へ抜ける浜手口には番所が置かれ、その脇に時の鐘があった。江戸後期には本町に本陣久保田甚四郎・片岡永左衛門、中宿町に上りの問屋場、欄干橋町に本陣清水彦十郎があった。なぜか、これら本

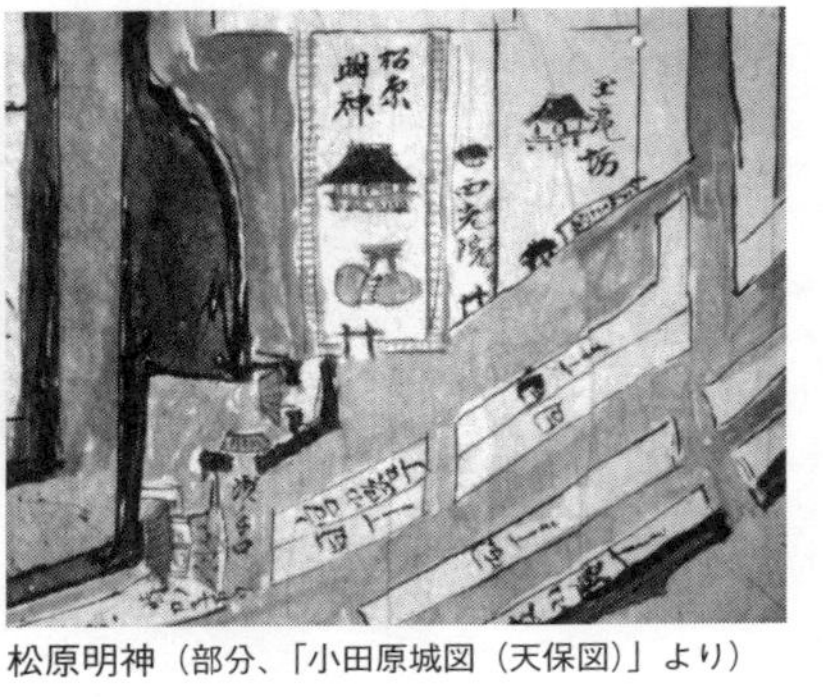

松原明神（部分、「小田原城図（天保図）」より）

ういろう「透頂香」の看板
（『小田原城天守閣 展示案内』より）

陣・問屋場はすべて通りの南側に配置されていた。欄干橋町には透頂香《とうちんこう》★（「ういろう」）を販売する薬商外郎があり、城下一番の観光スポットとなっていた。筋違橋町と山角町の南側には武家屋敷に通じる小路が南北に並んでおり、東側から安《あん》斎《さい》小路・狩野殿《かのどの》小路・諸白《もろはく》小路・天神小路・御厩《おんまや》小路と名付けられている。御厩小路の先が熱海道に抜ける早川口で、その東側浜手は元塩田を開拓した町家で荒《あら》久《く》と呼ばれた。

次に脇町を見てみよう。宮前町の浜側が千度小路、新宿町の浜側が古新宿町、この二町は海士《あま》方とも呼ばれた漁師たちの住む町で、千度小路の浜に浦番所があった。小田原の浜は遠浅のため大型の廻船は着船できず、小揚《こあげ》船（艀《はしけ》）に積み替えて荷揚げしなければならなかった。本町・中宿町・欄干橋町の南側が代官町と茶畑町で、この両町にも魚屋が集中していた。甲州道沿いには高梨町から青物《あおもの》町・一丁田《いっちょうだ》町・台宿《だいしく》町・須藤《すとう》町・竹花《たけのはな》町、そして井細田《いさいだ》口へと脇町の町並みが続く。東海道を通行する旅客を相手にした通り町と異なり、これらの町には城下住人や足柄上・下郡の農民を相手とする商家・職人が多く、店借《たながり》の棒手振《ぼてふり》（行商人）や村宿（郷宿）も見られる。

元禄十六年（一七〇三）「相州小田原宿書付」によれば、町方の家数が一〇二三軒、人数は男五一三二人・女四七九〇人とある。武家人口がおよそ八〇〇〇～一万人ほどと推定されるので、元禄期の小田原の人口はおおよそ二万人弱と考えら

▼透頂香
薬能の多い丸薬。道中携帯薬として普及、「ういろう」と通称された。

▼歩行渡し
東海道では大井川（静岡県）と同様に架橋・渡船が禁止され、川越し人足によって旅客が渡された。

歌川広重　五十三次　小田原酒匂川かち渡
（部分、『浮世絵が語る小田原』より）

▼一〇〇疋の伝馬
当初は三六疋だったが、寛永十五年（一六三八）から一〇〇疋。馬と馬士一人がセットで一疋。

れる。人口はこの頃がピークで、幕末にかけて漸減していく。

小田原宿と城下町人の負担

江戸日本橋から小田原までが二〇里二七町（約八一・五キロメートル）、およそ一泊二日の距離にあたる。また、東に歩行《かち》渡し★の酒匂《さかわ》川、西に箱根八里の峠道が控えていたため、交通の要衝として江戸後期には公用人や大名等の宿泊施設である本陣四軒・脇本陣四軒と街道一の数を誇った。一般旅行客のための旅籠《はたご》屋も八〇～九〇軒、そのほか素泊まり専用の木賃宿《きちんやど》もあった。町家の多くは板屋根を割竹で押さえる独特の小田原葺《ぶき》（トントン葺）であった。

二カ所の問屋場には宿役人の問屋・人足肝煎《きもいり》のほか助郷《すけごう》肝煎らが詰めて伝馬《てんま》・人足を継ぎ送った。無賃の御朱印御証文伝馬・人足を継ぎ送るため、小田原宿では一〇〇疋《ぴき》の伝馬★と一〇〇人の人足常備が義務づけら

小田原町の町別の役家数

〈安政６年〉

町名		伝馬役		本人足役		地人足	魚座	海士方	無役	明家	店借	総家数
		負担役	役家	負担役	役家	役家	役家	役家				
通り町	山角町			5.0	79					5	19	103
	筋違橋町	4.00	18	11.0	58				6	4	16	102
	欄干橋町	12.53	28							3	5	36
	中宿町	14.83	27		2		1					30
	本町	23.47	29						1	1	11	42
	宮前町	22.00	39				1			3	14	57
	高梨町	19.50	57							2	31	90
	万町	3.67	13	11.5	81		10	2			15	121
	新宿町			15.0	75	7	3		2	12	31	130
脇町	茶畑町			7.0	61					10	13	84
	代官町		4	7.0	38		27		1	5	9	84
	千度小路			7.0	45		39	27		2	7	120
	古新宿町							154				154
	青物町			14.0	43					3	4	50
	一丁田町			10.5	34	21				4	5	64
	台宿町			8.0	39						4	43
	大工町					36						36
	須藤町			4.0	49						12	61
	竹花町					47			4			51
	合計	100疋	215	100人	604	111	81	183	14	54	196	1,458

＊「安政六年宿柄指出書類」より作成。

れていた。大名などが公用で利用する御定め賃銭の駄賃馬★・賃人足もあり、常備分で足りない時には周辺村々へ助馬《すけうま》（助郷）の提出が命じられることになる。伝馬は下りは大磯宿まで、上りは箱根宿までを継ぎ送ったが、箱根宿に人足が常備されていなかったため、人足は三島宿までを担当した。

町人町で居屋敷《いやしき》の土地（町地）を所有する家持ちは、屋敷年貢★（屋地子《やじし》）を払うのが原則であった。そのため村の検地帳同様に、町ごとに町坪帳が作成されていた。ただし、東海道の他宿同様、伝馬一〇〇疋の負担と引き替えに一疋分一〇〇坪、計一万坪分の地子銭が控除される仕組みになっていた。安政六年（一八五九）における町人町一九町の居屋敷の総坪数は九万一〇五五坪。伝馬助成分一万坪ほか、地子免除地を引いた七万五九四坪に対して地子銭二六〇貫五〇二文（約金六五両）がかけられた。（『明治小田原町誌』上）。勿論、店借《たながり》・地借《じがり》などの借家住人は屋地子を払う必要はない。同年の家持ち一二〇八軒が村でいう本百姓に相当し、狭義の町人身分ということになる。

これら狭義の町人は屋地子のほか役家《やくや》役・町並役を負担し、職人は別に国役《くにやく》の義務があった。役家は五種類に分けられ、①伝馬役を負担する伝馬役家、②人足役を負担した本《ほん》人足役家、③本人足が不足した時に助人足を出す地《じ》人足役家、④藩に御用肴《さかな》を納入した魚問屋・魚屋は魚座役家、⑤海士方役家は漁師・廻船商人たちで藩の御用荷物を積み下ろす浦方役を担うことになっていた。各役家（町

▼駄賃
一般庶民が人馬を利用する場合、駄賃は武士・役人が利用する際の公定駄賃の二倍とされた。

▼屋敷年貢
かつて後北条氏の時代、城下では小田原宿の地子銭とは別に城下に屋敷を持つ北条家臣からも屋敷銭を徴収していた。

人）は街道・往還や浦の公的通行・輸送および通信の維持を担う代わりに、往還・浦沿いの居住・営業権を保証された。

また町人は公共秩序や住民生活の保持を目的とする町並役（人足役）として、松原明神や小田原用水・時の鐘の普請人足や町火消し人足、各町の自身番（火の番）の給金などを分担した。

城下には職人たちも集住していた。貞享三年（一六八六）の「小田原町明細書上」では三二種・二四九人にのぼる。この時の総家数が一一一一軒であるから、城下住人のうち二二パーセントが諸職人で漁師一九六軒よりも多い。これらは民間人を相手とする職人で、別に小田原藩御抱えで御城御用などを務める大工・木《こ》挽《びき》・鉄砲師・細工人もいた。小田原城下では、町大工・町木挽・桶屋が三職と呼ばれ、早くより仲間に編成されていたことがわかっている。

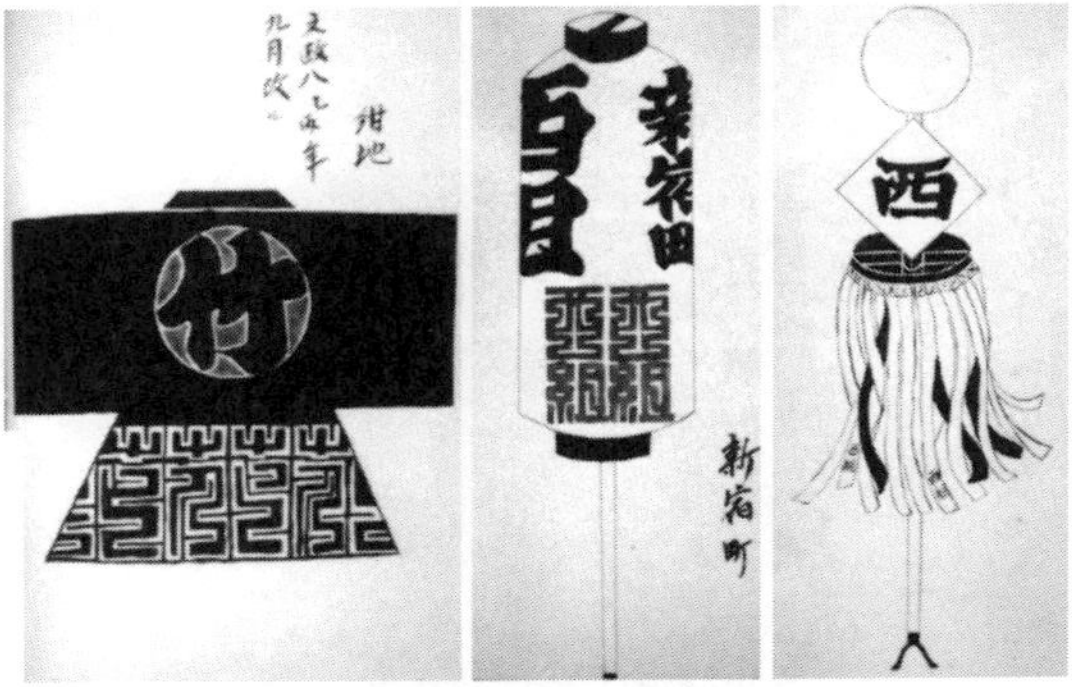

町火消しの纏と提灯と半纏（部分、小田原有信会文庫）

④ 小田原藩農政と領内村の統治

農民の自立は村請制の導入と隷属農民の独立によって達成された。
稲葉家の分知は庶子を旗本として分家・独立させるためだった。
大規模新田開発への幕府の官費拠出は首都江戸の危機管理に由来する。

農村の変容と万治の総検地

小田原に入封した稲葉氏は、すでに幕府領で導入されていた五人組制度を採用するとともに、各村に名主を補佐する組頭役を置いた。治安維持や年貢・夫役《ぶやく》の村請《むらうけ》制★を補完するためである。また、年貢の徴収方法を厘取《りんどり》から反取《たんどり》★（畝引検見《せびきけみ》）制に変更するため、寛永十七、十八年（一六四〇、四一）城付《しろづき》領の村々に地詰《じづめ》検地★を実施し、藩財政の基盤を固めていく。また、この検地を前に城付領村は酒匂川を基準に東・中・西の三筋に区分けされた。

この検地による、平野部の村で田地面積の増加傾向が著しい。酒匂川の本流の固定や酒匂堰《ぜき》の開削など治水事業の進展に伴い、新田の開発が進みつつあったからである。十七世紀中頃には、下流部に飯泉《いいずみ》新田・上《かみ》新田・柳新田・清水新田・

▼村請制
初期検地では大規模な百姓経営を行っていた名主が一人で年貢等を請け負える範囲を一村として村切りした。近世初期の村請制は名主請に等しい。

▼反取（畝引検見）制
一村ごと毎年収穫前に検見（作柄調査）を実施し、田畑の等級別に免相（基本税率）を決め、検地帳に記載された反別（面積）を乗じ、控除分を引いて年貢量を算出する徴租法。

▼地詰検地
田畑の反別（面積）のみを計り直す検地。村高は変更しない。

穴部《あなべ》新田など新田村が成立している。名田《みょうでん》地主的経営★を残しつつも、地主に隷属していた門《かど》・被官《ひかん》・脇者★と呼ばれた農民たちも、屋敷地の所有者として検地帳に登録（分付《ぶんつけ》★）された。小農自立に向けた第一歩である。また、山間部の村では田畑の反別《たんべつ》（面積）増加は少ないが、田畑と別に山畑が検地の対象とされ、その分年貢対象地が増えている。

明暦二年（一六五六）、それまでの検地が不揃いであることを耳にした藩主稲葉正則は、総検地を実施して石盛《こくもり》★を付け直すよう命じた。明暦三年、手間のかかる検見★を休止、定免制《じょうめんせい》★を導入し、翌万治元年（一六五八）、酒匂川右岸中流の西筋の村々から検地が開始された。同三年までに城付領全村の検地が終わると、寛文年間には飛び地の武蔵国野方《のがた》領（東京都中野区）・下野国真岡《もおか》領（栃木県真岡市）の検地が実施されていく。総検地は田方より畑方・山畑の打ち出しが強化され、それぞれ反別が増加している。また田畑の色直し、すなわち下田《げでん》から中田《ちゅうでん》、中田から上田《じょうでん》へと位付けの変更が著しい。しかし、石盛の方は指令とは異なり必ずしも増加しておらず、下がっている村もあり、急激な村高の増加は抑えられた。

藩領の拡大と分知

藩主稲葉正則が老中に出世し、寛文三年（一六六三）将軍家綱の日光社参直前、

▼名田地主的経営
戦国期まで主流であった、手作り地を上回る請け作地を隷属農民らに耕作させる大規模な地主経営。

▼門・被官・脇者
世帯（家族）形成を認められた隷属農民。

▼分付
検地帳に（地主）分○○と名前が記載された。

▼石盛
斗代ともいう。田畑・屋敷地の生産力を示す一反当たりの収量。

▼検見
毎年八、九月頃、藩役人が出向き、村毎に実施する作柄調査。

▼定免制
過去五年〜一〇年間年貢量を基準に、何年か年貢量を固定する徴収法。

一万石の加増を受けた（計九万五千石）。相模国・伊豆国は城付領に近接する村々で、武蔵国野方《のがた》領は飛び地である。翌年、正則の従弟にあたる旗本稲葉正能《まさよし》・正定《まささだ》に常陸国の飛び地領計五千石を分知した。その代わり、真岡領の新田五千石を本高に組み込んだので、藩領の総高は変わらない。

延宝八年（一六八〇）将軍家綱の四十歳の祝賀を前に、正則は老中から大政参与に昇進する。この時、大老酒井忠清・老中大久保忠朝とともに一万五千石を加増され、小田原藩領は計十一万石となり、譜代では名実ともに大藩となった。伊豆国東浦領と御厨《みくりや》領に近接する駿河国での藩領が増え、城付領の割合も高まった。

天和三年（一六八三）には正通《まさみち》の家督相続に際して、二男正倚《まさより》・三男正員《まさかず》・四男正辰《まさとき》・五男正直《まさなお》ら弟たちに藩領より本・新田あわせて計一万五千石が分知され、それぞれが知行地を持つ旗本として独立することになる。このため小田原藩の本高は十万三千石余となった。

箱根（深良《ふから》）用水の開削

寛文年間（一六六一～七三）になると、御厨領にて町人請け負いの新田開発が相次ぐ。箱根用水開削事業をはじめ、阿多野《あだの》・小倉野・東山など各新田開発では、

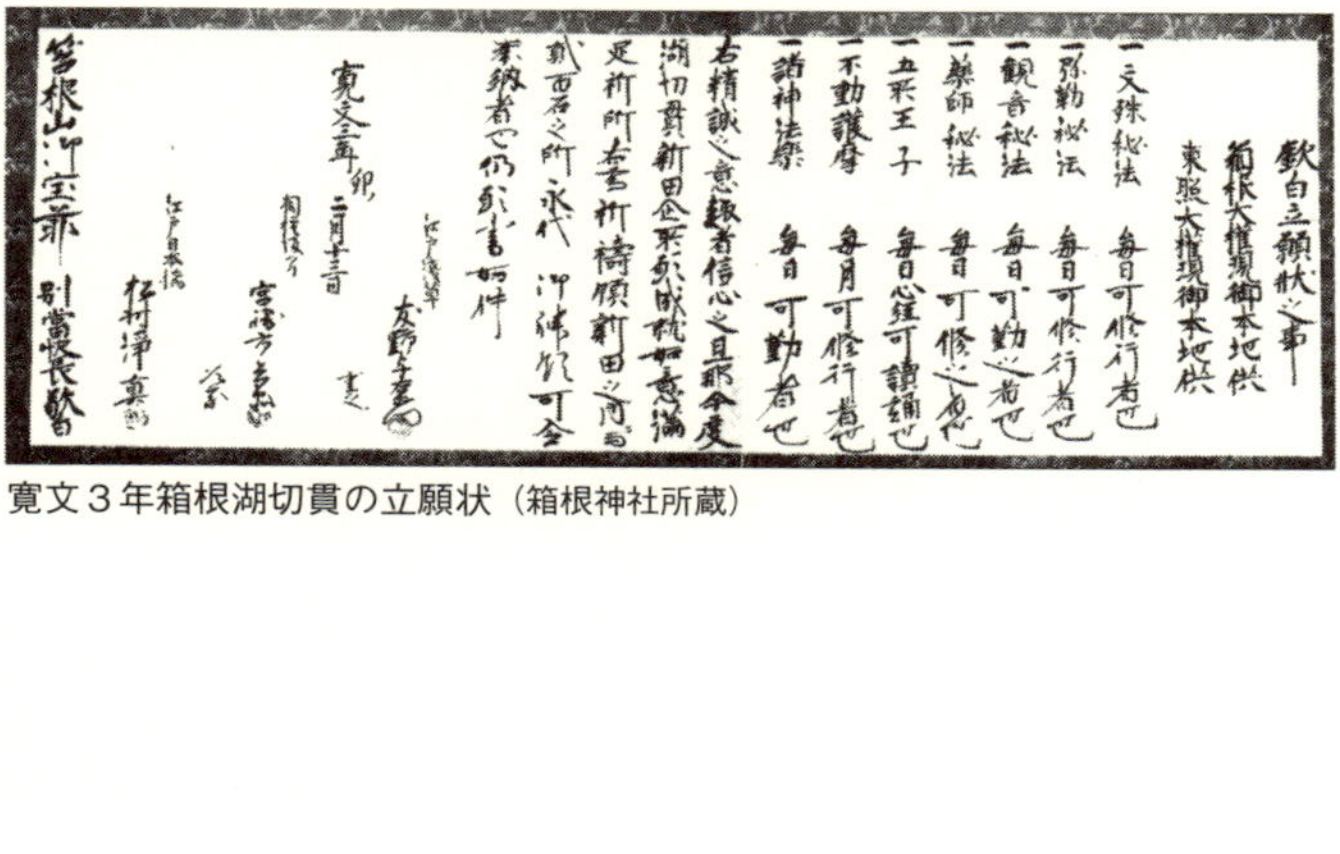
敬白立願状之事
箱根大権現御本地供
東照大権現御本地供
一文殊秘法　毎日可修行者也
一弥勒秘法　毎日可修行者也
一観音秘法　毎日可勤之者也
一薬師秘法　毎日可修之者也
一五大王子　毎日心経可読誦也
一不動護摩　毎月可修行者也
一諸神法楽　毎日可勤者也
寛文三年卯　二月十三日

寛文３年箱根湖切貫の立願状（箱根神社所蔵）

開発町人を元締めとして、在地の農民が主体となって行われた。

中でも箱根用水は箱根外輪山にトンネルを掘り、芦ノ湖の湖水を駿河国側黄瀬《きせ》川《がわ》筋に通し、一帯の畑地を田地（八千石）にしようとする開発事業であった。深良村大庭源之丞《おおばげんのじょう》を発起人、江戸浅草の商人友野与右衛門ら四人の町人を元締めにして、寛文十一年にはトンネルや水路（堰）が完成するが、町人たちの自己資金三七〇〇両では足りず、幕府に願い出て公金六〇〇〇両を拝借し、どうにか開発を成功に導いた。

小田原藩領での用水開削なので、公金の借り入れに老中でもあった藩主稲葉正則の関与も推測できるが、じつはこのほかにも、この時期関東周辺の大規模新田開発への公金支出が集中している。

百姓の負担と役目

検地帳に所持地を名請《なうけ》された本百姓は、土地税にあたる年貢を村を単位に納入する義務を負った（村請《むらうけ》制）。田方の年貢は現物の米で納めることを原則とし、取《とり》米《まい》と呼ばれた。年貢米は三斗五升（天和二年から三斗七升）入りの俵に詰めて郷蔵、さらに城下の新蔵《しんくら》★に搬納された。山間村などでは麦・大豆での代納も認められた。

一方、畑方《はたかた》（畑地・屋敷地）は金納で取永《とりえい》★と呼ばれ、御林《おはやし》★・入会山《いりあいやま》★の利用料に相

▼**新蔵**
現小田原駅付近にあった。

▼**取永**
寛永通宝の鋳造で使用禁止となった永楽通宝で〇文と表記。金一両＝永一貫文＝銭（寛永通宝）四貫文で換算。永一文は金〇・〇〇一両で銭より計算しやすかった。

▼**御林**
藩有林。

▼**入会山**
複数の村で薪や苅敷（肥料）用に下枝・下草を共同利用する山。

当する山銭《やません》なども含まれた。

　年貢以外の雑税は百姓役目（小物成）と呼ばれ、当初は物納が主であった。(a)小田原城や江戸藩邸で利用する家並薪《やなみまき》、(b)御厩《おんまや》★で使用する糠・藁《わら》、(c)問屋場《といやば》下役で助郷を差配した郷馬指《ごうまさし》の給分、(d)正月用の御飾り道具（門松・牛房・裏白・橙《だいだい》など）、ないしは御飾り江戸搬送の船賃、(e)馬の売買仲介と馬医を生業とした馬労《ばくろう》へ収める血役や、(f)特定村からの特産物（大和柿・蜜柑・大梅・蕨《わらび》・椿《つばき》の実・塩★・漆・柿渋・鳥もち）献上もあった。しかし、時代が下るにつれて廃止・中止となったり、代銭納となっていく。

　このほか諸役人馬と称する人足や馬を出す夫役《ぶやく》があった。将軍の上洛や朝鮮通信使の通行に際しての御用人馬や助郷馬を筆頭に、東海道の掃除や関所・橋の普請人足、御蔵普請・廻米船積み人足、酒匂川の川除（堤普請）人足、御材木の川流し・水揚げ人足、村継ぎ人足などはほぼ全村に割り当てられた。酒匂・網一色《あみいしき》・山王原の三カ村のみ酒匂川の川越し人足役を負担した。また、公儀御湯樽《おゆたる》★御用の際には、箱根山中の湯元から小田原宿までの温泉運搬人足を担当する村もあった。

▼御厩
西海子（さいかち）通の突き当たり、御厩小路の西側に藩有馬を飼育・調教する馬屋があった。

▼塩
延宝二年（一六七四）まで前川村（現小田原市）に塩畑があった。

▼公儀御湯樽御用
家光～綱吉期、たびたび箱根の温泉を樽に詰めて将軍家に献上。

⑤家綱政権ナンバー2・稲葉正則

若き藩主正則の真の後見人は親戚でもある老中堀田正盛だった。
正則が目指した小田原の藩政は諸藩の手本となること。
生まれながらの将軍ではない綱吉を支えた稲葉家と堀田家。

城主としての最初の仕事は将軍のおもてなし

父稲葉正勝の御忌《ぎょき》が明けた寛永十一年（一六三四）四月、元服前の鶴千代（十二歳）は初めて小田原入りする。この初入部では大事な仕事が待っていた。将軍家光の上洛に際しての、小田原城主としてのおもてなしであった。

三〇万人からなる軍勢を率いて、家光は六月二十二日昼に小田原に到着した。山王口から三の丸大手口へと地震後に再開発された御成道《おなりみち》★を通り、本丸御殿へ入る家光に鶴千代はお供し、饗応膳ののち、再建成った天守に案内した。本丸七本松の御茶屋で催された数寄《すき》茶の席にも、御咄《おはなし》衆★・年寄衆（老中）・林羅山《らざん》★とともに同席した。予定は一泊であったが、この日箱根の御殿が焼失したため急きょもう一泊となり、二の丸屋形や御花畑《おはなばた》（浜御殿）などを案内し、接待に努めた。

▼御成道
唐人町の町屋を移転して、東海道の蹴上坂入口から大手口へ真っ直ぐ近道を設け、両側を武家屋敷地にした。

▼御咄衆
家光が好んで戦国時代の合戦・文化について咄を聞いた年輩の武将たち。

▼林羅山
実名は信勝、法号は道春。儒者として将軍に侍講。立法・外交にも関与。幕府儒官林家（りんけ）初代。

その甲斐あって、従五位下《じゅごいのげ》・美濃守《みののかみ》を拝領し、実名《じつみょう》正則を名乗ることを許され（元服）、翌年毛利秀元の娘菊姫を正室に迎えた。また、小田原城下の天《てん》神社の隣、もと山角《やまかく》氏屋敷跡に父母の菩提を弔うため長興山紹太寺《ちょうこうざんしょうたいじ》★を建立した。

寛永十八年八月、家光（三十八歳）と側室お楽の方との間に待望の世継ぎ竹千代が誕生した。のちの家綱である。蟇目《ひきめ》★は酒井忠世《ただよ》の孫忠清《ただきよ》と忠能《ただよし》が務め、翌十九年二月の宮参りには、忠清・忠能とともに正則も守り御刀の役を務めた。

姻戚と文化人ネットワーク

春日局（六十五歳）は寛永二十年（一六四三）九月十四日に没し、みずから開基した湯島麟祥院《りんしょういん》に葬られた。この時、家光は局の法事と年忌は稲葉家と堀田家で執《と》り行うよう命じている。これは堀田正盛《まさもり》の三男久太郎（正俊《まさとし》）を局が養子としていたことによる。また、死の直前、家光は正則の妹清《せい》を酒井忠能《ただよし》に嫁がせ、さらに正則の長女万《まん》（三歳）と堀田正俊（十歳）との縁組みを許している。局の後顧の憂いを払うべく、また、三家が幕閣譜代として次世代でも将軍を支えていくようにという意図を強く感じる。

姻戚関係にあった稲葉・堀田両家は、局の縁故があって取り立てられたといってよい。稲葉正勝亡き後、寛永十二年、松平信綱《のぶつな》・阿部忠秋《ただあき》とともに六人衆★から

紹太寺本堂の扁額（隠元書）

▼**長興山紹太寺**
山号は正勝室、寺号は正勝の戒名に因む。

▼**蟇目**
平産を祝う誕生蟇目。鏑矢（かぶらや）の音によって悪魔・邪気を威嚇。

▼**六人衆**
堀田正盛・松平信綱・阿部忠秋のほかに三浦正次・阿部重次・太田資宗（すけむね）。若年寄職の前身とされる。

年寄職に引き立てられたのが堀田正盛である。数寄《すき》の道にも通じていた正盛の屋敷や別邸にたびたび家光も御成《おなり》した。同十五年、正盛は大加増で武蔵川越から信濃松本（十万石）に転封となり、老中から大政参与に昇進した。若い頃の正則に殿様学を伝授してくれた、真の後見人はこの正盛であった。正盛は慶安四年（一六五一）家光に殉死したが、約束通り正俊は明暦二年（一六五六）に万を正室に迎え、のち奏者番・若年寄を経て老中・大老へと昇進していく。

正則の嫡子正通《まさみち》は、寛文元年（一六六一）に会津藩主保科正之《ほしなまさゆき》の娘石姫（輿入《こしい》れ後、宮姫）を正室に迎えた。家門大名との縁組みは稲葉家にとってみれば誉れである。正之は秀忠の末子（家光弟）で、家光死去後は井伊直孝《いいなおたか》ともども大政参与として幕閣を指導する立場にあった。寛文三年、武家諸法度の改定に際して殉死の禁止が盛り込まれたのは正之の意見による。後年、正之の遺言は娘婿の正通に言い付けられる。子孫・家中へ言いたいことはすでに家訓《かきん》十五カ条★に残した。何かあったら、正通から父正則に告げてくれれば、それは私が「大将軍（家綱）」に言上するのと同じだ、というものであった（『会津松平家譜』）。

老中抜擢と家綱の寛文政治

明暦三年（一六五七）、正則（三十五歳）は幕府老中に抜擢され、いきなり幕閣

▼家訓十五カ条
寛文八年（一六六八）に定めた家中宛ての遺訓。

春日局の墓（東京都・麟祥院）

入りを果たす。国元の筆頭家老田辺権太夫《ごんだゆう》に宛てた書状（田辺家文書）によれば、入閣は家中の者も喜んでいるであろうが、これからの「仕置《しおき》（藩政）」は「脇々《わきわき》（他の大名）の手本」となるようにしなければならない。それがまた将軍の「御《お》為《ため》」にもなると、老中としての心意気を申し送っている。

その頃、先輩老中に松平信綱・阿部忠秋・酒井忠清がおり、大政参与の保科正之がご意見番であった。彼らは後期家綱政権を主導していく面々で、のち酒井忠清が大老となり、信綱・忠秋が去ったのち、正則は老中筆頭として忠清とともに寛文の老中政権を担っていく。ここで言う老中政治とは、大老・大政参与をはじめ老中・若年寄ら幕閣が幕政運営の実務を担当し、合議制・職務分掌等を駆使して将軍権力を下支えする政治組織・機構のことを指している。

家綱の御代《みよ》始め★は寛文三年（一六六三）から本格化する。日光への社参、武家諸法度《しょはっと》の改定、翌四年には諸国巡見使の派遣、大名らへの領知判物《はんもつ》の発給、宗《しゅう》門人別改《もんにんべつあらため》の制度化と続く。

中でも家綱自身が一番目指していたのは、上は女院《にょいん》（東福門院★）から下は庶民はもちろんのこと、大名・武家らを主たる対象とする倹約政治であった。武家諸法度改定を受けて寛文三年八月、保科正之・酒井忠清・阿部忠秋が相談していた「倹約の儀」が幕府直臣らに二十三カ条からなる覚として通達された。小田原藩でも直ちに家中・領民の暮らし方に関する倹約条目が触れ出された（「稲葉日記★」）。

▼御代始め
将軍職継承の時ではなく、二元政治や幼少期を乗り越え、唯一無比の将軍権力を自らの考えと意志のもと、実質的に発動し始めること。

▼東福門院
一説に、東福門院が宮中の女官や贈答用に仕立てる呉服料金が膨大で、それらすべてが幕府から出されていたという。

「貪《むさぼ》りたる作法」「奢《おご》りたる躰《てい》」を嫌い、「不行儀の好色」「無精《ぶしょう》の輩《ともがら》」「不孝の輩」を厳しく罰する内容であった。こうした政策の一環として、寛文六年幕府領に宛てて分不相応な家作・衣類・儀礼・食事を制限する百姓身持ちに関する郷村法度が出される。「慶安の御触書」★の始原となる法令といえる。

黄檗僧鉄牛《おうばくそうてつぎゅう》と河村瑞賢《ずいけん》

小田原城下の山角町《やまかくちょう》にあった紹太寺《しょうたいじ》が寛文七年（一六六七）、入生田村《いりうだ》★牛臥山《うしぶせ》に移転する。これは、万治元年（一六五八）黄檗僧隠元《いんげん》★が将軍に謁見した際、麟祥院に滞在中の隠元を老中になったばかりの正則が養源寺に招いたことに由来している。高い徳を備えた隠元の教えを受け継ぐ日本人僧慧覚《えかく》（のちの鉄牛）を紹太寺住持に招き、彼の願いに応え、東国に黄檗禅を広める拠点として、自ら檀《だん》越《おつ》★となって新山建立を決めたのであった。これには将軍が自ら檀越となって京都に黄檗禅の本山萬福寺を創建したことが大きく影響している。

寛文八年（一六六八）二月、二度の大火によって江戸市中の三分の二が灰燼《かいじん》に帰し、江戸城本丸・大奥までも類焼した。このため材木・米の値段が暴騰し、厳冬期で江戸への廻米がままならない幕府は倹約令を濫発《らんぱつ》することで凌ごうとした。これをきっかけにして家綱政権は多方面にわたり、江戸の危機管理政策を推し進

▼**「稲葉日記」**
「永代日記」など稲葉正則治政中の日記の総称。

▼**「慶安の御触書」**
慶安二年（一六四九）の発令は確認されていない。その始原・原型がどの法令かが議論されている。

▼**入生田村**
現小田原市。

▼**隠元**
中国人僧、招かれ承応三年（一六五四）来日。京都宇治に萬福寺を開創、新しい禅宗（黄檗禅）を広めた。

▼**檀越**
信者。布施・寄進など、寺院を経済的に支えるパトロン。

鉄牛道機像（部分、紹太寺蔵）

めていく。その一つが、関東および周辺地域における大規模新田開発への官費貸し出しである。小田原藩領での箱根（深良《ふから》）用水の開削がその一環で、そのほか町人請け負いの下総国《しもうさのくに》椿海《つばきのうみ》干拓★や、幕府代官古郡《ふるごおり》氏による駿河国富士川下流の加島《かじま》新田★開発があり、この二件の開発には鉄牛と老中稲葉正則が関与していたといわれる。

幕府領米をはじめ、首都江戸への物資の安定供給のためには抜本的な流通改革が必要であった。それが商人河村瑞賢《ずいけん》★によって進められた東廻り航路・西廻り航路の再開発である。それぞれ寛文十一年・同十二年に達成されるが、その目的は東北地方の幕府領米の安全な江戸・大坂への廻送にあった。その瑞賢とは、まだ車力《しゃりき》十右衛門と名乗っていた材木商の頃、寛文二年から最乗寺《さいじょうじ》★山中の松木売買を介して小田原藩と接触していた（「稲葉日記」）。そうした関係は老中正則からの打診で流通改革を請け負うようになったであろうことを十分に推測せしめる。

綱吉政権で大政参与職に昇進

仙台藩の御家騒動（伊達《だて》騒動）では寛文十一年（一六七一）、大老酒井忠清《ただきよ》邸での関係者取り調べ中に刃傷沙汰《にんじょうざた》★が発生した。俗にいう寛文事件である。まだ十

▼椿海干拓
九十九里浜の北部にあった湖が干拓されて、新田十八カ村・一万八千石の耕地となった。

▼加島新田
現静岡県富士市。代官古郡氏が三代にわたり雁（かりがね）堤を築造、五千石の新田を開発。

▼河村瑞賢
材木商。幕府の流通改革事業を請け負い成功させ、幕臣に取り立てられる。

▼最乗寺
現南足柄市。曹洞宗古刹。道了尊と通称される。慶安元年（一六四八）境内・山林等の諸役免除（寺領安堵）朱印状を拝領。

▼刃傷沙汰
審問直後、当事者の家老原田宗輔が逆上し重臣の伊達宗重を切り殺し、原田も酒井家家臣に打ち留められた。

三歳の藩主綱村は責任を問われなかったが、翌延宝元年（一六七三）将軍家綱の上意として正則の二女千《せん》（のち仙）と綱村の縁組みが許可され、あわせて仙台藩政の監督が老中稲葉正則に申し渡された。大老忠清に代わっての伊達家御用頼み★老中である。

延宝八年（一六八〇）には一万五千石を加増されるとともに、正則は老中から大政参与に昇格し、同年末に忠清が大老辞任後は、新将軍綱吉のもと幕閣トップとして幕政の舵取りを担当することになる。翌天和《てんな》元年（一六八一）、嫡男正通《まさみち》（四十二歳）は奏者番兼寺社奉行となり幕閣入りするや否《いな》や京都所司代に栄進し、正則とは別に新知三万石を拝領した。同年末、正則が御役御免を願い出ると、入れ替わりに娘婿の堀田正俊が老中から空席だった大老へと昇進した。相前後して、正俊の弟堀田正英と正則の従弟稲葉正休《まさやす》が若年寄に就任しており、幕閣内に両家の派閥が形成されつつあった。

同三年、正則（六十一歳）は晴れて隠居を許され、家督を正通に譲り潮信軒泰《たい》応《おう》と名乗ることになる。二男以下へも分知したため、小田原藩領は少し減って十万二千石余となった。最終的には庶子六人が旗本として独立し、七男利意《としもと》は土井家に養子に入って家督を継ぎ三河西尾藩主（二万三千石余）になる。

▼御用頼み
各大名家にとって窓口となる幕閣。またその幕閣との間を取り次ぐ申次衆（旗本）もいた。

稲葉正則像
（神奈川県立歴史博物館蔵）

正通の高田転封

綱吉政権にとって、前政権から引き継いでいた流通改革の仕上げが大坂を水害から守るための淀川治水★であり、若年寄稲葉正休が担当し、河村瑞賢が請け負っていた。貞享元年（一六八四）、その費用算段で意見対立したため、正休が大老正俊を江戸城殿中にて刺殺するという大事件が発生する。この事件をきっかけに大老堀田に期待していた綱吉は俄然牧野成貞《なりさだ》★ら側用人を重用《ちょうよう》しだす。

翌貞享二年（一六八五）、正通は四年務めた京都所司代を免ぜられるが、老中への昇進は見送られた。さらに暮れも押し迫った十二月、小田原から越後高田★への移封を申し渡される。所替えに際しての引越料一万両の拝借は幕閣を退いた正通には破格であり、左遷には当たらない。幕臣に多くの元館林家臣★が採用され、さらに勘定方を中心とする幕閣再編の渦中で出世の順番がズレたと推測される。

稲葉家の上屋敷は日比谷御門内の土屋政直《まさなお》★屋敷と交換となるが、正通はのち元禄十三年（一七〇〇）、側用人政治全盛期に大留守居《おおるすい》★に就任し、のち西丸下に屋敷地を戻すと翌元禄十四年には老中に昇進し、城地も関東、下総佐倉へと戻ってくる。それは殿中刺殺事件後、出羽山形へ所替えとなった堀田家★とは明らかに異なる扱いであった。

▼淀川治水
当時、大和川が淀川に流れ込んでいたため、寛文～延宝年間、大雨のたびに大坂の城下町が洪水の被害を受けていた。

▼牧野成貞
綱吉が館林藩主であった時の江戸神田屋敷詰家老。側用人から出世して、下総関宿藩主（五万三千石）となる。

▼越後高田
現新潟県上越市。

▼元館林家臣
綱吉は寛文元年（一六六一）から将軍となる延宝八年（一六八〇）まで館林藩主。

▼土屋政直
老中。土浦藩主（八万五千石）。

▼大留守居
江戸城の留守役である留守居の筆頭。

▼堀田家
正俊死去後、古河藩を相続した正仲は山形、福島、山形と転封、延享三年（一七四六）正亮の代に佐倉に入封。

第三章　大久保氏小田原藩政の展開

小田原地域の十八世紀は経験値のない大災害との戦いだった。

小田原城天守

1 綱吉政権での大久保家

綱吉の「天和の治」は前政権のメンバーが牽引した。
大久保氏、故地小田原へ再入部する。
筆頭老中大久保家の借金は、なんと十五万両もあった。

大久保忠朝《ただとも》の入閣と関東への所替え

大久保忠隣の孫忠職《ただもと》は武蔵騎西《きさい》藩二万石から、寛永九年（一六三二）に美濃加納★五万石に加増・転封《てんぽう》し、同十六年には播磨明石《あかし》七万石に所替え、さらに慶安二年（一六四九）肥前唐津《からつ》に転じ八万三千石余を領した。唐津藩は長崎を含む北九州地域について海防軍役を担う藩であった。唐津に入封した大久保氏は前藩主寺沢氏★の時代まで行われていた地方《じかた》知行制を採らず、全家中に蔵米知行★を実施した。稲葉氏と同様に、これは加増・転封の多い家光期幕閣譜代大名に共通する方針で、近世大名として兵農分離を決定づける施策であった。

忠職は、家光期の大政参与で姫路藩主松平忠明《ただあきら》の娘を妻としたが、正室や側室との間の男子が皆夭逝したため、寛文十年（一六七〇）三月伯父大久保教隆《のりたか》★の

▼**加納**
現岐阜県岐阜市。

▼**寺沢氏**
十二万三千石あった藩領も島原の乱後、天草領を没収され八万三千石と減り、寺沢堅高が正保四年（一六四七）に自殺して無嗣絶家となる。

▼**蔵米知行**
藩領から納められる年貢米（蔵米）を俸禄として給与された。藩士が地方知行村（百姓）を直接支配しなくなった。

▼**大久保教隆**
大久保忠隣三男。旗本（六千石）・大番頭。

小田原藩主大久保氏略系図

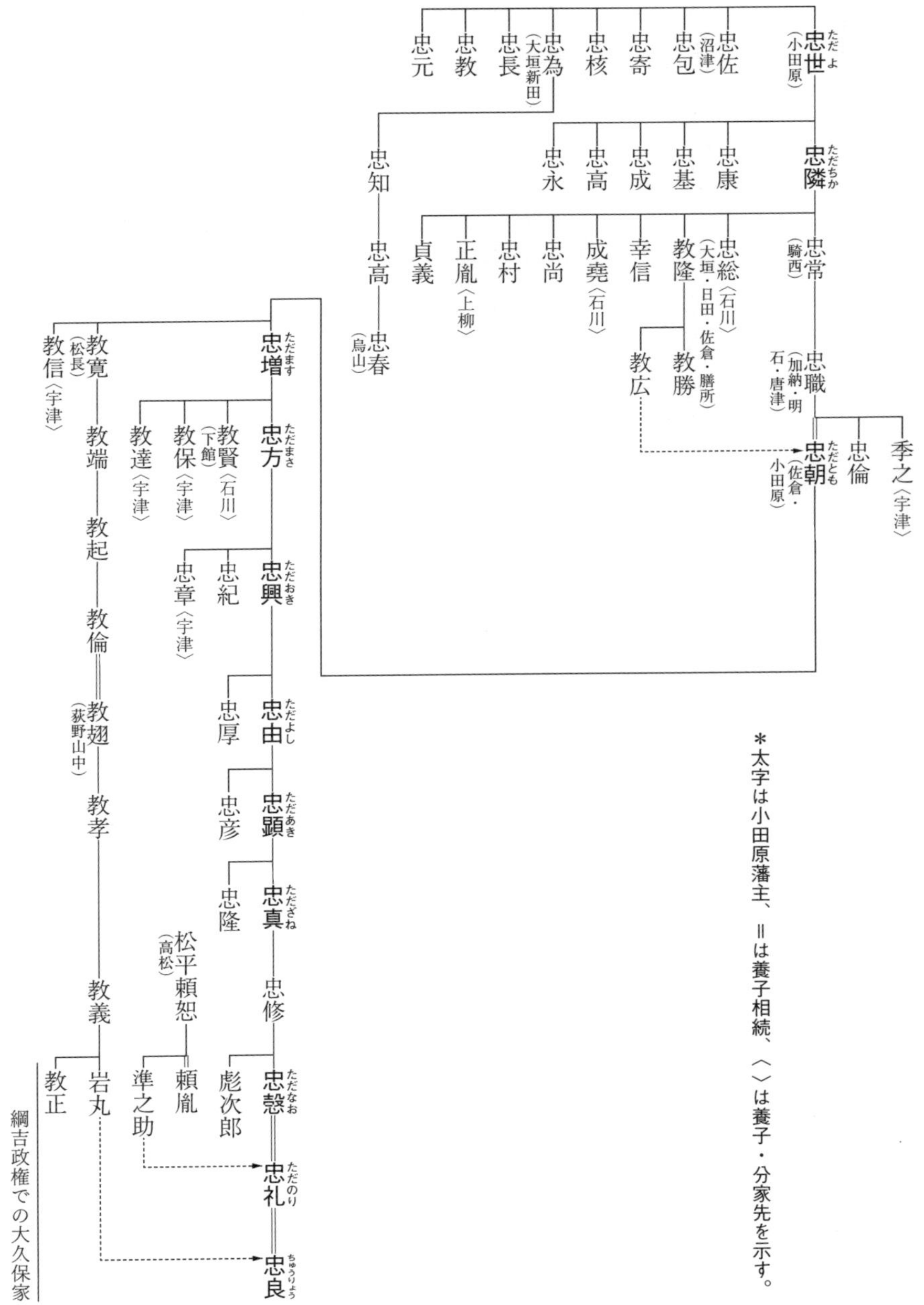

＊太字は小田原藩主、＝は養子相続、〈〉は養子・分家先を示す。

二男忠朝《ただとも》（三十九歳）を養子に迎えた。

家督を相続した忠朝は、延宝五年（一六七七）七月、四十六歳にして幕府の老中職を拝命し、翌延宝六年正月には唐津から下総《しもうさ》佐倉へ移封となる。幕閣が西国・遠国《おんごく》を領していては支障が多すぎるので当然のことであるが、この時忠朝は関東への引っ越し料として官金三万両を拝借している。破格の恩貸金である。同八年（一六八〇）正月、家綱の四十歳を祝い、幕閣のうち酒井忠清に二万石、稲葉正則と大久保忠朝にそれぞれ一万石の加増があった。これにより佐倉藩領は加増分の播磨国一万石を合わせて計九万三千石となった。

延宝八年四月に家綱の体調が崩れ、幕閣が将軍を慰めるために江戸城二の丸で茶会・能を催すも、五月八日、他界した。家綱には男子がいなかったため、家綱が病臥したのち世継ぎを誰にするかで幕閣はいろいろと算段することになる。家康から秀忠、家光、家綱と嫡男で継承してきた将軍家にとって一大事であった。

綱吉が傍系から将軍職を継ぐ

家綱には綱重《つなしげ》・綱吉という弟がおり、家綱が将軍となった段階で、それぞれ甲府★・館林を拝領して家門大名となっていた。そのうち綱重はすでに延宝六年（一六七八）に三十五歳で死去しており、綱豊《つなとよ》（のちの家宣《いえのぶ》）が家督を継いだが、まだ十九

▼甲府藩
寛文元年（一六六一）、綱重が甲斐国二十五万石を拝領。

歳であった。さらに大奥女中が家綱の子を身ごもっていたため、より事を難しくした。その子が男子であれば嫡系の次期将軍の第一候補である。もし、綱豊・綱吉、あるいは御三家より新将軍を立てたあとに産まれたならば、彼らから嫡系に将軍職を戻すのは容易ではないし、諸大名たち人心もバラバラになるだろう。

大老酒井忠清は一計を案じた。万が一の場合、京より親王を中継ぎ将軍に招こう。鎌倉時代の古例もある「御陣代わり」の宮《みや》将軍で、生まれた子が男子であれば時機を見計らって譲ってもらっても問題なかろうと（『武野燭談《ぶやしょくだん》』）。この案に異を唱えたのが一番若手の老中堀田正俊であった。堀田は病床の将軍家綱に一人掛け合い、綱吉を養子とする旨、了承を取りつけた。そして死去する二日前の六日、江戸城に呼びつけられた綱吉に直接、家綱の口から「御養い君（養子）」とする意思が伝えられた。生まれてくるかもしれない男子でも綱豊でもなく、家綱みずから弟綱吉を世継ぎと決めた上意の前では、大老とて親王将軍擁立案を断念するのみであった。傍系（庶子）が将軍の養子となってもよいという新しいルールは家綱の英断であったといえよう。

綱吉政権の性格変化

新将軍となった綱吉は堀田正俊を頼りにし、いの一番に新政権の農政担当を任せた。続いて館林藩の家臣を幕政に参加させ始める。その最初が神田邸での家老だった牧野成貞《なりさだ》で、評定所への出座を許され知行も一万石加増★された。大老酒井忠清が病気を理由に職を辞し、翌天和《てんな》元年（一六八一）十二月大政参与稲葉正則も辞職し、その直後、正則の娘婿でもある堀田正俊が大老に就任した。筆頭老中は大久保忠朝で、世代交代はあるものの家綱期と同様に幕閣譜代大名らによる大老・老中を中心とする老中政治形態が続いていた。牧野成貞が側用人になったことと、天和二年正月元旦早々読書初めで小納戸《こなんど》★の柳沢保明《やすあきら》★（のち吉保《よしやす》）に「大学」★を進講させた点に、のちの元禄政治の伏線は見られるものの、天和年間の幕府政治、世にいう「天和の治」は前政権の延長線上にあったといってよい。

前政権からの宿題として残っていたのが淀川の治水問題であった。大坂は延宝年間たびたび洪水に見舞われ、その都度水没していた。天和三年、若年寄の稲葉正休《まさやす》★が上方《かみがた》の治水担当となり、河村瑞賢とともに淀川水系の治水事業★に当たることになった。しかし、改修費用の公費支出額をめぐって大老堀田正俊と意見が食い違ったことが原因で、貞享元年（一六八四）八月二十八日、殿中にて稲葉正休が堀田正俊を刺殺するという大事件に発展する。

この事件を契機に幕府の政治形態が老中政治から側近政治へと舵が切られた。老中たち幕閣は将軍と側用人による我がまま政治を下支えする官僚組織へと変容していく。綱吉は期待していた堀田正俊の後釜としての大老・大政参与を任命し

▼一万石加増
それまでの知行は三千石。

▼小納戸
小姓に次いで奥向き、将軍身辺の雑務を担当。役高五百石。

▼柳沢保明
館林藩では小姓組、綱吉の将軍就任とともに幕臣となり、元禄元年（一六八八）側用人、のち川越藩主を経て、老中上座、甲府藩主（二十二万石余）。元禄十四年（一七〇一）に名字松平を許され、綱吉より一字拝領し吉保と改名。

▼「大学」
儒教のテキスト、四書の一つ。政治思想の要点を記す。

▼稲葉正休
稲葉正則の従弟。美濃青野藩主（一万二千石）。

▼治水事業
九条島を開削しての新川（安治川）造成、堂島川の浚渫、曽根崎川の護岸工事など。

なかった。また、本丸御殿中、大奥と表との間の中奥に詰め所を設け、中奥を側用人の管轄とした。これらは将軍（奥）と老中（表）との間を取り次ぐ側用人が権勢を握るきっかけとなっていく。悪名高い生類《しょうるい》憐れみ令★も、将軍綱吉の儒学偏重も、生母桂昌院《けいしょういん》★の護国寺★詣《もうで》でもこの事件後に本格化しだす。

大久保忠朝《ただとも》の小田原入封

貞享三年（一六八六）正月、大久保忠朝が小田原を拝領した。大久保氏にとってみれば、七十三年ぶりの故地小田原の領有である。故地復帰は喜ばしかったが、唐津、佐倉、小田原と短期間での連続した所替えには想像以上の経費がかかった。

入封早々大久保氏は領内村に差出《さしだし》帳（村明細帳★）の提出を命じ、いち早く藩の収入基盤の把握に努めようとした。続いて貞享四年十二月には全三一カ条からなる郷中条目（武松春雄氏所蔵文書）を服部清兵衛《はっとりせいべえ》ら五名の家老名で触れ出した。第一条の公儀御法度の遵守や第二条でのキリシタン禁止に始まり、幕府法令に準じ百姓身分の守るべき内容が中心となっている。その一方で、東海道の御用人馬の継ぎ送り義務や大名行列への対応、往還での病人・死人・落とし物の取り扱い方法など、五街道と箱根・小田原の宿駅を領内に持つ小田原ならではの公的な内容が含まれている。また村々の支配を担当する郡《こおり》奉行・代官に関して、領内通行

▼生類憐れみ令
貞享二年以降、複数発令された犬・猫・馬・鳥など生き物愛護法。元禄八年（一六九五）、中野などに野良犬収容施設が設けられた。

▼桂昌院
京都出身、本庄玉。家光側室となり綱吉を産む。家光没後、桂昌院と称する。

▼護国寺
帰依していた亮賢を招き、天和元年（一六八一）高田薬園跡（現東京都文京区）に桂昌院の祈願所として創建。

▼村明細帳
一村ごとの概要報告書（村勢要覧）。

時の注意事項、指図の厳守、届け出の義務など、こまごまと農政の基本方針が盛り込まれており、新領主としての意気込みが感じられる。

大久保家の家臣団

「稲葉家御引送書写」に記録される、元禄二年（一六八九）での小田原藩家中の構成は、御番帳入《おばんちょういり》四五〇人、御番帳外三九五人、女中一二一人、足軽四七四人、六尺・中間《ちゅうげん》八六四人で、総数二三〇四人である。世襲の知行取（一部切米取）家臣の名簿＝順席帳（分限《ぶげん》帳）★に名前の載るのが中・上級家臣にあたる御番帳入で、仕官地別にその由緒を誇った。家中の履歴・家族台帳である『御家中先祖 並《ならびに》 親類書』も、仕官地別に九グループに編まれた。個人の実務実績により一代限りの侍身分を許されたのが御番帳外で、技能や職務経歴に優れた下級藩士である。これら藩士は全体の三分の一で、足軽・中間や奥方勤めの女中たち年季奉公人が、その他三分の二を占めていた。

享保九年（一七二四）の順席帳（大澤廉夫氏所蔵文書）によれば、家中は大年寄・御家老から中小姓《ちゅうこしょう》・御広間まで四一の格席によって書き分けられ、五二三名の名前が書き上げられている。家督小児・隠居・御目見え等を含めると六〇七名である。ここでいう格席とは職制に応じた家臣の家の格順を表しており、家中の

▼分限帳　家臣名簿。家格や知行高・役職ごとに記される。

貞享３年の小田原藩領

国	郡	村数	石高	
相模	足柄上	82	24,437.217	50,826.312（49.3%）
	足柄下	71	23,707.773	
	淘綾	1	88.790	
	高座	8	2,592.532	
駿河	駿東	70	12,317.796	12,317.796（11.9%）
伊豆	加茂	17	4,067.296	4,067.296　(3.9%)
下野	芳賀	22	16,671.409	16,671.409（16.2%）
播磨	印南	9	3,003.118	19,246.257（18.7%）
	加西	30	10,212.149	
	多可	15	6,030.990	
計		325	103,129.070	

（『小田原市史』通史編近世より）

内部階層（家格）を示している。一方、職席は家老・年寄・御用人・大目付・大勘定奉行・寺社奉行・町奉行・郡奉行・目付など役方と、番頭《ばんがしら》・持筒頭《もちづつかしら》・徒頭《かちがしら》・物頭《ものがしら》・旗奉行・槍奉行など番方頭衆、側目付・側詰医師・使番・近習《きんじゅう》・中小姓ら藩主の側詰め、および中之番・御広間など番方藩士に大別された。

同書によれば、御番帳外は小田原詰め一三六名、江戸詰め一五四名、計二九〇名。小田原では財政・施設管理を担当する勘定人ら本〆《もとじめ》方、各奉行配下の手代や右筆《ゆうひつ》・御蔵役などの小役人、所々番人・関所定番《じょうばん》などの職務に就いている。江戸屋敷勤めでは、御帳役・御金奉行・奥坊主・御料理人など御徒《おかち》衆が大部分を占め、御前様や御子様付きの御徒・御料理人が御番帳外とされた。

また、武家奉公人の人数も書き上げられている。小田原詰めの御旗二組・御持筒四組・御先手一〇組・町同心二組などに分けて雇われる足軽が三七四名、職人・長持之者・馬取をはじめとする中間が二五四名とある。一方、江戸詰めは御足軽一〇組で二〇二名の足軽、六尺・手廻り・馬取・女中や御前様・御子様付きを合わせて中間が一八八名、総数は一〇一八名であった。

借金増加で緊縮藩財政

元禄期における小田原藩の財政状況をうかがえる史料、「小田原領明細調四」

「御家中先祖並親類書」（小田原有信会文庫）

には、藩の借金が増えてきたため小田原藩の江戸と小田原の重臣が協議して定めた、緊縮財政と藩借の返済方針が示されている。

　元禄四年（一六九一）時点で、唐津・佐倉藩主時代からの古借金を含めて大久保家は合計一四万八〇〇〇両余の借金があった。少ない金額ではない。そのうち京・大坂と飛び地領播磨の商人からの借金が二七・九パーセントで、小田原での領民・家中からの借金と家中名義での借金が七・七パーセント。残りは公儀拝借金を含め江戸での借金や買い掛かり金で（六四・四パーセント）、江戸での藩借が三分の二を占めていた。

　緊縮財政運営と藩借の返済方針を同年に定めたようだ。上方《かみがた》の借金は元本の返済を先送りし利息分のみの返済とする一方、江戸での借金は元利の年賦返済か、定額・定率返済とし、江戸での返済に重点を置いている。江戸での外聞を意識して、老中大久保家の財政は健全であることをアピールする狙いがあったようだ。

　とくに、のち驕奢《きょうしゃ》で咎めを受ける大坂の淀屋个庵《こあん》★からの古借金一万八〇〇〇両は踏み倒しが決定していたようで、上方商人に対する冷徹な対応が目をひく。また、他大名からの借金一万七一五〇両は、将来少しずつ返済する借金とされた。これは大名間の資金融通に相当し、姻戚関係のある大名や分家旗本などとの間の借金は利息も付けず、ある時払いの催促無しが一般的であったことによる。まさに武士は相身互いであった。

借金残額と元禄６年の返済計画（予定）

返済	内訳	残額（%）	予定額			
			小計	大坂	小田原	江戸
対象	元利･年賦･定額返済予定	46540両（31.4）	2874両	185両	339両	2349両
	利息のみ返済	45183両（30.5）	3084両	1803両	655両	625両
	元禄６年の新借	700両（0.5）	805両		805両	
	小計	92423両（62.4）	6763両	1988両	1799両	2974両
対象外	据え置き返済予定	25746両（17.4）				25746両
	返済予定無し	29894両（20.2）		10883両	98両	18913両
計		148064両	6763両			

＊換算：米１石＝銀40匁、銀60匁＝金１両。

大久保邸への綱吉御成

四代将軍家綱は鷹狩を好み頻繁に外出したが、大名の屋敷を訪問（御成《おなり》）することはなかった。反面、生類憐れみ令を出した綱吉は鷹狩をやめ、その分、寺社参詣のついでに、元の住まいであった神田御殿★や小石川★・品川御殿に御成と称してよく訪れた。元禄元年（一六八八）からは大名屋敷への御成を始める。皮切りは西丸下《にしのまるした》の牧野成貞邸で、牧野は綱吉を饗応するために邸内に御殿を新築し、当日は三献儀礼★や能で接待し、褒美として二万石を加増★された。その後も牧野邸には三〇回以上も御成し、大名・旗本らに学問奨励（四書五経《ししょごきょう》★の勉強）を命じた綱吉は、牧野邸にてみずから大学を講義し、それ以降、大名邸御成でのメインイベントが能・数寄《すき》（茶）から講書へと変化する。

元禄四年、綱吉は同じく側用人であった柳沢保明《やすあきら》（吉保）の神田橋内にあった屋敷に初めて御成した。綱吉は学問の場では柳沢を兄弟子と認めていた。そんな柳沢の屋敷への講書御成は計五八回を数えたとされる。

元禄六年十二月、突然綱吉は、翌春の老中邸への御成を発表した。勿論、いの一番は筆頭老中の大久保邸。大変なことになった。

まず、西丸《にしのまる》下の大久保邸南隣にあった元曽我助興《すけおき》★屋敷を添え屋敷として拝領。

▼淀屋个庵
江戸前期、大坂の豪商。屋敷と米市との間に架けた橋が淀屋橋といわれている。

▼神田御殿
神田橋御門内の元館林藩上屋敷。

▼小石川
白山にあった元館林藩下屋敷。のち養生所が置かれる。現東京大学小石川植物園。

▼三献儀礼
式三献ともいう。婚礼・宴席などにて主催者と主賓との間で膳を改め、三度の乾杯を行う儀礼。

▼二万石を加増
関宿藩領が五万三千石から七万三千石となる。

▼四書五経
儒教の教えを記す経書。四書は「論語」「大学」「中庸」「孟子」、五経は「易経」「書経」「詩経」「礼記」「春秋」。

▼曽我助興
旗本。元神田屋敷家老、西丸徳松付き御側衆、のち本丸御側衆。

そこに、一万両の恩貸金を借りて御成御殿を新築した。突貫工事であった。元禄七年二月三十日の御成当日、献上品★の準備に費用もかかったが、もっとも忠朝を苦しめたのは将軍の前での講書であった。忠朝が「論語」を講書した際には、綱吉は上檀から下檀に降り忠朝の隣で聞いた。学問の場では平等だということらしい。新設の舞台では忠朝の息子忠増《ただます》・教寛《のりひろ》・教信《のりのぶ》三兄弟が能を五番舞って見せ、綱吉も仕舞《しまい》★を三番舞ったのち、忠朝も仕舞を一番披露した。

『武野燭談』にいわく、将軍の前での講書についてのちに忠朝は、いつも「大汗を拭《ぬぐ》い」、「難儀に侍《はべ》らん」と心境を吐露している。

四月には、屋敷への御成のあった四老中が揃って一万石の加増を受けた。さらに元禄八年四月、二度目の大久保邸御成があった。

▼献上品
太刀（国行・代一〇〇貫目）・綿三〇〇把・馬（栗毛・鞍置き）など。

▼仕舞
装束を着けず、謡だけで能の一部を舞う略式演舞。

忠増の相続と分家創出

元禄十一年（一六九八）二月、願いが許され忠朝（六十七歳）は老中を辞職する。老中在職は二十年を超えた。小田原藩主（十一万三千石余）の家督も嫡男忠増（四十三歳）に譲った。忠増は奏者番を皮切りに父忠朝とともに幕閣にあり、綱吉政権中にあって寺社奉行、若年寄を務めるも、元禄元年に病気を理由として離職していた。

忠増への相続時、弟二人にも小田原藩の新墾地★をもって分知された。忠朝二男教寛には駿河国・相模国にて六千石、三男宇津教信★には下野《しもつけ》国で四千石が分け与えられた。

教寛は中奥の小姓《こしょう》として召し出されたのち、小姓組番頭《ばんがしら》、書院番頭、さらに御側詰に移り、宝永三年（一七〇六）に西丸の家宣《いえのぶ》付き若年寄に昇進し、駿河国で五千石を加増（計一万一千石）される。松長★に陣屋を置いたことから松長藩と呼ばれ、家宣が将軍職を継ぐと本丸若年寄に移動、のち享保三年（一七一八）にも加増され藩領は一万六千石となった。四代のち教翅《のりのぶ》の時、天明三年（一七八三）に陣屋を相模国中荻野★に移してからは荻野山中藩と通称されることになる。

▼新墾地
本高（拝領高）には含まれない新田高。

▼宇津教信
元禄五年中奥御小姓、同十五年小姓組番頭、翌十六年書院番頭、宝永二年御側詰、同八年大番頭を務める。

▼松長
現静岡県沼津市。

▼中荻野
現厚木市。

◆2

忘れられた元禄地震

忘れられていた元禄地震に今、注目が集まっている。
元禄地震の被害状況が詳しく分かるのはなぜか？
倒壊した小田原城の再建に十八年の月日がかかった。

注目され始めた元禄地震

元禄十六年（一七〇三）十一月二十三日午前二時頃、相模湾の相模トラフ★を震源域とする大地震が発生した。マグニチュードは八・二と推定されている。最大震度七で、房総半島・伊豆半島を巨大津波が襲い、小田原も被災した。

二〇一一年三月十一日東北地方太平洋沖地震にて東日本大震災が発生するまでは、この元禄地震は多数の犠牲者を出した大地震であったにも関わらず、あまり注目されてこなかった。事実、『神奈川県史』や『小田原市史』の通史編での記述も少ない。それは地震からちょうど四年後、宝永四年（一七〇七）十一月に富士山が噴火したのち、酒匂川《さかわ》の水害という二次災害も含めて小田原地域の人びとを長らく苦しめたことに起因している。そうした富士山噴火を出発点とするロー

▼相模トラフ
相模湾から房総沖へと延びる、プレートとの境目。

カルヒストリーが完成すると、元禄地震は富士山宝永噴火の前史、地域災害史の導入部分としてしか扱われなくなってしまった。富士山噴火での直接的死者が一人も確認されおらず、人的被害に雲泥の差があったのにである。

三・一一以後、地震・津波に関する防災・危機管理の再検討が全国的に推し進められる中で、首都圏では大正十二年（一九二三）、関東大震災を引き起こした関東地震と同タイプの海溝型地震として、その二百二十年前の元禄地震への関心が高まっている。

江戸へ届けられた地震の被害情況

地震当日の二十三日、早朝に小田原を出発し、藩士梅原九郎左衛門が江戸藩邸に向かった。「東海道宿村大概帳」によれば小田原～江戸間は二〇里二七町（約八一・五キロメートル）、普段だと一泊二日の距離であるが、翌二十四日の夜明け前、午前三時には藩主大久保忠増《ただます》に第一報（大久寺文書）を届けている。途中の東海道も尋常ではない被害の中、必死の覚悟で駆けつけたに違いない。

この地震によって小田原城は天守・本丸御殿・二の丸屋形《やかた》が残らず倒壊し、出火★によって焼失、門・塀・土居《どい》・石垣が各所で崩れ、家中の屋敷も家老杉浦平太《へいだ》夫《ゆう》をはじめ一八軒、足軽小屋もことごとく倒壊。城下の町人町も一九町のうち一

▼出火
囲炉裏・火鉢の埋火（うずみび）が原因と推測される。

〇町が出火によって焼失。死者総数は二二六一人にのぼった。箱根山中の東海道および根府川道は各所で石や土砂で塞がれ、また崩れ落ち不通となった。

『一七〇三 元禄地震報告書』によれば、この地震での被害総計は家屋被害が三万軒を超え、その半分が房総半島で占め、流失家屋も房総沿岸が群を抜いている。次いで小田原藩領の被害が目立つ。死者・行方不明者の総数も一万人を超え、やはり房総半島が過半を占め、次いで小田原藩領となっている。

これらの元になったデータは、当時大老格にあった柳沢吉保《よしやす》の元に集められた情報等（『楽只堂年録』）に基づいている。江戸を除けば比較的正確に、しかも迅速に情報が大名や幕府代官より幕府に届けられたことを意味している。おそらく寛文五年（一六六五）以降、全国規模で宗門人別改が実施され、住民台帳が完備されるようになったことによるのであろう。

小田原藩領の人的被害は城下の類焼地域、および津波被害のあった伊豆半島東岸に集中している。城下の家屋

小田原藩領（城下・城付領）の元禄16年地震被災状況

国	郡・地区	村・町	身分	家数	被災家数				人数	死亡・不明			被災家数／死者数
					全壊	半壊	焼失	計		死者	馬	船	
相模	小田原城下	–	武家	406	322	0	84	406	2304*	137	4	–	3.0
		19	町人	1123	603	36	484	1123	9922	651	46	–	1.7
		–	旅人	–	–	–	–	–	–	44	2	–	–
		–	寺社	46	29	12	5	46	–	13	0	–	3.5
	足柄上郡 足柄下郡 淘綾郡 高座郡	162	百姓	–	5605*	775	8	6388*	–	764*	92*	–	8.4
			寺社	–	170	67	0	237	–	18	23	–	13.2
駿河	駿東郡	70	百姓	–	–	–	–	836	–	37	3	–	22.6
			寺社	–	15	4	0	19	–	1	0	–	19.0
伊豆	賀茂郡	17	百姓	–	–	–	–	476	–	639	6	–	0.7
			寺社	–	5	4	0	9	–	4	2	–	2.3
計								9540		2308	171*	68	4.1

＊武家家数は、長屋１棟も１軒と計算。町人家数は役屋数。武家人数は、元禄２年（1689）に知行・扶持を得ている家中・奉公人数で、家中の家族は含まれていない。相模国領分（百姓）の被災家屋・死者・馬数には箱根宿三島町分は含まれていない。被災馬数の合計は合わない。（『1703 元禄地震報告書』より）

は震動でほぼ全壊したが、人的被害は武家地より町人地の方が比率が高く、町人町では類焼した町がしなかった町より一・八倍の死者を出している。板葺き（小田原葺き★）の民家は倒壊による圧死より、崩れた家屋に閉じ込められたまま火災に逃げ遅れたケースが多かったようだ。城下町を流れる小田原用水も消火・延焼防止にはまったく役立たなかった★。小田原城下の地震での死亡率の高さは、火災のほとんどなかった村方と対照的である。

救恤《きゅうじゅつ》・復旧策

二十七日、小田原藩大久保家は務めていた江戸城本丸大手御門番役を免除され、その翌日には藩主忠増へ小田原への帰城御暇《おいとま》が許された。十二月一日一万五〇〇〇両の災害拝借金支給が決定すると、五日、忠増みずから江戸を出発し小田原へ向かった。

一方小田原では、藩庁である二の丸屋形が被災したため、地震当日のうちに箱根口御門内に寄合所を仮設し、翌日から年寄衆が緊急対応を開始した。まず救恤策として、二十五日から焼け出された城下住人に箱根口で焚き出しを開始し、七日間、毎日一〇俵余の米を粥《かゆ》にして支給した。二十八日には箱根山中の東海道筋の被害状況を見分に家臣を派遣、応急の復旧工事を指示した。十日後の十二月三

小田原葺き、平成８年本堂の屋根修理の際に出現
（小田原市板橋・本應寺）

▼小田原葺き
板屋根を割り竹で押さえる独特の屋根。トントン葺きともいう。

▼役立たなかった
暗渠であったため崩れ落ちて用水が流れなくなった。大正十二年（一九二三）の関東地震でも同じことがくり返された。

日には箱根道の人馬往来が可能になり、小田原宿でも問屋場《といや》★を仮設し、伝馬三〇疋《ぴき》・人足五〇人の継ぎ送りを再開した。

忠増も六日に小田原に到着、元御蔵★に小屋がけして陣屋とし、早速、翌七日から城廻り、箱根関所、箱根道筋・根府川道筋の見分を行い、藩主自ら復旧策の陣頭指揮をとった。藩から小田原城下一九町に一五〇〇両・三〇〇俵、箱根宿小田原町に三〇〇両・五〇俵、それぞれ貸し付け金と食糧米の支給があった。領内村へは定助郷《じょうすけごう》村に計一〇〇両が貸し付けられ、津波被害があった伊豆東浦へ米六〇〇俵の支給がなされた。初期援助は火災・津波被害の大きかった地域を対象とし、また東海道の通行再開を第一番に考えたことが分かる。

さて、公儀拝借金一万五〇〇〇両は何に使われたのか。忠増は江戸へ戻る三日前の十二月十八日、城下で被災した小田原藩家中にお救い金として計七五〇〇両、拝借金の半分を支給している。自給と自助努力が基本とされた村方への対応とは真逆で、家中の優遇に見えるが、屋敷は借りもの、食糧自給力の無い武士身分にとってみれば不思議なことではない。

小田原城の復旧

寛永十年（一六三三）の地震後、小田原城の本丸は天守・御殿・石垣ともに幕

▼**問屋場**
伝馬・人足を継ぎ立てる会所（施設）。

▼**元御蔵**
小田原城と新蔵（現小田原駅）との間、現ＵＭＥＣＯ付近。

▼**中野犬小屋**
中野村（現東京都中野区野方）に一六万坪（約〇・五平方キロメートル）の囲い場を設置、一〇万頭の野良犬を収容。

府公金にて速やかに再建されたが、今回は再建に際して幕府からの援助は一切無かった。本丸御殿の再建が見送られたからであろうが、綱吉政権自体が出し渋ったようである。江戸で被災した幕臣・町方は勿論のこと、江戸以外の被災民に対しても幕府からのお救い金や食糧の直接支給は一切無かった。あったのは地震前後の大火で類焼した江戸の寺社への再建費の下賜《かし》と、江戸町民が負担していた中野犬小屋★飼育料＝犬扶持の当年分一万六二〇両余を免除しただけである。

自費での小田原城再建が始まった。まずは石垣の普請から開始され、本丸・二の丸・三の丸の石垣、および天守の土台となる天守台の石垣がすべて完成したのは地震から一年半後の宝永二年四月★であった。それから天守の建造に取りかかり、同年十二月にようやく上棟式、竣工は翌宝永三年六月であった（「宝永天守閣棟札」）。天守は元の規模で再建されたが、二の丸屋形は規模が縮小され質素な間取りとなった。小田原城の全作事（建築）が完了したと幕府に届け出たのは享保六年（一七二一）十一月、すでに小田原地震から十八年の年月が過ぎていた。その費用総額は一〇万両に及んだ（「藩士覚書」）。

元禄地震の後遺症

地震で地盤が緩んだため、翌宝永元年（一七〇四）、領内では大雨ごとに山崩れ

▼宝永二年四月
天守台の石垣に組み込んであった復興碑（小田原城天守閣に展示）が関東地震の際に崩れて出てきた。

小田原城石垣再興碑（小田原城天守閣）

小田原城天守模型（旧東京大学蔵、小田原城天守閣）

や堤決壊が相次いだ。中でも宝永元年七月の大水により岩流瀬《がらせ》堤など各所で決壊した。藩は流域村に川欠《かわかけ》★被害を書き上げさせ、被災村は検見《けみ》取りを止めて請免《うけめん》★とすると通達した。川欠分を引いた年貢量を村側から自己申告させる制度で、同年だけ実施している。

復興は小田原城下の方が進まなかったようだ。宝永三年正月には、宿方困窮を理由に小田原〜箱根間の公定駄賃・人足賃が五年間五割増しとされた（『御触書寛保集成』）。箱根宿も同様で、宝永二年三月幕府より家作料として六〇〇〇両を借用している。

地震から十年が経とうとしていた正徳三年（一七一三）、藩主大久保忠増が地震犠牲者を追福するため一宇建立を発願《ほつがん》する。府川村の廃寺西光寺を再興し、同五年入谷津《いりやつ》に黄檗《おうばく》宗慈眼寺《じげんじ》が創建された。開山には黄檗僧慧極《えごく》が招かれ、御林（藩有林）だった久野《くの》★村威張山《いばりやま》の山林五四町歩が寄進され、城下の町人だけでなく、武家・領内農民や旅人も含め六二四名の戒名を納めた霊位記が奉納された。自力で供養できなかった人びとに代わって鎮魂のために築いた震災メモリアルである。なお、黄檗様式の慈眼寺仏殿は明治八年（一八七五）、板橋の宗福院に移築され地蔵堂となり、現在「板橋のお地蔵さん」として親しまれている。

▼川欠
出水・洪水により流失した田畑。

▼請免
領主側が年貢量を決め通達するのではなく、村が請け負える年貢量を事前に申告する徴租法。

▼久野村
小田原市。

宗福院の地蔵堂（小田原市板橋、神奈川県指定重要文化財）

③

富士山宝永噴火

富士山から噴火した火山灰が小田原藩領村を直撃。
被災地の復旧は小田原藩に代わって幕府代官伊奈氏に任された。
救済のため全国から集められた国役金の本当の使い道とは?

地震からちょうど四年目に噴火

宝永二年（一七〇五）三月、大久保忠増《ただます》（五十歳）は将軍綱吉の右大臣任官を家康・家光廟へ報告する日光代参の役を務めると、井上正岑《まさみね》とともに老中に抜擢され、幕閣に返り咲いた。翌宝永三年、綱吉によって忠増嫡男忠英《ただひで》（十五歳、のち忠方《ただまさ》）と柳沢吉保《よしやす》養女（公家野宮定基《ののみやさだもと》娘）との婚約が許可され、一ツ橋外にあった元桂昌院御用屋敷が与えられた。破格の待遇といえる。そして、忠増の弟教寛《のりひろ》も西丸《にしのまる》若年寄となり、加増され大名となった。しかし、好事魔多し。

元禄地震から丸四年となる宝永四年（一七〇七）十一月二十三日、午前十一時過ぎ富士山東南斜面の五合目から噴火が始まった。その後、噴火はほぼ間断なく十二月九日まで十六日間続いた。吹き上げられた火山礫《れき》や火山灰は上空の偏西風

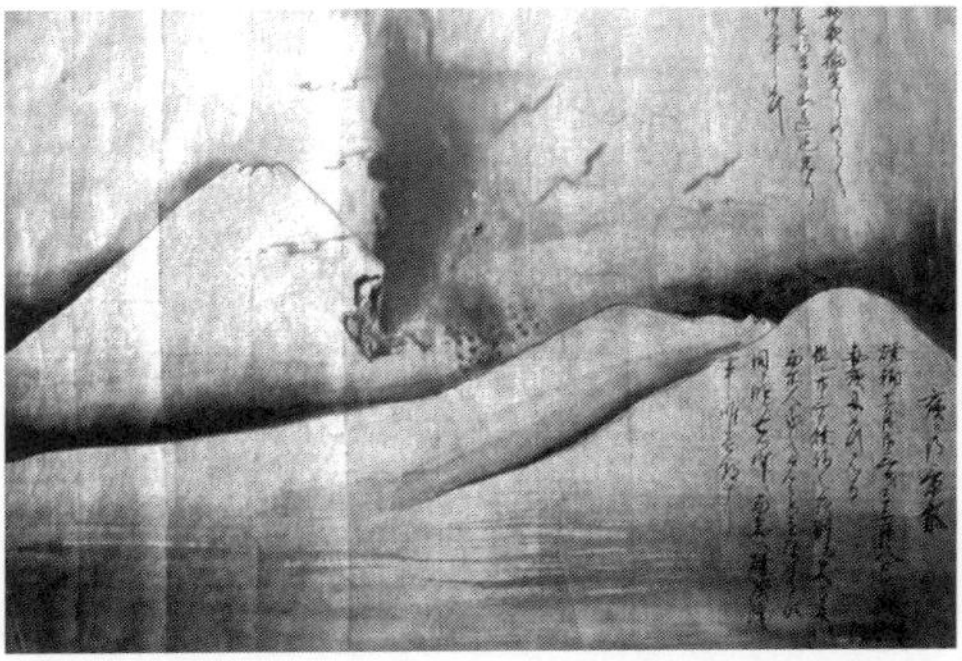

富士山宝永噴火絵図夜乃景気（静岡県立中央図書館歴史文化情報センター提供）

にのって東へと飛ばされ、江戸はもちろん、一〇〇キロメートル以上離れた房総半島にまで達した。噴出物の総量は一・七立方キロメートルと見積もられている。東京ドーム約一四〇〇杯分ということになる。

噴火の四十九日前、十月四日にはマグニチュード八・四と推定される東海・南海地震が発生し（宝永地震）、四国・紀伊《きい》半島・大坂湾の沿岸に甚大な津波被害を及ぼした。元禄地震および宝永地震と富士山噴火との関係を推測する説もあるが、詳しいメカニズムの解明はこれからであり、地震と噴火との関連については判然としていない（『一七〇七 富士山宝永噴火報告書』）。

経験値がない砂降り

小船《おぶね》村★の名主孫左衛門が噴火の様子を記録している（船津家文書）。二十三日朝八時頃からしきりに鳴り物（鳴動）が続き、家の戸や障子がガタガタと鳴り、四年前のような大地震が来るのではと固唾《かたず》を呑んで身構えていると、十一時頃から雷鳴（火山雷）が何度も聞こえ始めた。そのうち空からバラバラと降る物があり、霰《あられ》かと思って外に出てみると、黒石交じりの軽石★で、見る見るうちに辺り一面に降り積もった。一尺四方の升《ます》を出して置いてみたところ、午後二時までの間に一升三〜四合の「砂」★がたまった。その後、一旦砂は降り止んだが、雷鳴・稲光

▼小船村　現小田原市。

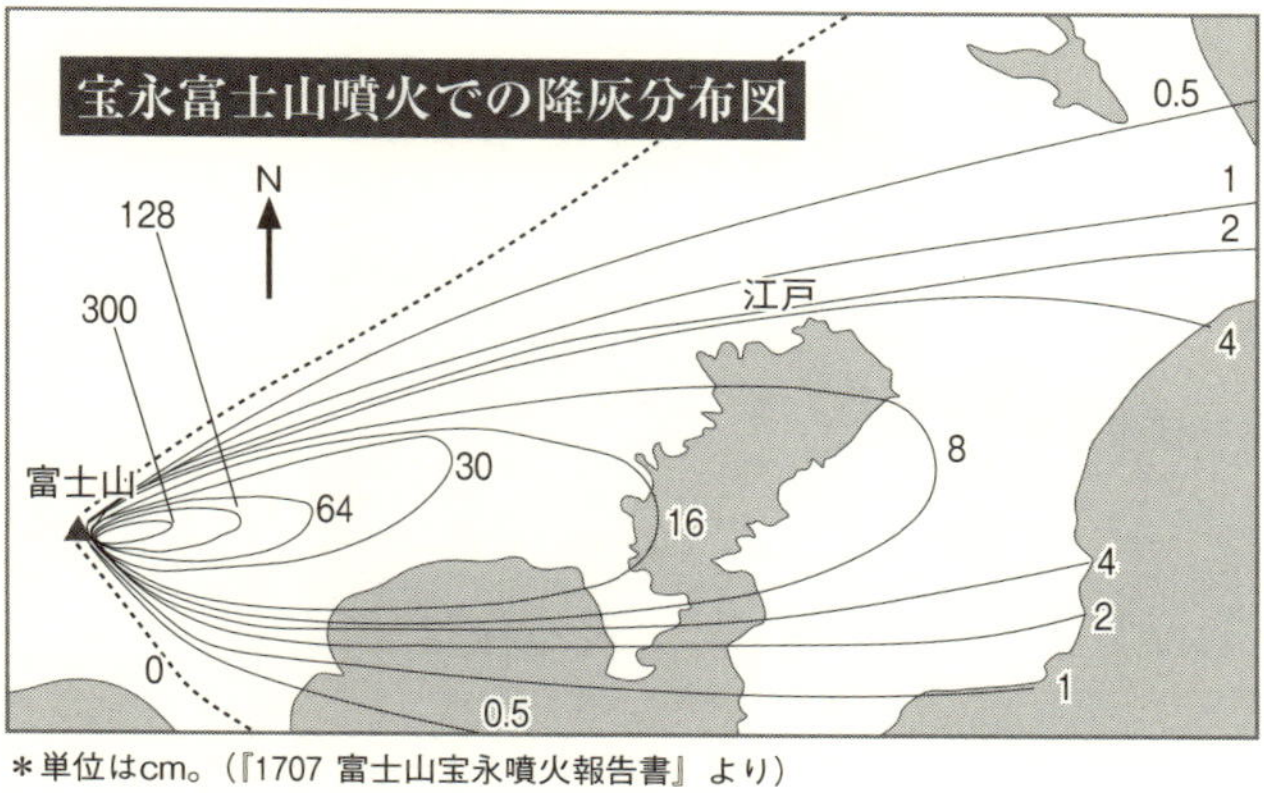

＊単位はcm。（『1707 富士山宝永噴火報告書』より）

・空振《くうしん》★は続き、午後八時頃からまた砂が降り始めた。

翌日も一日中大雨の如く砂が降りしきり、降っている間は太陽は拝めず、闇夜のように暗くなり、昼でも灯りを点さなければならなかった。毎日のように黒雲（噴煙）が富士山から東に向かってたなびき、その黒雲の下に砂が降ったが、箱根山より南西にはまったく降らず、小田原城下でも降灰はなかった。

富士山登山の拠点でもある東麓の須走《すばしり》村★の被害は甚大で、浅間社の神主小野家をはじめ御師《おし》たちの家屋など計三七軒が降り注ぐ火の玉で焼失し、死者こそ出なかったが、寺を含む残りの民家三九軒も三メートル以上積もった噴出物とたび重なる震動にて倒壊した（『小山町史』7）。

江戸でも細かな粒子の火山灰が積もった。十一月二十九日〜三十日の夜間に小雨が降ったが、降灰はその後も続き、十二月四日に強風が吹いた時は舞い上がる灰にて御先は真っ暗。同九日の夜に大雪（約三〇センチメートル）が降るまで江戸の住人は舞い上がる灰に悩まされることになる。「これやこの風邪《かぜ》ひきて、知るも知らぬも大方《おおかた》は咳《せき》」と揶揄《やゆ》した。

永塚村の石砂見分帳

永塚村★が十二月十九日、小田原藩に提出した砂除《すなよ》け人足見積書（宇佐美勝朗氏

▼黒石交じりの軽石
噴火したマグマが減圧と水分の揮発で白色系多孔質となった噴出物が軽石、発泡度が低い黒色系の噴出物をスコリアという。

▼砂
砂状の噴出物は火山灰、小石状の噴出物は火山礫。火山噴出物はテラフと総称される。

▼空振
噴火の際に生じた衝撃波。低周波のため音は聞こえないが建物等を揺らす。

▼須走村
現静岡県小山町。

▼永塚村
現小田原市。

所蔵文書）を見てみよう。当時の永塚村の村高は三百九十二石《こく》余、田畑の総反別《たんべつ》は三九町九反四畝《せ》余、家数は三五軒、人口は二六五人とある。この村に降り積もった火山灰の厚さの平均値は五寸五分（約一六・五センチメートル）で、田畑の五パーセントを砂置き場として残りの田畑三三町七反二畝余に積もった火山灰を砂置き場へ運搬するのに見積もられた人足数（労働力）は延べ一二万五八五四人であった。二六五人の村民、老若男女すべてが参加し、火山灰除去のみに専念したとして四百七十五日かかる計算である。

ちなみに噴出物が一尺二寸（約三六センチメートル）あった関本村★の書上《かきあげ》（関本区有文書）で同様の計算をしてみると、三八六人の村民で五九八日かかることになる。さらに厚く積もった御厨《みくりや》（駿河国駿東《すんとう》郡）領村では手の付けられない状況で、「亡所《ぼうしょ》もやむなし」、手の施しようがなかった（『小山町史』7）。

足柄平野で降灰被害にあった人々にとって、緊急の対応が必要だったのは裏作の麦である。このままでは全滅となる。麦は単に村人の食糧となるだけでなく、馬の飼料として欠くことのできないものであった。馬稼ぎによる現金収入の道が閉ざされることになり、死活問題であった。

▼関本村
現南足柄市。

河村城に残る「天地返し」（『山北町史』通史編より）

江戸を目指す農民たちの訴願運動

江戸からやって来た小田原藩の御用人柳田九右衛門が現地の視察を終えて、十二月二十八日、一旦藩主への報告のため小田原を離れるという情報を耳にした農民たちは行動に出た。足柄上・下郡の藩領村一〇四カ村から村役人が牛島村★に集まった。噴火から一カ月が過ぎても藩からの飢人《きにん》扶持（食料）支給はなされていない。食料すら十分ではない中、柳田が命じた火山灰の自力での除去は無理である。藩主への御救い歎願書を作成すると柳田に手渡した（鈴木家文書）。

先行きを心配する領民は年明け早々の正月三日、中之名《なかのみょう》村★で郡中寄合を開き、殿様（小田原藩主）への御救い扶持要求と、「砂掃《すなは》き（降灰除去）」は百姓の手に余る大作業であるので、砂掃き料の支給をぜひ「大御公儀《おおおこうぎ》様（幕府）」へ訴え出たいと認《したた》めた注進状を作成、小田原の藩庁に提出した。当然のこと、何度も藩役人の制止・説得があったが、振り切り、正月七日の夜から蓑笠《みのかさ》を携え農民たちは江戸を目指して出発し始めた。その数四、五〇〇〇人と伝える記録もある。

藤沢で、御救い米二万俵を支給する、砂掃き料も二万七〇〇〇両を用意するという藩主大久保忠増の御意向が農民たちに伝えられ、一旦は納得した農民たちであった。しかし、砂掃き料はすぐに支給されないことを知り、江戸に向け歩みを続け、十四日には品川に到着した。藩役人たちの必死の説得により、出訴はここで終わるのであるが、危うく幕府老中の領内仕置きが破綻しかけるところであった。

▼牛島村・中之名村
現開成町。

被災地領分の上知

正月二十二日、小田原藩の地方役所《じかた》★に領内村の惣代（代表）が呼び出されて、とりあえず一万俵の御救い米支給が申し渡された。残りは追い追いという説明に、惣代たちは納得できない。再度の江戸出訴を主張する者もいたが、すでに小田原藩領を含め被災地域の領主宛てに、砂除けは被災民の自力を基本とする幕府の方針が通達されていた。直接被災民には鐚《びた》一文も出そうとしない綱吉政権であった。

幕閣にあった大久保忠増・教寛《のりひろ》がどのように画策したかは判明しない。閏《うるう》正月に入るや否《いな》や勘定奉行荻原重秀★より重大発表があった。小田原藩領・松長藩領を含む降灰被害地を上知《あげち》★させ、見合った石高を被災しなかった幕府直轄領と振り替えるという。上知された相模国・駿河国・武蔵国の被災地の管轄と復興は関東郡代★伊奈忠順《ただのぶ》に任せることとされた。

これにより小田原藩領のうち、相模国と駿河国で計五万六千三百八十四石余と新田高九千六百三十四石余が収公され、替わりに美濃国で一万六千二百三十九石余、三河国で六千石、伊豆国で一万石、播磨国で二万四千百四十五石余を拝領した。

▼地方役所
領内村の民政・農政を担当した役所。

▼荻原重秀
旗本。勘定吟味役時の建策で元禄八年（一六九五）金銀の改鋳がなされ、財政好転により翌年勘定奉行に昇進。

▼上知
じょうちともいう。大名領地・旗本知行所の将軍への返上。幕府直轄地へ編入される。

▼関東郡代
関東の幕府直轄地を支配する代官たちの頭で、伊奈半左衛門家が世襲。関東郡代は当時は正式な役職名ではなく、公的には幕府代官。

国役金と御手伝い普請

財政に余裕のない綱吉政権で金策を任されていた荻原重秀は妙手を繰り出す。全国に高百石につき金二両の高役金《たかやくきん》上納を命じ、幕府領は代官が、大名・旗本領は領主がそれぞれ集めて、六月までに納めることとした。寺社領は除かれたが、じつは江戸幕府が全国から一律に高役金を徴収したのはこれが初めてであった。

その使用目的は「砂積もり候村々御救い旁《かたがた》の儀」とあった（『御触書寛保集成』）。つまり、被災民へのお救い「など」に使うと説明された。のちに荻原が語ったところによれば、被災地復旧に使われたのは一六万両余で、残りの二四万両余は「など」＝江戸城北の丸御殿造営の費用にプールされたという（『折たく柴の記』）。最初から全部を被災地救済には充てるつもりはなかったのである。それどころか、その北の丸御殿も建設はされなかった。

そしてもう一つ、御厨地域に降った火山灰は雨が降るたびに鮎沢川へと流れ込み、丹沢山地に降り注いだ火山灰も鮎沢川の下流、酒匂川《さかわ》へと押し流されていた。足柄平野を流れる酒匂川の河床が上がり、氾濫が予想されたため、幕府は岡山藩など外様五藩★に川浚《かわざら》い普請の御手伝いを命じた。伊奈忠順の指揮のもと、普請は江戸町人★の請け負いで始まり、費用を五藩が負担することになる。

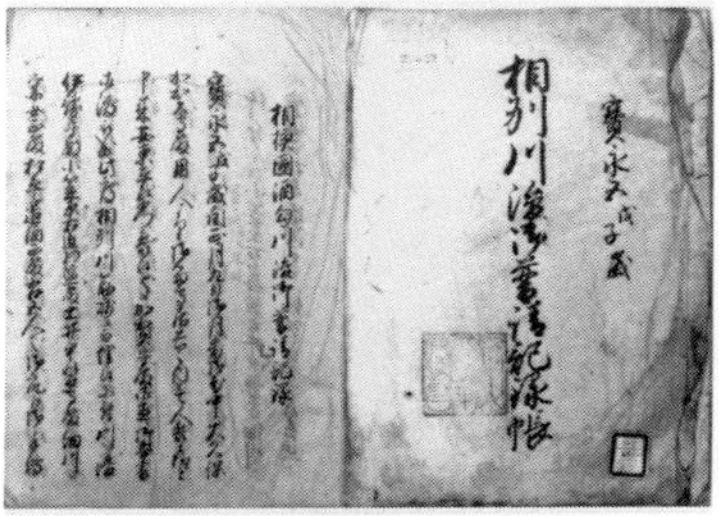

「相州川浚御普請記録帳」
（岡山大学附属図書館池田家文庫）

▼外様五藩
岡山藩（三十一万五千石）・小倉藩（十五万石）・熊本新田藩（三万五千石）・大野藩（四万石）・鳥取新田藩（三万石）。

▼江戸町人
石屋（和泉屋）半四郎。一説に七万両で請け負い、五万両儲けたといわれている。

④

酒匂川の氾濫・治水と地域の復興

たび重なる酒匂川の洪水が長く領民を苦しめた。
関東地方御用「大岡組」が大口堤の普請を担当した理由とは?
噴火では死者が出なかったが、大口堤の決壊で死者が多数出た。

二次災害の始まり

宝永五年（一七〇八）六月二十八日、酒匂《さかわ》川の川浚《かわざら》いが済んだとして御手伝いを担当した五藩主が江戸城にて時服《じふく》★等の褒美を拝領した。しかし、その六日前の二十二日、大雨によって酒匂川の岩流瀬《がらせ》・大口堤が決壊していたのである。七月二日も大雨で被害が広がり、とくに酒匂川右岸、大口堤の下手に当たる岡野（開成町）・斑目《まだらめ》・千津島・壗下《まました》・竹松・和田河原（以上南足柄市）の六カ村は流れ込んだ土砂にて田畑・住居が埋まってしまった。何とか六割ほどの田畑の砂除けを終え、秋作物を植え付けたところでの水害で、飼っていた馬一五六頭が家財と蓄えの食料もろとも流されてしまった。

この洪水被害に対して何も手当てが成されなかったので、年が明けた宝永六年

▼時服
贈答される季節に相応しい衣類。夏に向けての帷子（かたびら）、冬に向けての綿入れの小袖など。

正月、水下《みずした》六カ村は江戸の代官伊奈忠順《ただのぶ》に扶持米《ふちまい》相当の金銭と引っ越し料の支給を願い出た。しかし、酒匂川本流の治水事業が開始されないまま放置されているうちに、六月の大雨にて前年同様の箇所で決壊が相次ぎ、水下六カ村の帰村はどんどん遠退いていった。結局、この水下六カ村の人びとは少し離れた御林《おはやし》や小高い所に小屋がけして避難生活★を余儀なくされる。

皆瀬川瀬替えの誤算

一方、宝永六年（一七〇九）五月、川村山北★の人たちは酒匂川支流皆瀬川の水が村内に滞留して村が水没しかねないと、幕府に瀬替え＝流路変更の普請を願い出ていた。幕府勘定奉行中山時春らが実地見分し、酒匂川の川除《かわよけ》堤普請とともに、皆瀬川の瀬替えも許可されることになる。七月から津藩等の御手伝い普請によって岩流瀬上流へ直通する皆瀬川新堀割工事が実施され、翌年三月頃には竣工した（『山北町史』通史編）。

あわせて酒匂川本流の土手についても応急修理が施されていく。江戸町人丹波屋が請け負い、宝永六年十一月から大口堤より下流の堤の修復が進められ、翌宝永七年二月からは斑目村～吉田島村★間の大口堤にも手が加えられた。

しかし、この時の皆瀬川の瀬替えと酒匂川本流の堤修復には重大な欠点が潜ん

▼避難生活
ただし、怒田村（現南足柄市）・府川村（現小田原市）の御林跡を正式に拝借できたのは宝永七年八月。

▼川村山北
現山北町。

▼吉田島村
現開成町。

正徳元年の水害以降、西流する酒匂川

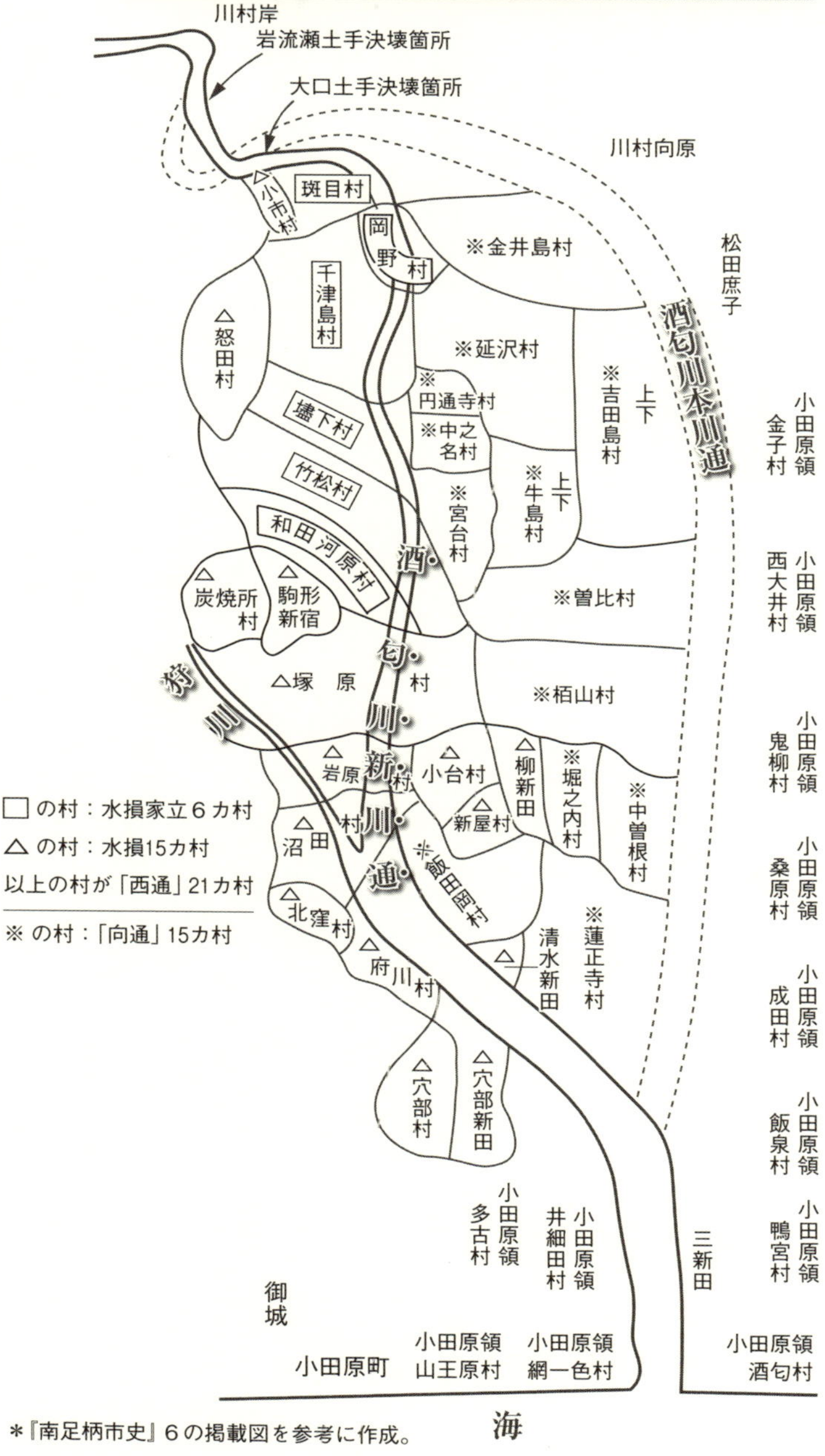

＊『南足柄市史』６の掲載図を参考に作成。

でいた。岩流瀬堤を再建しないまま、大口堤に今まで以上の水量をぶつける流れにしてしまったことである。結果は一目瞭然。その翌年、正徳元年（一七一一）七月二十九日の大雨によって大口堤が大決壊し、酒匂川の本流はそのまま流路を西に移し、水下六カ村内を流下することになってしまった。

当然、水下六カ村は大口の閉め切りを嘆願したが、代官伊奈忠逵《ただみち》★は大口堤を修復しなかった。結局、酒匂川は西流したまま一五年が過ぎることになる。増水するたびごとに火山灰の混じった土砂が大量に流れ込み堆積し、酒匂川の河床がすぐに上がってしまうから、しばらく放置という手段を伊奈は選んだ訳である。

小田原藩の事情

時はすでに第六代将軍家宣《いえのぶ》★の治世で、側用人間部《まなべ》詮房《あきふさ》★や儒臣新井白石《はくせき》らによる、いわゆる正徳の治《ち》★が展開しており、幕府勘定方の機構改革も推し進められたが、代官伊奈の管轄する旧小田原藩領域には目立った復興事業が展開されなかった。

そのような中、幕府老中でもあった大久保忠増が正徳三年（一七一三）五十八歳にて病没する。分家の大久保教寛《のりひろ》はもともと家宣付きであったため、そのまま若年寄職にあり続け、のちの享保改革政権にも関与していく。しかし、小田原藩主を継いだ大久保忠方《ただまさ》（二十二歳）は、翌正徳四年に西丸下《にしのまるした》の上屋敷を返上し、

▼伊奈忠逵
伊奈貞長二男。正徳二年二月忠順没、実子忠辰が幼少であったため、養子となり家督・代官職を相続。

▼家宣
徳川綱重の長男。延宝六年（一六七八）甲府藩主相続、宝永元年（一七〇四）綱吉の養子となり、同六年第六代将軍となる。

▼間部詮房
甲府藩徳川綱豊の小姓、用人、奥番頭（旗本）、同三年若年寄格（大名）、同六年側用人、同七年高崎藩主（五万石）。

▼正徳の治
綱吉期の政治から路線変更した、家宣・家継期における文治政治。

小川町へと屋敷替えとなった。これは、忠方の入閣はしばらく無いということを意味しており、結局大久保家は、こののち幕閣から遠ざかることになる。

富士山噴火後、藩領の半分を遠隔地に代替・分散配置され、藩の財政も極めて窮乏状態にあった。「吉岡由緒書」によれば、地震と噴火で藩の借金が増え、正徳二年から家中へ支給する手取り米をそれまでの五分（五〇パーセント）支給へ切り換えるという緊縮財政が実施されている。

旧小田原藩領の復領と享保改革政権

正徳六年（一七一六）、幕府直轄領を巡察使が視察したのち、上知した旧小田原藩領のうち、相模国と駿河国の計九三カ村・二万七千九百四十八石余と新田分三千八百三十三石余が返却された。噴火で上知した領分の約四八パーセントが戻ってきたことになる。酒匂川は西流したままであるが、幕府勘定方は復興は一定程度進んだとみなしたのである。勿論、小田原藩側はまだまだ復興途中という認識であった。

その直後、将軍家継★（八歳）が死去し、年号も享保と改まり、紀州藩主徳川吉《よし》宗《むね》（三十三歳）が第八代将軍の座に就くと、それまで政治の実権を握っていた側用人らが政権から追い出された。吉宗は改革政治へと舵をきり、有能な譜代大名

▼家継
家宣の四男。正徳三年（一七一三）、五歳で第七代将軍に就任。享保元年（一七一六）没。

や旗本が改革の担い手として登用されていく。ただ、幕府財政策や官僚システムのてこ入れなど、改革が本格化するのは享保六年（一七二一）からである。

幕府の治水政策は享保五年から利根川筋で本格化し、勘定吟味役に登用された辻守参《もりみつ》★のもと治水費用の国役負担★化が始まった。これも、幕府の財政支出抑制策の一つである。酒匂川流域の人びとは、代官伊奈や勘定吟味役辻に再三大口堤の閉め切り等を嘆願してはいたが、取り合ってもらえない状況にあった。

関東地方《じかた》御用掛《かかり》「大岡組」

享保七年（一七二二）老中水野忠之《ただゆき》★が勝手掛を拝命すると、本格的な財政再建策を実行に移し始める。年貢の増徴や新田開発奨励に代表される政策であるが、もと小田原藩領の幕府領を管轄し復興を指導するべき代官伊奈は、すでに利根川下流の治水に専念することを命じられていた。そこで新政権が目を付けたのが町奉行大岡忠相《ただすけ》★（四十六歳）である。有能な大岡を江戸町奉行だけさせておくのはもったいない。大岡に関東地方御用掛★をも兼任させることにした。

つまり、新政権では不正代官の粛正を進めた結果、幕府直轄地の支配を担当する人材が不足していた。そのため、手の回らない関東の直轄地に関する御用を大岡が兼務するという、特例政策である。幕府直轄領の支配を担当する勘定所勝

▼辻守参
美濃（笠松）郡代の時、木曽川水系の治水で功績をあげ、勘定吟味役に昇進。

▼国役負担
関東〜畿内の河川のうち、二十万石以下の大名領を流れる河川における治水事業費用の九割を流域国住民の高役割負担とした。一割は幕府負担。

▼水野忠之
元禄十二年（一六九九）、兄忠盈（ただみつ）を継ぎ岡崎藩主（五万石）となり、奏者番、若年寄、京都所司代を経て、享保二年に老中に就任。

▼大岡忠相
山田奉行、普請奉行を経て享保二年江戸南町奉行に就任。元文元年（一七三六）寺社奉行に昇進、寛延元年（一七四八）加増され西大平藩主（一万石）となる。

▼関東地方御用掛
本来、勘定奉行配下の関東代官が務めるべき幕府直轄領の民政・事業を担当。

手方とは別に、大岡独自に地方御用専管の代官・与力・同心が配置され、「大岡組」とも呼べるプロジェクト・チームが編成された。民間から小林平六★・田中休愚《きゅうぐ》・蓑正高★ら地方巧者《じかたこうしゃ》を採用し、武蔵野の新田開発や、のち酒匂川の治水事業に乗り出していくことになる。

小田原藩預け地と酒匂川治水

代官不足によって、享保五年（一七二〇）から幕府直轄地近隣の家門・譜代大名へ直轄地の管轄を任せるという預け地政策も始まった。

享保六年、大久保家は元禄地震で倒壊・類焼した小田原城の諸普請がすべて完成したと幕府に報告した。それを待っていたかのように、翌享保七年八月、伊奈管轄下にあった旧小田原藩領のうち相模国七〇カ村・二万七千百石余が小田原藩の預け地となった。「起き返し（再開発）」が進んだので、七年間、残りの再開発と川除《かわよけ》普請は小田原藩に任せる。すでに再開発された村の年貢等を再開発・普請費用に充当してよい。ただし、七年経ったら荒地が残っていても預け地は小田原藩領に復領させ、その分の代替地もすべて召し上げるという。被災地の復興は途中であるのに、幕府が面倒見るのを止めて小田原藩に押し付けたのである。七年の間に復興を完遂しなければ、復興できない分はそのまま減収になってしまう。

▼**小林平六**
元浪人、享保十二年（一七二七）野村時右衛門とともに新田開発方に採用され、武蔵野の新田開発を担当。

▼**蓑正高**
通称蓑笠之助。休愚のもと堤普請を手伝い、享保十四年大岡配下の在方普請役格に登用、同十七年支配勘定格、休愚後任として酒匂川流域支配を担当。

早速小田原藩は酒匂川治水担当の奉行衆を決め、普請事業に取りかかった。とくに普請奉行には、かつて岩流瀬堤の修築を監督したことのある実務経験者伊藤郷右衛門《ごうえもん》★・熊本助大夫《すけだゆう》★を任じた。西流する新川通りと元の本川通りを調査して、事業の基本方針を立てた。酒匂川を元の流れに戻し、水下六カ村を含む新川通りの一二カ村の復興を目標とするが、当面は大口堤を閉め切らず本川筋にたまった土砂の除去と、各所で切れたままの本川筋および支流川音《かわおと》川筋の土手の修復・新築に専念することにした。

享保十年までに、新造・修復を合わせて本川右岸（西側）で計八・二キロメートル余、左岸（東側）で計五・三キロメートル余の堤が完成した。大口堤のある斑目《まだらめ》村のすぐ下流右岸の金井島村・吉田島村に新土手を築造、左岸の川音川合流点に三角土手（十文字堤）を築き、その下流金手村から桑原村にかけて新土手を築造した。

「大岡組」による大口閉め切りの功罪

享保十年（一七二五）十二月、大岡忠相《ただすけ》は小田原藩の留守居《るすい》を呼び出し、小田原藩に任せていた酒匂川の治水について、残っている大口の閉め切りは来年から幕府が公費で実施すると伝えてきた。七年間預けるといっておきながら、半分が

▼**伊藤郷右衛門**
宝永二年（一七〇五）六月の満水後、岩流瀬堤の修築を大奉行として担当。

▼**熊本助大夫**
元禄十三年（一七〇〇）六月の満水後、岩流瀬堤の修復を大奉行として担当。

文命堤碑（山北町岸・南足柄市斑目）

過ぎた所で、治水事業の仕上げに当たる大口堤は関東地方御用掛「大岡組」の手で実施するというのである。享保十一年二月から田中休愚の担当で岩流瀬《がらせ》堤の築造と大口堤の閉め切りが開始された。五月には完成し、それぞれの堤の上に文命碑が建てられ、「水神の祠（文命宮）」★も建立され、田中は貸し置いた一〇〇両の利息でもって毎年堤を守る祭礼を行うよう水下だった村々に命じた。

小田原藩に大岡の命令を拒む道は残されていなかった。「大岡組」にとってみれば、大口の閉め切りは新田開発だけでなく治水においても実績を残すことになり、伊奈ら勘定方の見放した事業を見事完成させてみせたことになった。

しかし、完成直後の七月の大雨で吉田島村と曽比《そび》村境、および金手村で堤が決壊した。翌享保十二年、一旦小田原藩の預け地が撤回され、「大岡組」によって吉田島村と左岸中流の土手復旧工事が実施され、流域村も「大岡組」代官岩手信猶《のぶなお》★が支配することになった。普請中に大岡自らが現地を視察しており、「大岡組」の威信のほどが感じられる。しかしながら、その後も享保十三年・同十六年・同十七年と大雨ごとに左岸中流域での堤防決壊が相次ぐ。

そして、享保十九年八月五日より降り続いた大風雨によって、同八日の午前二時頃、岩流瀬・大口両堤、さらに下吉田島村堤・川音川堤をはじめ、中・下流域の各所で堤が決壊した。田中休愚の大口閉め切りによって「末代まで切れまじ」と信じ切っていた水下六カ村を中心に、濁流に飲まれて約七〇名の犠牲者を出し

▼文命宮
古代中国で治水に業績のあった禹（う、文命）王を祀る社。

▼岩手信猶
元小普請（旗本）、享保七年（一七二二）大岡配下の代官となる。

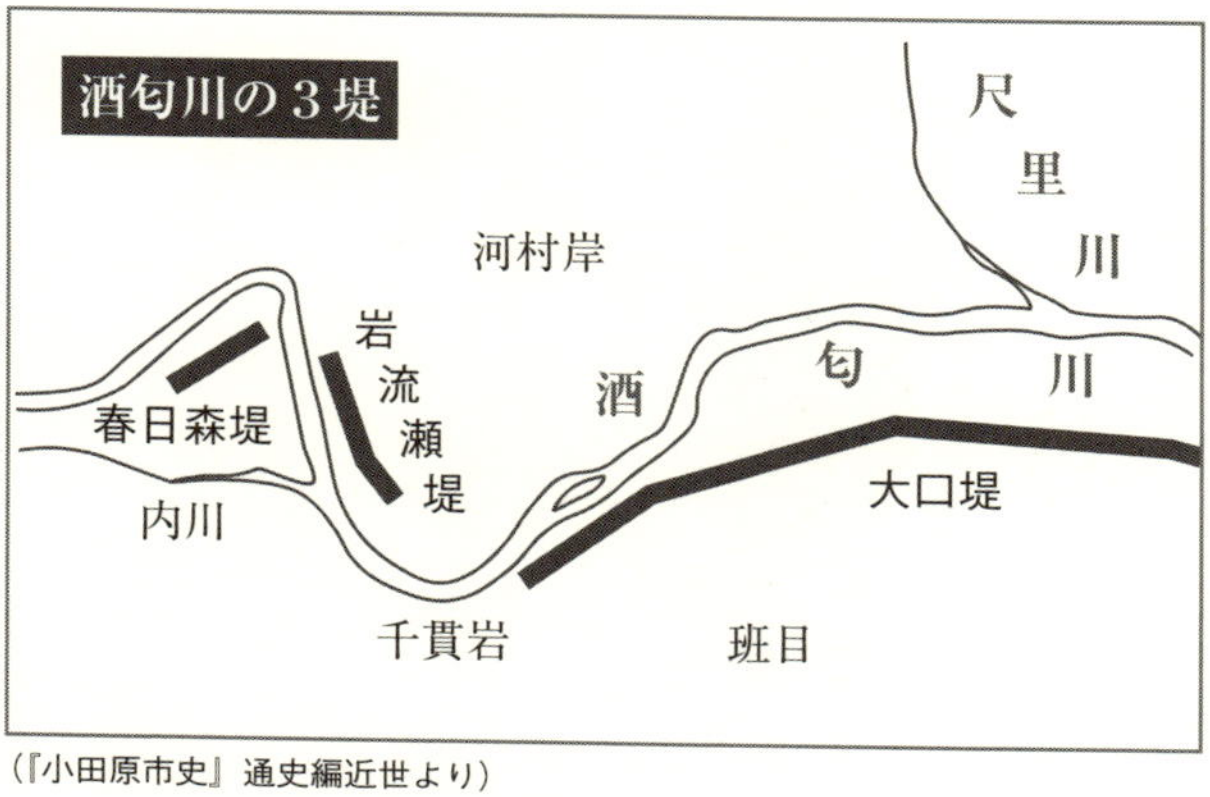

（『小田原市史』通史編近世より）

てしまった。富士山噴火では人的被害が確認されていないのに、幕府が造った堤は大丈夫と信じたがために二次災害で多くの犠牲者を出したのは皮肉なものである。

時間をかけた復興

翌享保二十年（一七三五）に大口・岩流瀬両堤の修築を行ったのは、田中の娘婿でもある当時支配勘定格★の蓑正高であった。この両堤は一層堅固に造り直されたため、宝暦七年（一七五七）に大口堤が決壊するまで二十三年間持ち堪《こら》えた。こうして日常的な水害から解放されることによって、ようやく足柄平野の再開発が途に就くことになる。

元文元年（一七三六）には酒匂川河口から川村岸★までの引き船（川船）運航が再開する。同三年には足柄上・下郡八五カ村の入会《いりあい》山が再編成された。里村の復興が進み、刈敷《かりしき》★など里山の利用で出入り・紛争が起きないようにするためである。

このような復興を前提に、延享四年（一七四七）八月にもと小田原藩領であった相模国足柄上・下郡（酒匂川右岸地域）と駿河国駿東《すんとう》郡合わせ一〇三カ村・計二万八千四百四十五石余が小田原藩領に復帰する。それでも、藩の財政状況はいまだ火の車で、明和年間（一七六四〜七二）でも家中へ支給する知行米・扶持米は江

▼支配勘定
幕府勘定所で勘定の配下で実務担当の役職として支配勘定がある。格・並は、役職相当の家格・身分にない者が就任中、役職に準じた地位・俸禄等を認められる肩書き。

▼川村岸
現山北町。

▼刈敷
刈り取った草・木の葉を土に埋めて腐らせたものを田畑に敷き込んだ。自給肥料。

戸期を通じて最低水準だったという。知行取の受け取る蔵米が俵ではなく袋に入れて支給されたことから、のち「明和の袋米」とも呼ばれた（「吉岡由緒書」）。

天明三年（一七八三）三月、相模・駿河二カ国で噴火後に幕府直轄領となって戻されていなかった酒匂川左岸の村など旧小田原藩領計一万八千十四石余★が返却された。酒匂川流域村が公私領が入り組んだままでは川除普請に差し支えると、小田原藩側から幕府に願い出て実現した。七十六年目にして、城付領はようやく噴火以前の一円支配体制に戻ったのである。これ以降、酒匂川の治水事業は小規模なものは小田原藩の「自普請《じぶしん》」で、大規模なものは「公儀（国役）普請」で行う規模別分担方式となる。

▼計一万八千十四石余　前年上知された真岡領二十一カ村に替えて、相模・駿河・武蔵・常陸五カ国で四十七カ村を拝領。

これも小田原

日向《ひゅうが》屋敷の由来

現在小田原駅東口の再開発によりホテルを含む複合施設が建設中の場所を、かつて日向屋敷と呼んでいた。貞享《じょうきょう》三年（一六八六）、大久保忠朝《ただとも》が入封したのち呼ばれることになる地名だ。稲葉期に日向屋敷であった所を十二軒に割って家中《かちゅう》屋敷としたといい、その後地名として残っていく。

さて、この日向屋敷の由来については、大久保忠《ただ》隣《ちか》改易後、その妻妙賢院《みょうけんいん》（石川日向守《ひゅうがのかみ》家成の娘）が閑居《かんきょ》した屋敷跡だったことによるといわれている。「大久保家秘記」や「相中襍志《そうちゅうざっし》」をもとに「近世小田原史稿本」により通説化した由来だ。小田原市教育委員会が平成元年（一九八九）に建てた石柱にも、そのように彫られ説明されているが、間違っている。

妙賢院はお谷津《やつ》様と呼ばれ、慈眼《じげん》寺《じ》の南にあたる御《ご》前曲輪《ぜんぐるわ》に住んだといわれている。まず、谷津では場所が違う。

天和《てんな》元年（一六八一）十二月、酒井日向守忠能《ただよし》が改易となったのち、離縁とはならなかったものの、その妻お清《せい》（稲葉正則《まさのり》妹）を実家である稲葉家で引き取ることになる。「稲葉日記」によれば、翌天和二年六月、「日向守様奥様（お清）」は小田原城下の揚土《あげつち》に屋敷を建てて引き移ったとある。つまり、日向守様奥様の屋敷にちなんだ地名ということになる。場所も揚土で辻褄《つじつま》が合う。

しかし、わずか三年後、稲葉氏が越後高田に国替えになってしまい、屋敷跡地は再び区画割りされ大久保家臣の屋敷地となっていく。その後、元「日向屋敷」という地名が誕生するわけで、それ以前には出てくるはずのない地名だ。

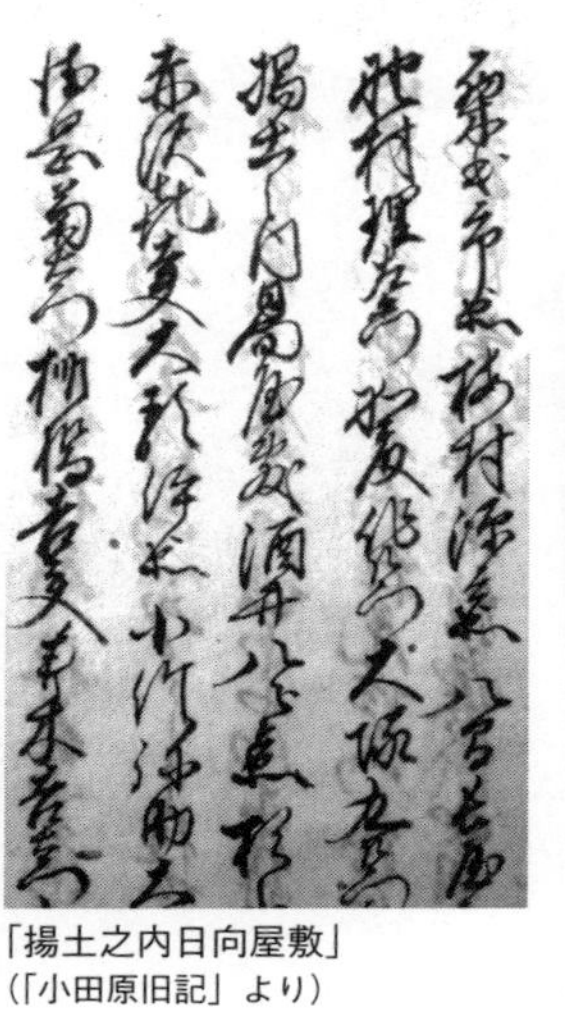

「揚土之内日向屋敷」
（「小田原旧記」より）

これも小田原

小田原用水

箱根を流れてきた早川の水を板橋村（小田原市）で取水した用水が東海道に沿って暗渠《あんきょ》で城下町を流れていた。城下には井戸も多数存在するので、住民はこの用水と井戸水を生活用水・飲料水や防火用水などに利用していたことになる。用水の一部は小田原城のお堀にも注《そそ》いでいた。某ＴＶ番組で紹介されていたが、城下の井戸水が塩《しょ》っぱいという話は聞いたことがない。城下の諸白小路《もろはくこうじ》では酒が造られたともいわれている。

小田原合戦の時の絵図に、やはり城下を流れる川や橋が描かれているので、小田原用水は戦国時代に開削された用水に間違いないようだ。欄干橋《らんかんばし》町・筋違橋《すじかいばし》町という町名もこの川に架かる橋にちなんだものだろう。

ただし、江戸時代の古文書や絵図では「用水」、また「水道」と書かれている。暗渠になっていたので、その形状を「水道」と表現したのだろう。残念ながら「上水《じょうすい》」と記した古文書はいまだに一つも見つかっていない。

唯一、幕府が編纂した『新編相模国風土記稿』に「早川上水」と見えるが、飲水にも用いたという説明から江戸の学者が上水と解釈したのかもしれない。ただし、同書の板橋村の記事中には「小田原用水」と見える。

この小田原用水、現在でも現役だ。昭和三十一年（一九五六）に国道一号をコンクリート舗装した時に、道の真ん中から歩道下に移動したが、今も国道に沿って流れている。

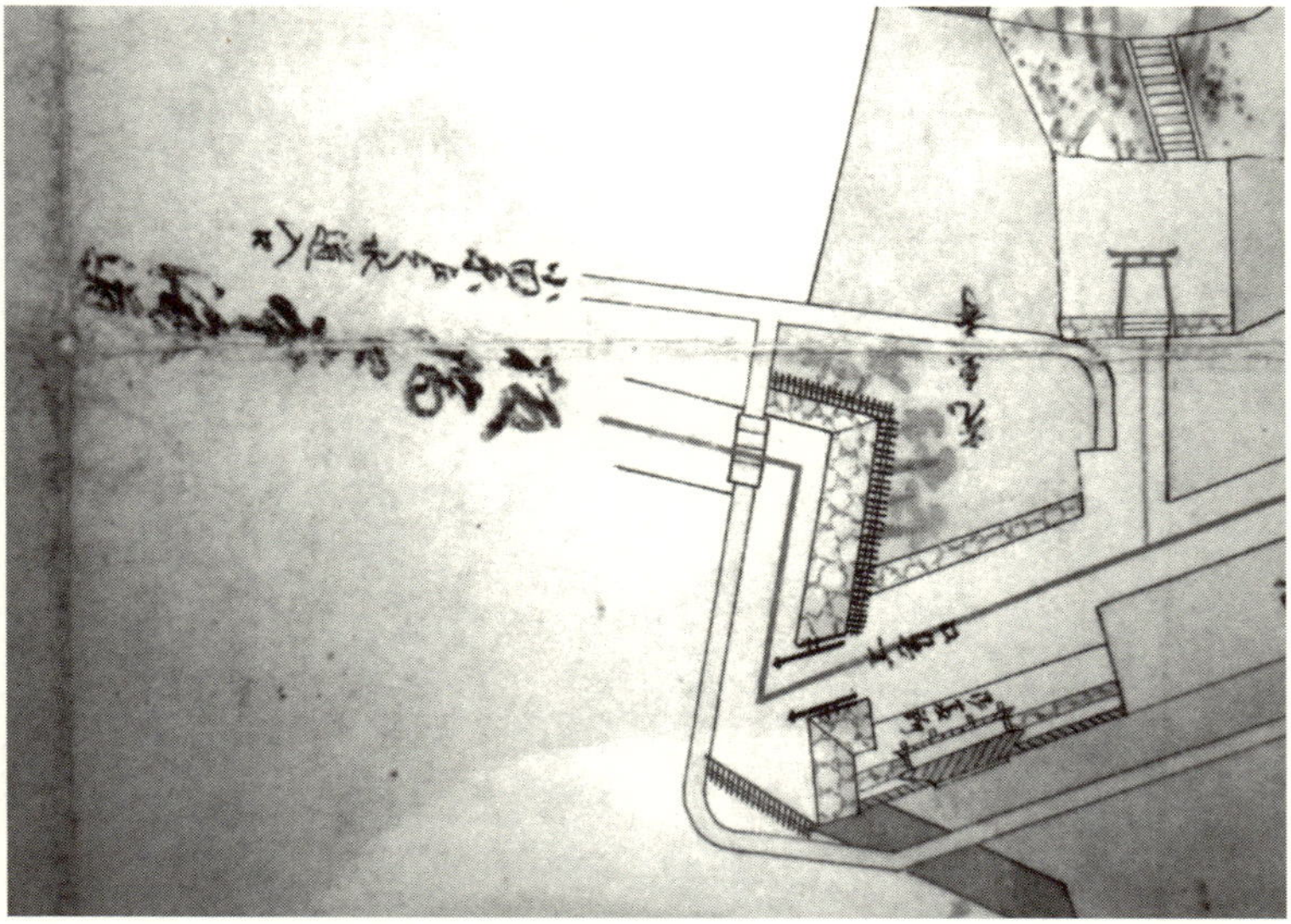

「小田原への水道入口」（「文久図」部分）

第四章 小田原藩領の人びと

江戸に近い土地柄が独自の文化・個性を生み出す。

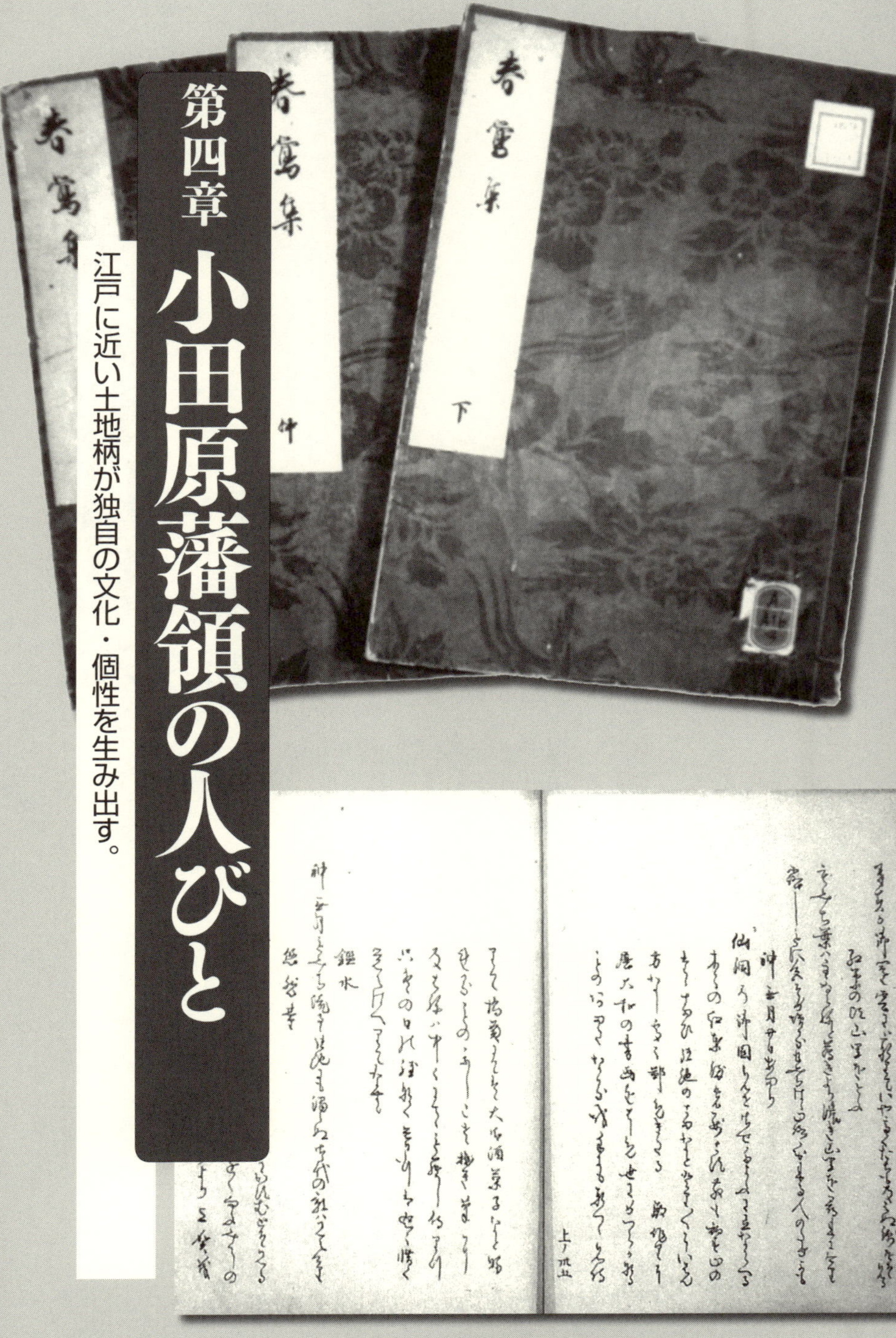

大久保忠真「春鶯集」（片岡文書）

①　殿様への御目見え

殿様の初入部は家中と領民へのお披露目が目的だった。
ただし、殿様への御目見えは由緒ある領民にしか許されなかった。
百姓と町人、お目見えはどちらが先か？　それが大問題だ。

藩主初入部の段取り

江戸中期以降、領民代表の藩主への御目見《おめみ》え儀礼は代替わり後、小田原へ初入部した際にだけとなった。相模国の城付領および御厨《みくりや》領・伊豆東浦《ひがしうら》領の代表たちが城下への入口である山王《さんのう》口（江戸口）前後で出迎え、後日に寺社方・郷方（村方）・町方に分けて献上物持参で御目見えすることになる。

寺院代表の僧侶が小田原城にて藩主に御目見えする場合には、乗輿《じょうよ》★のままの登城が許された。外堀の大手門等を乗物のまま門番に黙礼するだけで三の丸★へと入り、内堀の馬出門《うまだしもん》で下乗《げじょう》することとされた。幕末期に城付領内で乗輿が許されたのは、古義真言宗寶金剛寺《ほうこんごうじ》・日蓮宗蓮華寺《れんげじ》・浄土真宗真楽寺《しんらくじ》・曹洞宗海蔵寺・同総世寺《そうせいじ》・同香林寺・黄檗《おうばく》宗紹太寺《しょうたいじ》・時宗蓮台寺（以上、現小田原市）・古義真

▼乗輿
乗物（引き戸のついた駕籠）に乗ること。

▼三の丸
外堀の内が丸の内（城内）。三の丸は家老はじめ重臣の屋敷地。

▼急養子
末期養子ともいう。世継ぎがない小田原藩主大久保忠愨（ただなお、三十一歳）が病没、死去後に養子縁組を願い出た。

▼忠礼
高松藩主松平頼胤の弟（元藩主松平頼恕七男）準之助。

▼婚礼
大久保家と姻戚関係にある常陸下館藩主石川総管（ふさかね）の妹亀尾と婚約、婚礼は文久元年（一八六一）二月。

言宗最明寺《さいみょうじ》（現大井町）・曹洞宗最乗寺・同長泉院・臨済宗極楽寺（以上、現南足柄市）・同早雲寺（現箱根町）であった。

安政六年（一八五九）に高松藩松平家から急養子《きゅうようし》★で大久保家を継いだ忠礼《ただのり》★が最初にお国入りするまでには、婚礼★や政情・海防出兵などが絡んで時間がかかってしまった。初入部の日程が取り沙汰されるようになると、まず万延元年（一八六〇）の年末、家中条目と郷中条目が触れ出された。藩主の代替わりに毎度発令されるもので、町方・寺社方にも出されたはずである。次いで御祝儀金の徴収が通達された。町方に一〇〇〇両、郷方に四〇〇〇両で計五〇〇〇両の御用金が割り付けられたが、内実は町郷の分限者《ぶげんしゃ》の献金が大きな割合を占めた。高額献金者は「御国恩」に対する冥加金《みょうがきん》献納を褒賞され、名字・袴・脇指《わきざし》★を許されたり、御酒・吸い物・真岡《もおか》木綿等を拝領した。こうした奇特者たちには「名主格」「名主並」という新たな名誉が付与される。これらの格・並をもって新藩主初入部当日、組合村取締役★・村役人や町方・宿方役人らとともにお出迎えの行列に加わることを許され、由緒ある領民代表の仲間入りをすることになる（「御領主様御入部記」）。

新藩主忠礼の御覧に入れるため小田原城と城下を描いた絵図が作成された。小田原市指定文化財の「文久図」である。城内の石垣・建造物の寸法、武家屋敷は家中名・坪数、町人町は各町表通りの間数《けんすう》などが詳細に記されている。かつて「嘉永御図」と呼ばれたこの絵図であるが、家中の名前は万延元年十〜十一月時

▼名字・袴・脇指　一般庶民は公的な場で名字（苗字）・袴・脇指の使用が禁止されていた。

▼組合村取締役　中間支配機構として設定された村組合の各代表。さらに幕末には三筋別に惣代取締役を置いた。

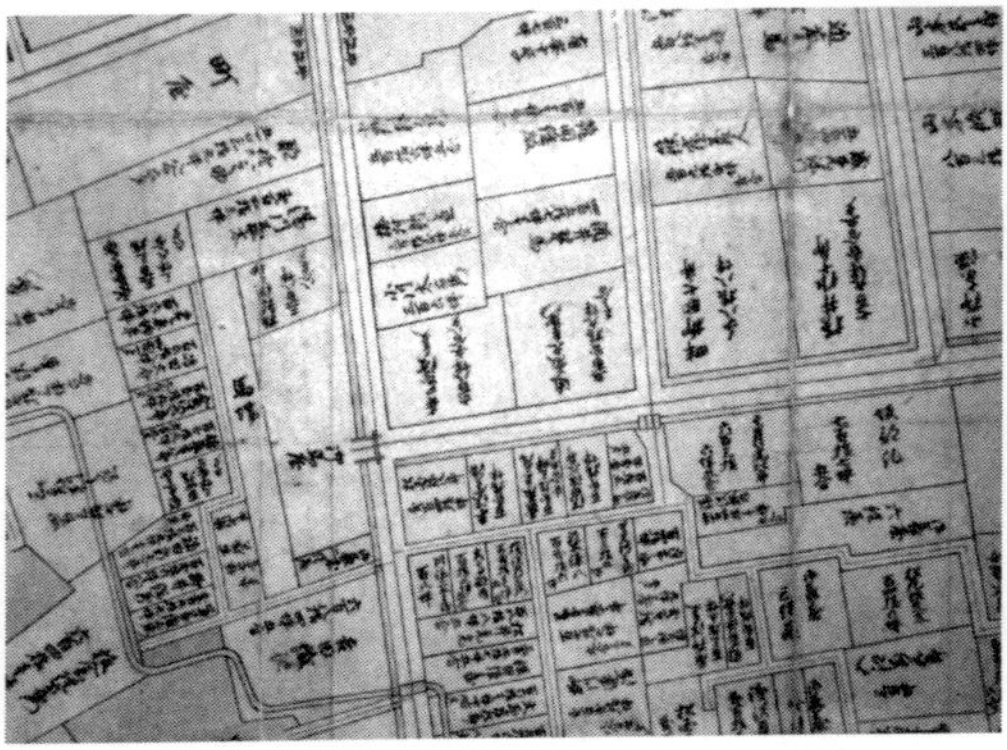

「文久図」に見える西海子の武家屋敷（小田原城天守閣）

点のものであるので、本来は「万延図」と呼ぶのが適当であろう。

なお、忠礼の初入部は和宮《かずのみや》★と将軍家茂《いえもち》との婚礼★を待ったため、文久二年（一八六二）二月十九日になってしまった。当日は小田原宿内通り町《ちょう》（東海道）の道筋には引砂《ひきすな》を施し、山王口番所前ともと唐人町入口の喰違《くいちがい》、それと浜手口の三カ所に清めの馳走《ちそう》（おもてなし）として盛り砂が飾られた。

御目見えで問題発生

江戸勤めや江戸勤番とならない家中にとってみれば、初入部がまたとない御目見えの機会である。家中の子息は願い出て御目見えを済ますことによって初めて正式な主従関係が承認され藩士、藩士の子として扱われることになる。多少年齢が足りずとも、初入部の際に子息を元服させ御目見えさせる家中も多かった。御目見えを済ませると御番帳（分限帳）に「御目見嫡子」「同二男」などと記載され、見習い勤めを始めることができた。また、幼少であっても御目見えが済むと「小児」と肩書きされ家督相続を保証された。

「御一代に一度」、二の丸御屋形《おやかた》にて殿様に直接お目通りする御目見え儀礼は、町方役人・郷方役人や由緒ある寺社にとってみれば歴代重ねてきた名誉ある儀礼である。それまでは、それぞれ日を改めて実施されていた。領民と大久保忠礼と

▼和宮
孝明天皇妹、親子内親王。有栖川宮熾仁（たるひと）親王と婚約していたが、公武合体の象徴として将軍家に降嫁。

▼家茂との婚礼
和宮が江戸に到着したのが文久元年十一月十五日、婚礼は同二年二月十一日。

の御目見えも寺社惣代については滞りなく済んだが、町方が先か、郷方が先かで大問題となってしまう。

かつて大久保忠顕《ただあき》★・忠真《ただざね》★・忠愨《ただなお》★の時は寺社方に続いて、郷方、町方の順であった。文久二年（一八六二）五月下旬、藩から翌月郷方・町方一緒の日に御目見えを受けると通告されると、まず町方から郷方とは別の日に、それも「お膝元（城下）」に住んでいる町方を先にしてほしいと町奉行に要望書が出された（「御領主様御入部記」）。藩が御目見えの順番を決めかねていると今度は郷方から、やはり町方より先にしてほしいと地方《じかた》役所に嘆願書（「御目見江一条願書控」）が出された。そうしなければ士農工商という「四民文字の義理」を失ってしまうからであった。結局、七月二十一日に殿様の城下見分もあるので、七月二十八日、同じ日に郷方、町方の順で実施し、次の代替わりから順番は交互に入れ替えるという指示があった。

この発表に納得できない郷方は、交互では恐れながら「上様の代替わりを待つ」ことになるので承認できないと、御目見えボイコットの再願書（「御目見郷町前後論再願書写」）を提出した。慌てた藩首脳陣は、町郷の御目見えは来年まで延期とし、今回は領民からの御目見えは受けず、忠礼の町方見分、郷中巡見で代替することにしてしまう。このように、御目見えは家中・領民の由緒や身分の確認の儀礼として大変大事なセレモニーだった。

▼忠顕
明和六年（一七六九）十歳で家督相続、安永五年（一七七六）十七歳で初入部。

▼忠真
家督相続する前年、寛政七年（一七九五）十五歳で初入部。

▼忠愨
天保八年（一八三七）九歳で家督相続、同十四年に十五歳で初入部。

②小田原宿の盛衰

宿泊客獲得のためならば飯盛女も許可となる。
文化・文政期に小田原城下は焼き尽くされた。
小田原宿報徳社を創立した由緒を持たない面々とは？

旅の風景の中の小田原宿

不運と不幸が重なり江戸暮らしに愛想をつかした弥次郎兵衛《やじろべえ》と居《い》候《そうろう》喜多八《きたはち》のコンビは、家財を売り払い御伊勢参りに出発する。酒匂《さかわ》川を渡り終えたばかりの二人に小田原宿の客引きが声を掛けてきた。

宿引「あなた方は、お泊まりでございますか？」

弥次《やじ》「貴様《きさま》、小田原か？　おいらぁ小清水か白子《しらこ》屋に泊まるつもりだ」

宿引「今晩は両家とも、お泊まりがございますから、どうぞ私方へお泊まり下さりませ」

弥次「貴様の所はきれいか？」

宿引「左様《さよう》でございます。この間、建て直しました新宅でございます」

歌川広重「道中膝栗毛 小田原泊り」（神奈川県立歴史博物館蔵）

弥次「座敷はいく間ある？」
宿引「はい、十畳と八畳と、店が六畳でございます」
弥次「据《す》え風呂はいくつある？」
宿引「お上と下と二つずつ、四つございます」
弥次「女はいくたりある？」
宿引「三人ございます」

お馴染み『東海道中膝栗毛《ひざくりげ》』の一節で、初版は享和二年（一八〇二）。その頃の旅の姿が彷彿《ほうふつ》としてくる。件《くだん》の弥次郎兵衛は小田原で泊まりたい旅籠《はたご》に見当を付けていた。小清水は宮前町《みやのまえ》、白子屋は本町《ほんちょう》に実在した旅籠屋である。おそらく伊勢講★や富士講★の指定となっていない旅籠屋は酒匂川端《ばた》まで出向いて客引きをせざるをえなかったに違いない。座敷が三つの旅籠屋にも風呂は四つあり、女将《おかみ》のほかに女中も雇っているという設定である。物語では、この夜喜多八はその五右衛門《えもん》風呂の底を踏み抜いて大騒ぎを起こし、同じ頃弥次郎兵衛は宿働きの下女に「今晩どお？」と声を掛けるのであるが空振りに終わるのであった。

▼伊勢講
伊勢神宮参詣の講。地域で組織、資金を積み立て、遠隔地からは代表者がグループで参宮。講ごとに決められた御師（おんし）の宿に泊まった。

▼富士講
江戸中期、江戸を中心に広まった富士山信仰。導者（参詣者）は浅間神社の御師（おし）の案内で富士登山した。

箱根一夜湯治《いちやとうじ》問題

箱根の温泉は湯本・塔之沢《とうのさわ》・底倉《そこくら》・宮ノ下・堂ヶ島《どうがしま》・木賀《きが》・芦之湯《あしのゆ》（すべて現

箱根町）の七つの湯からなり、多様な泉質を持ち、箱根七湯としては古くから湯治場として知られた。江戸後期になると江戸の住人たちは泊まりがけで江ノ島見物や大山詣《もうで》など、物見遊山《ものみゆさん》という行楽を身に付け出し、さらに足を延ばして箱根の温泉場へ出向く者たちも増えてくる。なにせ箱根の温泉は箱根関所の手前にあるので関所手形も必要ない。

本来湯治は農民や職人たちが仕事の疲れや病気療養を目的に長期間滞在し、ゆっくりと体を癒やすのを常とした。しかし、旅の途中に温泉に一泊するという物見遊山スタイルの利用者が増えだすと、旅籠屋《はたごや》を多く抱える小田原宿と箱根宿にとっては死活問題である。文化二年（一八〇五）、間《あい》の宿《しゅく》★である湯本温泉や畑宿《はたじゅく》を相手取り、旅人の宿泊を取り締まってもらうよう道中奉行に訴え出た。しかし、気候や体調の急変の際には間の宿での臨時宿泊が認められていた。また、東海道を通行す

る旅行客が箱根の温泉に一夜湯治するのは時代の趨勢《すうせい》であり、両宿の訴願は庶民の旅の楽しみを奪いかねないとして却下されてしまった。

小田原宿に飯盛女《めしもりおんな》認可

宿泊客を増やそうと小田原宿がとった手段が飯盛旅籠の営業申請であった。箱根の温泉場への一夜湯治が公認されるや否《いな》や翌文化三年（一八〇六）、素通りする旅客の足を引き留めようと小田原宿は飯盛女（食売女）の設置を願い出た。

飯盛女は宿場女郎《じょろう》とも呼ばれ、旅客相手の売春を黙認されていた。ただし、江戸の吉原など公認の遊郭とは異なって、さまざまな営業制限があり、何より領主および幕府の許可が必要であった。

宿場繁昌《はんじょう》の切り札でもあり、飯盛女の性的サービスで収益をあげようと小田原宿でも、かつて何度も小田原藩に願い出たことがあった。しかし、そのつど断られていたのであるが、一夜湯治一件で小田原宿側が敗訴すると一転、伝馬《てんま》・人足の継ぎ立てを担う宿場救済を理由に飯盛旅籠の営業が許可された。

もちろん条件付きである。まず、①五年間という期限が設けられた。ただし、五年ごとの期限延長は可能。②旅人に金を落としていってもらうのが目的であるから、領内の農民の利用は禁止。③飯盛女の人数は旅籠一軒につき二人を厳守、

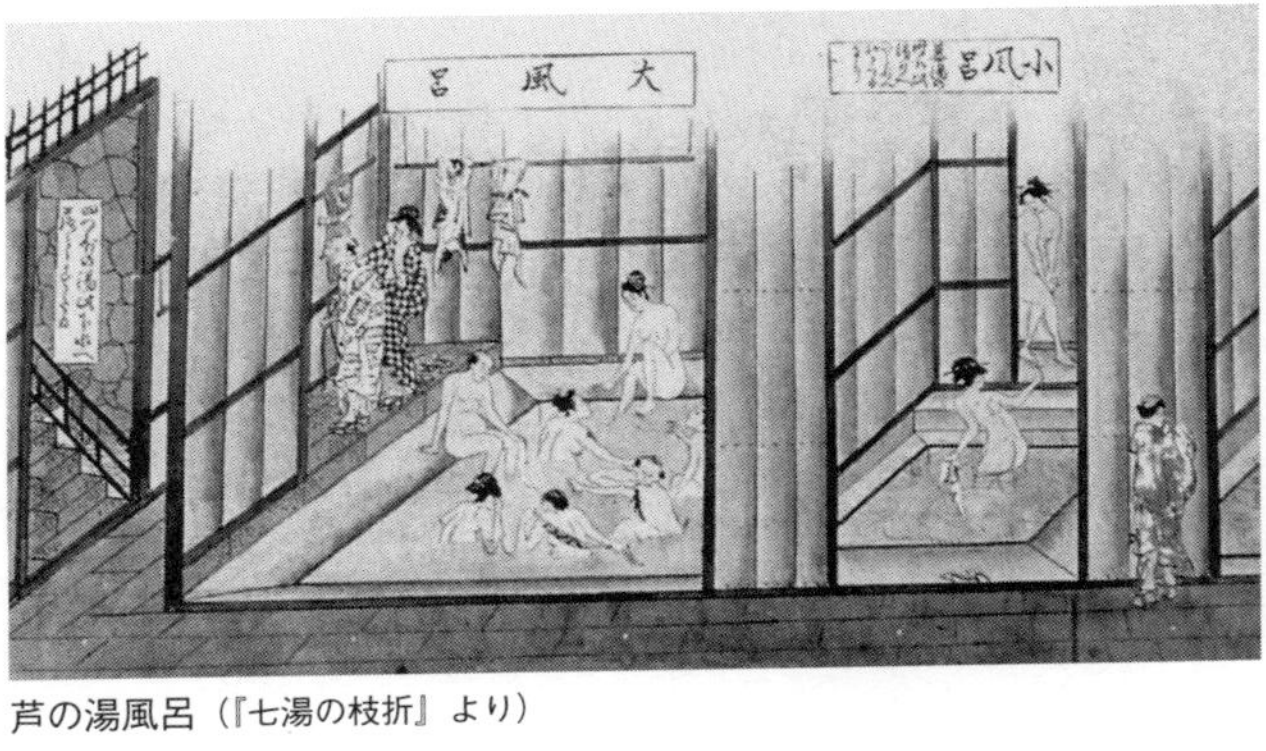

芦の湯風呂（『七湯の枝折』より）

▼間の宿
宿駅間に設けられた町場。休憩用の茶屋（旅籠）、荷宿、人馬の継ぎ立てをする立場（たてば）が置かれることもある。

三味線《しゃみせん》・笛・太鼓など鳴り物も禁止。

小田原宿では飯盛女の揚げ代の一部を刎銭《はねせん》と称して宿場の収入に組み入れることにした。安政三年（一八五六）「宿《しゅく》賄《まかない》請《うけ》払《はらい》勘定帳」によれば、小田原宿自治運営費としての総収入一九一七両余のうち、一四〇〇両は飯盛旅籠の宿助成刎銭であった。七パーセント程度ではあるが、少ない金額ではない。

焼き尽くされた小田原城下

文化十四年（一八一七）二月一日午後三時頃、筋違橋町《すじかいばしちょう》の裏店《うらだな》に住む大工半蔵《はんぞう》方を火元に燃え広がった火災は、南西の強風に煽《あお》られ町家から三の丸の武家屋敷へと燃え広がった。火の手は通《とお》り町《ちょう》沿いに町家・足軽長屋を焼き尽くし、山王口から城下の外、山王原村・網一色《あみいしき》村まで延焼し、翌日ようやく鎮火した。被災家屋は合計で一六〇〇軒を超え、小田原町は八割が灰燼《かいじん》に帰した。焼死者は二六人、そのほか行方不明者が一〇〇人を超えた（『明治小田原町誌』上）。

藩主大久保忠真《ただざね》が所司代として京都にあった小田原藩は、先に控える仁孝《にんこう》天皇★即位の大礼について所司代として経費支出が嵩《かさ》む一方、領内で相次いだ風水害を理由に前年幕府から五〇〇〇両拝借したばかりであったが、大火の翌月願い出て、追加で官金五〇〇〇両を拝借した。

▼仁孝天皇
文化十四年（一八一七）即位。

そうこうしているうちに同年七月十二日、足軽石川伝治方より火の手が上がり、家中屋敷三七軒のほか須藤《すとう》町・大工町・竹花《たけのはな》町の町家六七軒など合計一三六軒が焼亡した。復旧に四苦八苦している中、文政二年（一八一九）正月十日に発生した山角《やまかく》町を火元とする火災は筋違橋町から西海子《さいかち》通《どおり》・茶畑町裏まで、ちょうど二年前に焼け残った町方を中心に一〇〇軒上の町家を焼き尽くした。

さらに同四年三月七日、本町から万町《よろっちょう》、千度小路から青物町を焼失する火災が発生。これらの大火によって小田原城こそ無事だったが、城下は壊滅状態に陥った。

小田原宿報徳社

天保飢饉《ききん》は小田原町住人の生活にも大きく影響を及ぼした。困窮する城下住人らが地元出身の二宮金次郎（尊徳）に教えを受け、天保十四年に報徳士台金一六〇両を拝借し互助救済グループを結成する。小田原宿報徳社と呼ぶに相応《ふさわ》しいこの講的組織は、下館《しもだて》藩の報徳信友講★と並んで報徳結社としては一番古く、現在まで続く小田原報徳社の出発点にあたる。

このグループ・メンバーは実に変わっている。由緒ある町役人や有徳人《うとくにん》、素封家・実業家とはほぼ無縁の住人、むしろ在方商人の台頭に危機感を抱くような者

▼**報徳信友講**
下館藩の財政建て直し仕法とは別に、国元と江戸詰の藩士が組織した互助講。藩仕法とともに消滅。

たちの集まりで、家業の永続や無難な暮らしを目的として参加した。最初に尊徳に拝借金を願い出た世話人（代表）は、山角《やまかく》町の尾島屋忠次郎と欄干橋《らんかんばし》町竹本屋幸右衛門・高梨《たかなし》町百足屋《むかでや》孫七の三人で、仲間は計三六人であった。

忠次郎は飯泉《いいずみ》村★の百姓の出で、酒匂《さかわ》村★で水菓子・油売りをはじめ、名主新左衛門家での尊徳の話に感銘してから真面目に家業に励み、のち尾島屋の家守を頼まれ、荒物商いを生業《なりわい》としていた。また、幸右衛門は甲州八代《やつしろ》郡成田《なりた》村★の出身で、若い頃は博奕《ばくち》に明け暮れ村に居られなくなり、出奔《しゅっぽん》したのち竹松村★薗《その》右衛《え》門《もん》の養子となった。忰仙吉が大きくなると家督をさっさと譲り、小田原に出てもと中村屋の家屋敷を買い取り、飯盛旅籠屋を始めた。忰が親に似ず勤勉で、竹松村の一村仕法《しほう》で出精人《しゅっせいにん》★に選ばれ家作を修繕したのに感銘し、報徳を志したという。孫七は旅籠屋を営み日々の利益に四苦八苦していたが、やはり酒匂村名主と懇意であったことから報徳の話を聞き、心を入れ替えた人物である。

最初に拠出金（報徳加入金）を出したメンバーでは旅籠屋・飯盛旅籠屋が八人で多いが、塩油・瀬戸物・小間物・石・材木・古着・菓子をそれぞれ商う者、塗《ぬ》師《し》★・鋳物師《いもじ》などの職人や僧侶・座頭、そして尊徳の弟子である小田原藩士豊田正作なども含まれていた。小田原宿報徳社の貸し付け金運用は必ずしもうまくいったとはいえないが、彼らの中から菓子屋滝蔵★ように次代の報徳仕法の担い手が出現し、その人脈から報徳仕法が遠州や甲州へと広がりを見せていく。

▼**飯泉村・酒匂村**
現小田原市。

▼**成田村**
現山梨県笛吹市。

▼**竹松村**
現南足柄市。

▼**出精人**
節約・勤勉、家族の面倒を見、一生懸命働く百姓。尊徳は村人の入札で選ばれた出精人に褒美を与えた。

▼**塗師**
漆塗り職人。

▼**菓子屋滝蔵**
福山滝助。古新宿町住人。のち遠州（現静岡県）にて報徳社運動を指導。

③
小田原文人のネットワーク

小田原は江戸文化圏の内。
文人サークルに身分は不問だった。
忠真の和歌が京都公家世界で評判になる。

小田原俳壇

松尾芭蕉《ばしょう》が革新的な俳句を詠み俳風に新風を吹き込んだ時代、小田原の隣、大磯の鴫立庵《しぎたつあん》★の中興を大淀三千風《みちかぜ》★が志した（「鴫たつ庵縁起」）。元禄八年（一六九五）、西行《さいぎょう》の五百年忌を前に三千風が所縁《ゆかり》の庵を復活させるに際して、地域の文人たちも尽力している。入庵（元禄十四年）記念の句集「和漢田鳥《でんちょう》集」には小田原・箱根の俳人が多数句を寄せており、そのことがわかる。

十八世紀に入ると、箱根で没した宗祇《そうぎ》に思いを寄せる稲津祇空《ぎくう》★が箱根湯本の早雲寺の石霜庵《せきそうあん》に移り住み、法師風の俳風をもたらした。また、一時期庵主の不在だった鴫立庵を明和三年（一七六六）に再興した白井鳥酔《ちょうすい》★を中心に、小田原地域の俳人たちと江戸の佐久間柳居《りゅうきょ》★ら柳門派との交流も盛んになる。酒匂村の名

▼鴫立庵
西行の句「心なき身にも哀れは知られけり鴫立沢の秋の夕暮れ」に因み、寛文四年（一六六四）外郎一族の崇雪（そうせつ）が石碑建立、のち庵を結ぶ。

大磯鴫立庵西行堂（絵葉書より）

▼大淀三千風
俳人。鴫立庵に移り住み、庵主として俳諧道場を開く。

主鈴木新左衛門は俳号を杉鳥《さんちょう》と号し、鳥酔との交流が知られている。

鳥酔没後、天明六年（一七八六）頃に庵主を継いだのが加舎白雄《しらお》★で江戸・相模の俳壇を背負って立つことになる。その一翼を担ったのが大久保有隣《ゆうりん》（清幽庵）こと、小田原藩の家老大久保又右衛門忠信《ただのぶ》であった。小田原の蓮昌寺でたびたび句会を催し、小田原地域の俳人サークルを指導した。

俳句が取り持つ縁で「外郎売《ういろううり》」誕生

戦国時代より小田原で「透頂香《とうちんこう》」という薬を商う欄干橋《らんかんばし》町外郎家★は代々文人を輩出した。鴫立庵を創立した崇雪《そうせつ》も同家の一族だったといわれており、その後も外郎家は鴫立庵の庇護者であり続けた。

外郎家六代目の藤右衛門相治《とうえもんすけはる》は意仙《いせん》という俳号を持ち、その縁で江戸の歌舞伎役者二代目市川団十郎（俳号才牛）と親交を持った。薬の「ういろう（透頂香）」の薬効で持病が治ったことから、御礼の気持ちで創作した歌舞伎演目が享保三年（一七一八）正月、江戸の森田座で団十郎が演じた新作狂言「若緑《わかみどり》 勢《いきおい》曽《そ》我《が》」である。外郎売りの姿で薬の由来と効能を息も切らせず一気に述べ立てた。滑舌の早口台詞《せりふ》が大当たりとなり、「外郎売」が歌舞伎十八番の一つに加えられ、現在まで演じ続けられることになる。

その後の外郎家当主も代々俳諧・和歌を嗜《たしな》み、十八代藤右衛門治光《はるみつ》は俳号を以《い》

▼宗祇
飯尾（いのお）宗祇。室町期の連歌師。

▼稲津祇空
俳人。芭蕉門人榎本其角（きかく）に学び頭角を現し、晩年湯本に移住。

▼白井鳥酔
俳人、柳居門下。

▼佐久間柳居
旗本、俳人。旗本らの俳諧グループ五色墨派の中心。

▼加舎白雄
俳人、鳥酔門人。

▼外郎家
祖先は南北朝期、来日した中国人陳宗敬。医師・貿易商として室町幕府に仕え、一族宇野氏が小田原に来住。薬販売のほか、戦国時代に代官、のち町役人（宿老）も務めた。

市川海老蔵（二代目団十郎）の外郎売（「ういらう」絵葉書より）

春《しゅん》、十九代藤右衛門治吉《はるよし》は以珊《いさん》（のち菊外《きくがい》）といい、大久保楚南《そなん》らとともに江戸後期小田原俳壇で活躍した。以珊の妻は酒匂村名主新左衛門（俳号松升《しょうしょう》）の娘で俳号を仲女《なかじょ》という。外郎家の墓所は玉伝寺《ぎょくでんじ》にあり、以珊夫婦の墓石には二人の句が刻されている。

いさ《ざ》ゆかん須磨松島にまさる旅　以珊
経文《きょうもん》の声もかすかに峰の雲　仲女

文人藩士

文化・文政期となるとさらに小田原俳壇の裾野は広がり、武家・町人・農民と身分の垣根を越えて文人としての交流が繰り広げられた。この時期、飯泉《いいずみ》村勝福寺や城下山角《やまかく》町天神社の境内に芭蕉の句碑が建立されたのも、そうした背景に由来するものであろう。小田原俳壇をリードした藩士をあげてみよう。

大久保又右衛門忠洪《ただひろ》（俳号楚南、又玄亭《ゆうげんてい》）は有隣の嫡男で、小田原藩家老を務めた。藩校諸稽古所《しょけいこしょ》の創設に関わり、その総裁にもなっている。俳諧では鳴立庵八世の倉田葛山《かつさん》★門下にあり、小田原藩領域の俳人たちの中心にあった。

一方、江戸雪中庵★門下の雪門派で、小田原で重きを成したのが円城寺喜左衛門直徳《なおのり》（俳号嵐窓《らんそう》、六花苑《りっかえん》）である。城付領は勿論、飛び地領の代官をも務めたこと

▼倉田葛山
俳人。元松代藩士、白雄門下。
▼雪中庵
芭蕉門下の服部嵐雪の号。

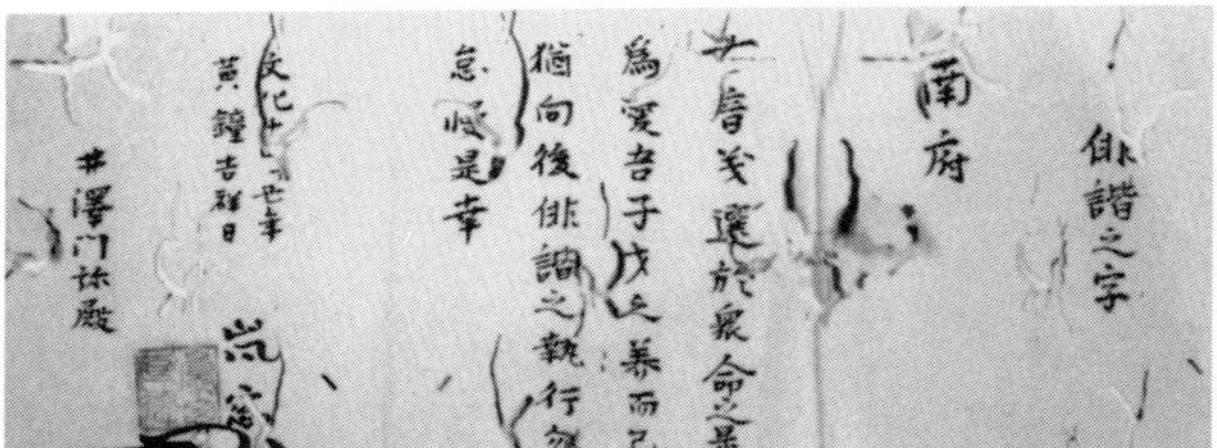

井沢門弥に俳号「南府」を授けた嵐窓の俳諧免許
（平塚市博物館井沢家文書）

から、赴任先の多くの俳人たちと交流した。嵐窓の弟寛作は藩士三浦家の養子となり、三浦完策と号し、やはり文人藩士としてその才能を発揮した。版行された俳句集「余綾集《こよろぎ》」をはじめ俳書「蛍雪集」「相模風流《さがみぶり》」などを編纂し、また小田原地方の地誌「相中襍志《そうちゅうざっし》」を著している。

国学と歌人

十八世紀中期、代官町綿屋の主人飯田弥一兵衛は慈峰《じほう》と号し、賀茂真淵《かものまぶち》★の門人であり、歌人でもあった。慈峰の三男喜兵衛も梁《うつばり》と号し、加藤千蔭《ちかげ》★に国学・和歌を学び、小田原地方の歌人として知られ、「梁詠草」「梁歌集」を残している。国学者清水浜臣《はまおみ》★が東海道を旅して著した「箱根日記」を見ると、小田原では綿屋に泊まったと出てくる。また、同書によれば、小田原では熊沢以亭《いてい》は古くからの知人とある。この以亭も真淵門下村田春海《はるみ》★の高足で、その死去に際して浜臣は追悼の歌を詠んでいる（「泊洦舎集《さざなみのや》」）。

藩主大久保忠真も詩歌で才能を発揮した。京都所司代として京都にあった時には堂上《とうしょう》歌人加茂秀鷹《かものすえたか》★に師事した。光格上皇《じょうこう》が御園見の会を催した際に参列を許され、忠真は二首詠んだ。

にぎはへる《（賑わえる）》都の民の夕けむり　冬ものどかに霞《かすみ》立つみゆ《（見ゆ）》

▼賀茂真淵
国学者・歌人。荷田春満（かだのあずままろ）に国学を学び古典・古道を研究。

▼加藤千蔭
歌人・国学者。賀茂真淵門下。町奉行所与力、田沼意次の側用人。

▼清水浜臣
古典学者・歌人。村田春海に古学を学ぶ。本業は医者。

▼村田春海
国学者。賀茂真淵に師事。本業は江戸の干鰯（ほしか）問屋。

▼加茂秀鷹
歌人。有栖川宮職仁（よりひと）親王に歌道を学ぶ。京都賀茂別雷（わけいかずち）神社の祠官。

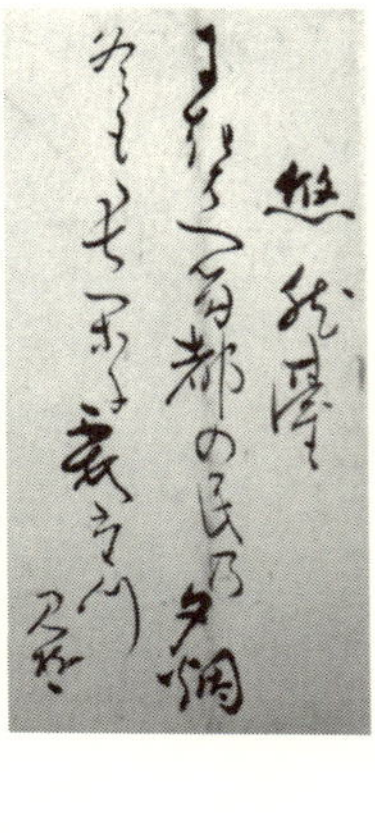
「霞立つ見ゆ」（「大久保忠真詠草」より）

春さらば花よ霞と匂《にお(わ)》はまし　今日は紅葉《もみじ》に酔《よう》ここちせり

これが上皇より秀歌と叡賞され、瞬く間に公家衆中にあって「霞の侍従《じじゅう》」と呼ばれるようになったという（『甲子夜話《かっしやわ》』）。死去後のことであるが、天保十三年（一八四二）には忠真の歌集『春鶯集《しゅんおうしゅう》』三巻が刊行されている。

小田原藩士では諸稽古所にて藩士子弟の教育にあたった吉岡儀大夫信之《ぎだゆうのぶゆき》があげられる。府生《ふせい》と号す。家塾水善舎を開いて庶民にも教えた。福住正兄《まさえ》★をはじめ門葉は数えきれない。『実方《さねかた》集私記』『伊勢物語論義』『仮名考《けみょうこう》』『矮宅紀事《わいたくきじ》』などの著書のほか、和歌の資料集「箱根草」を残している。

江戸に劣らぬ川柳《せんりゅう》を詠む

大坂から小田原に流れてきた藤井甚兵衛は、小田原筋違橋《すじかいばし》町にて呉服屋大甚を開いたが、文化十四年（一八一七）の半蔵火事にて焼け出される。江戸本郷の伊豆蔵という呉服屋に住み込んだ所、知遇を得たのが蜀山人《しょくさんじん》こと大田南畝《なんぽ》★。生来の洒脱《しゃだつ》な才能が花開き狂歌師紀軽人《きのかろんど》として芽が出る。小田原に戻ってからは一層作家活動に勤《いそ》しみ、その名も広まった。

早雲会の席にて「雪月花」の題に詠った歌が天神社に碑となって残る。

月はさす花はいただく酒宴を　雪より外につもり人《て》はなし

▼福住正兄
片岡村（現平塚市）名主大沢家に生まれ、二宮金次郎の桜町仕法を手伝い、嘉永三年（一八五〇）箱根湯本の旅館福住家の養子となり家督相続。箱根の近代化、報徳仕法の推進に貢献。

▼大田南畝
幕臣（御家人）、狂歌師。四方赤良・蜀山人とも号す。

紀軽人歌碑（小田原市南町・天神社）

4 リテラシーと学問

寺子屋の師匠には歴然とした地域性があった。
藩政改革の環として藩校諸稽古所が開校する。
小田原藩の洋学受容は砲術から始まる。

城下の寺子屋師匠は武士が多い

寺子屋で読み書きを習った生徒を筆子《ふでこ》といい、師匠が亡くなると筆子たちはお金を出し合い立派なお墓を造るようになる。筆子塚とも呼ばれている。十八世紀に入ると小田原藩領域でも、この筆子塚が見られるようになる。庶民もリテラシー（識字能力）が必要な時代となってきたことを意味する。初歩的な読み書きや、簡単な計算（算盤《そろばん》）は、それぞれの身分・生業にプラスになることは勿論、農家の二、三男や娘であっても城下の町家や武家で年季奉公するためには欠かせない。

小田原藩領では地域によって寺子屋の師匠に、それぞれ特徴が見られる。まず小田原城下では武士が半数を占め、その次が僧侶で、女性の師匠もいた。

藩儒★と呼ばれた小田原藩士の中には、家塾を開き身分の隔てなく庶民にも教え

▼藩儒
林家塾（湯島聖堂）や昌平坂学問所などで儒学を学び、家塾や藩校にて藩士子弟への教育を担当。

た者がいる。松隈《まつくま》氏は甚七・次蔵・謙之丞と三代にわたり「儒道心掛け候」につき番役など勤めが免除され（「安政五年順席帳」）、城下町人にも手習いを教えたことから、谷津の桃源寺にある墓所にはそれぞれ教えを受けた筆子たちによって石灯籠が多数奉納されている。宇野氏も同様で、寛政元年（一七八九）、家塾孤嶺《こりょう》館《かん》を開き、泰助（雷沢《らいたく》）・権之進（西海）・慎助（石梁《せきりょう》）と代々城下住人にも教えた。藩校の教師でもあった中垣秀実《ひでみ》（謙斎《けんさい》）も弘化三年（一八四六）、謙塾《けんじゅく》という家塾を開き、明治九年（一八七六）まで教え続けた。昭和四年（一九二九）に門弟たちにより中垣の顕彰碑が建てられ、現在城山の大久保神社★に残っている。

藩士牟礼《むれ》九左衛門（確翁）の妻タキは城下の女子に手習いを教え、慶応三年（一八六七）には一二〇人の筆子がいたという。のち、明治六年には公立小学啓蒙館の教員となった。また幕末に拝郷《はいごう》源左衛門武矩《たけのり》の妻いのも稚松《ちしょう》学舎という寺子屋を開き、明治六年には足柄県に寺子屋の継続を申請している。

僧侶による寺子屋教育

城付領の相模国足柄上・下郡の師匠は約六割が寺の住職で、次いで名主など村役人が三割を占め、判明している師匠の総数は二〇〇人を超える。

酒匂《さかわ》村の日蓮宗法善寺には元文四年（一七三九）に没した住職日迨《にったい》の墓石（笠塔

▼大久保神社
祭神は大久保忠世・忠真。明治二十六年（一八九三）小田原城天守閣に創建。同三十三年現在地（小田原市城山）に移転。

中垣秀実顕彰碑
（小田原市城山・大久保神社）

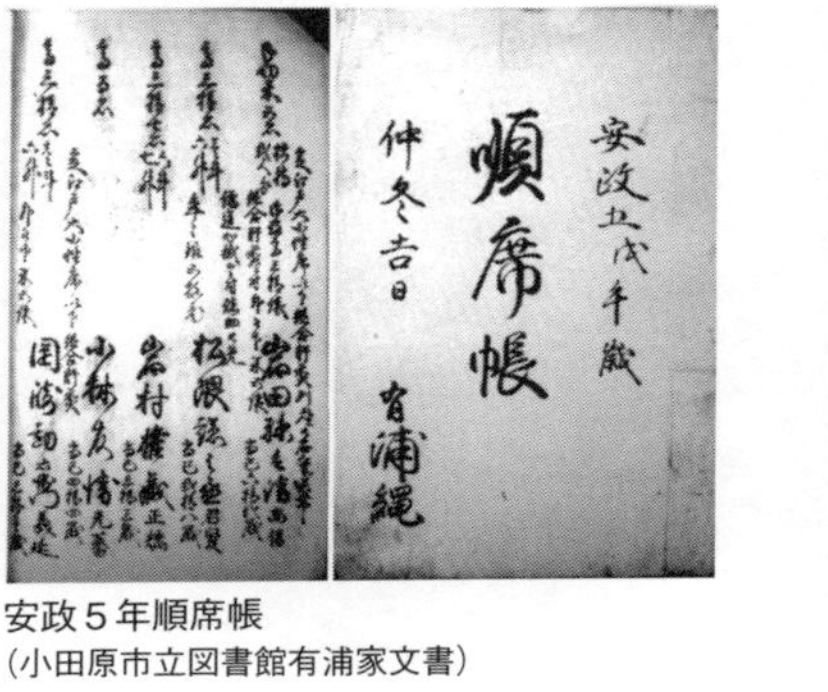

安政５年順席帳
（小田原市立図書館有浦家文書）

婆）があり、その側面には二人の弟子仙誠・堯誠のほか、二三人の筆子の名前が刻まれている。筆子にはよし・ちよ・よねの女性名のほか、鈴木姓三人、小島姓二人、川瀬姓二人、原姓二人などが見える。鈴木・小島はともに先祖が後北条氏の家臣で、帰農して村役人を務めた旧家である。

幕末、金子村（現大井町）熊野社の神官で別当円蔵寺の住職も兼ねた円山琇雄《しゅうゆう》（嶺外）が開いた寺子屋は、貧しい村人を数多く受け入れたという。没後、明治三十三年（一九〇〇）に石官型の筆子塚が築かれ、六三人の名を刻む石板が納められた。そのうちの一人は間宮（山口）左七郎★といい、明治になって大住・淘綾《ゆるぎ》郡長から湘南社★の代表となり地域の自由民権運動を牽引することとなる。

狩野《かの》村（現南足柄市）臨済宗極楽寺の住職の墓地にも筆子塚三基と筆子が献納した石灯籠が残っている。十九代の住職今川象外は俳人でもあった。三世六花苑《りっかえん》円城寺嵐窓《らんそう》ののち、四世は円城寺兆斎《ちょうさい》と落幡《おちばた》村（現秦野市）杉崎嵐泉《らんせん》の二派に分かれ、象外法全は兆斎の跡を継いで五世桃僊《とうせん》と号し、幕末の足柄俳壇で重きをなした。

ちなみに、御厨《みくりや》領の寺子屋は村役人などが過半を占めた。寺子屋の師匠といっても地域により特色があり、僧侶ばかりだとは限らない。

地域別寺子屋師匠の身分構成

		小田原城下		城付領（相模国）		御厨領	
	武家	22	（52.4%）	14	（6.6%）	4	（4.9%）
寺社	僧侶	7	10（23.8%）	108	122（57.3%）	19	21（25.6%）
	修験	2		10		0	
	神官	1		4		2	
庶民	農民	2	4（9.5%）	60	65（30.5%）	34	43（52.5%）
	商人	2		0		0	
	医者	0		3		6	
	その他	0		2		3	
	女性	2	（4.8%）	4	（1.9%）	1	（1.2%）
	不明	4	（9.5%）	8	（3.7%）	13	（15.9%）
	合計		42		213		82

▼間宮（山口）左七郎
金子村間宮家に生まれ、明治四年（一八七一）上粕屋村（現伊勢原市）山口家に養子に入る。

▼湘南社
明治十四年（一八八一）大住・淘綾両郡で結成された民権結社。

藩校諸稽古所《しょけいこしょ》（集成館）

小田原藩の藩士教育は、学問は藩儒が開いた家塾にて学び、剣術等はそれぞれ個別に師範に付いて稽古するのが一般的であったが、老中となった藩主大久保忠真の藩政改革の一環として藩校が創立されることとなる。異国船も出没する時節柄、藩士人材の育成が急務の課題と認識したことによる。門閥・家格にとらわれない人材登用を実現するため、家中子弟の資質の涵養《かんよう》、実力兼備を目指した。

文政五年（一八二二）正月、城下三の丸の勘定所跡地（二三一二坪）に、藩主御手元金一〇〇〇両を基金として用い、三浦三崎にあった陣屋★の一部を移築して開校したといわれる。正式名称は諸稽古所。天保年間の「小田原城図」によれば、現在の三の丸小学校敷地内には、講堂（集成館）を中心に、内堀側に槍場・習書場・剣道場が並び、校庭には馬場・薬草園・溜池が記されている。

御番帳外《おばんちょうがい》以上の子弟を対象とし、入学は九歳から許され、修学年限はとくに定められていなかった。教育内容は筆道（習字）は当然のこと、学問では朱子学が重んじられた。忠真が心酔した松平定信の影響★を感じる。経科では「四書」「五経」などの素続《そどく》・講釈（講義）・会読《かいどく》を基本とし、ほかに史科・文科があった。素続には吟味と呼ばれた試験や復習試験があり、講釈終了には学問吟味（卒業試

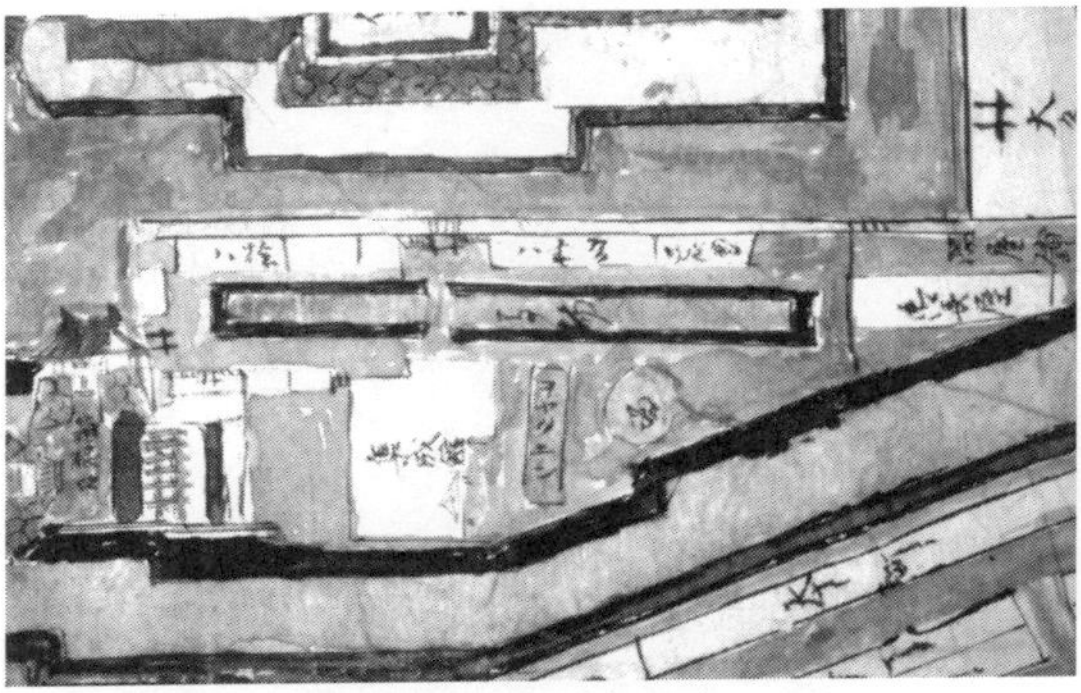

藩校諸稽古所（「小田原城図（天保図）」より）

▼**三浦三崎にあった陣屋**
海防で小田原藩は文政三年（一八二〇）浦賀援兵体制に組み込まれ、会津藩の三浦陣屋を引き継ぎ利用していた。

▼**松平定信の影響**
寛政改革における「異学の禁（朱子学以外の禁止）」を継承する文教政策とされる。

験）もあった。終了者は引き続き藩校にて武芸の研鑽《けんさん》や医術・水利など専門技術の追究、または任官していくことになる。武芸は弓・馬・剣・槍・砲術・兵学・柔術・棒術の八科に分かれ、体得者には師範から免許が授けられた。

小田原以外では文政十三年七月、江戸麻布の中屋敷内に儒学稽古所★が設けられたとされるが、詳細は不明である。

洋学の必要性

下田沖・相模湾・江戸湾への異国船の出没が増えるに従い、幕府の海防策と連動して小田原藩の海防派兵も増加する。藩校においての砲術教授は、師範ごとに継承されてきた流派を受け継ぐものであった。大筒《おおづつ》★では津田流・外記《げき》流・荻野流・中島流、田村矢筒★では奔電《ほんでん》流、棒火矢筒★では智徹流・中島流などがあった。しかし弘化三年（一八四六）、アメリカのビッドル艦隊の浦賀来航を機に、小田原藩もその保持兵器の増強の必要性を通感することになる。

嘉永元年（一八四八）、小田原藩は武備の強化に着手し、西洋砲術をはじめ洋学・蘭学を導入するため、若くて有望な家臣の藩費遊学を始める。まず、下級藩士から松国弥八郎（二十八歳）・別府信次郎（十八歳）・深水《ふかみ》鉄三郎（二十六歳）の三名を伊豆代官江川英龍《ひでたつ》★の韮山《にらやま》塾に入門させた。カノン砲★の打ち方稽古や鹿狩《しかがり》での

▼儒学稽古所
樋口起之介（八十石取）が儒学稽古世話役となった（『御家中先祖並親類書』）。

▼大筒
二十匁（七十五グラム）以上の弾を用いる火縄銃。台座・土俵で固定して発射。普通の火縄銃の弾は四〜六匁。

▼田村矢筒
束ねた矢を放つ大筒。重さ一貫五百匁（約五・六キログラム）の大筒で一度に五十五本の矢を飛ばした。

▼棒火矢筒
先に焼夷薬を包み、羽根のある棒火矢を大筒で飛ばした。大筒は百匁玉筒を用いた。

▼江川英龍
通称は太郎左衛門、坦庵と号する。幕臣でありながら許されて長崎の高島秋帆に西洋流砲術を学ぶ。韮山に反射炉を築き西洋砲を生産。

▼カノン砲
キャノン砲ともいう。射程距離を延ばすために銃身が長い西洋砲。

実地教練を重ね、二年後の嘉永三年三月にはそれぞれ免許皆伝となり、その後も同五年四月まで韮山塾に通った。

帰藩後は三人とも家禄を加増され、藩の海防において重責を任された。台場建造・大砲製造や藩兵の訓練を主導し、藩校での砲術指導も担当することになる。たとえば嘉永元年三月、学び始めたばかりの三人によって小田原にてカノン砲の試射を行ったが、この時の的までの距離は五町（約五〇〇メートル）であった。同三年四月の砲術訓練では、新造なったモルチール砲★を使用し、早川口の浜蔵前の浜から山王原《さんのうばら》村沖合をめがけて試射した。最長二四町（約二六〇〇メートル）先に着弾したといい、多少なりとも外敵に脅威を与えうるものとなった。

三人の中でも別府は安政元年（一八五四）に江戸詰めとなり、翌二年江川英龍没後は韮山塾生へ砲術稽古を指南したり、同三年からは幕府の大砲鋳造をも手伝うことになる。

また洋式砲術だけではなく、小田原藩は文久三年（一八六三）、藩校医学学頭であった富田元道《げんどう》の子晩斎《ばんさい》を大坂の適塾★に入門させている。医術は勿論、蘭学全般を学ばせるためであった。それ以前にも市川蘭好《らんこう》は杉田玄白に師事し西洋医学も取得しており、その子孫の市川玄智《げんち》は佐倉の佐藤泰然《たいぜん》★（順天堂）のもとで医学修業を積んでいる。こうした西洋の知識・医学も藩校で教えられた。

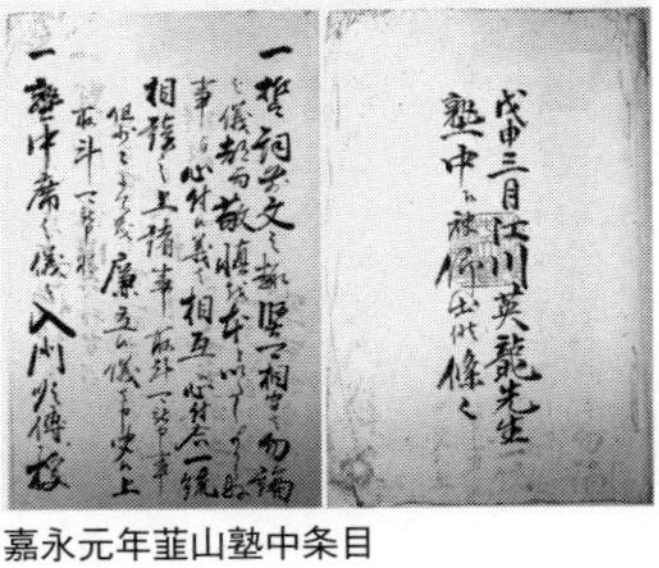
嘉永元年韮山塾中条目
（小田原有信会文庫）

▼モルチール砲
臼砲（きゅうほう）。銃身が短く重い弾を曲射（四十五度）で飛ばし、城壁などを破壊する火砲。

▼適塾
天保九年（一八三八）、緒方洪庵が開いた蘭学の私塾。正式名称は適々斎塾。

▼佐藤泰然
蘭方医。佐倉藩に招かれ、天保十四年（一八四三）、佐倉に病院兼医学塾の順天堂を開設。

これも小田原

小田原の名物・名産①

《ういろう》

城下ナンバー1の観光名所といえば、北条早雲（伊勢宗瑞《そうずい》）の招きで小田原欄干橋《らんかんばし》町《ちょう》に移り住んだという由緒を有する薬舗外《うい》郎《ろう》だ。八棟《やつむね》造りの店構えと、店先に飾られた虎の置物が旅人の目をひいたという。

八棟造りのういろう
（「ういらう　絵葉書」より）

件《くだん》の二人連れが店先で、北八《きたはち》「おや、この家《うち》には屋根に大分凸凹《でくまひくま》のある家だ」、弥次《やじ》「これが名物の外郎だ」、北八「一つ買うてみよう。味《うめ》えかの」、弥次「味えだんか、アゴが落ちらぁ」、北八「おや、餅かと思ったら薬店だな」、弥次「はははは、こうもあろうか」。江戸時代の旅人も、てっきりお菓子のういろうと勘違いしたらしい。

透頂香《とうちんこう》という丸薬《がんやく》がういろうの名で親しまれ、お菓子のういろうも家名からういろうと呼ばれるようになったとされる。

《小田原提灯《ちょうちん》》

箱根越えの山道、のんびり歩いていたら陽《ひ》が暮れる。そこで便利なのが小田原生まれ、折り畳み式の携帯提灯。「えっさ、えっさ、えさほいさっさ。お猿の駕籠屋《かごや》だ、ほいさっさ。小田原提灯ぶらさげて……」となったようだ。

江戸前期、新宿《しんしく》町の甚左衛門《じんざえもん》の発明といわれ、その流れをくむ二軒（新宿町・万町《よろっちょう》）のみで製造・販売された。折りたためて懐に入れられ、雨風でも破れにくく、かつ、道了尊《どうりょうそん》（南足柄市・最乗寺）の御神木（杉）を材料としていたことから、夜道の狐狸妖怪《こりようかい》にも惑わされないと評判になり、江戸中期には全国的に知られるようになる。

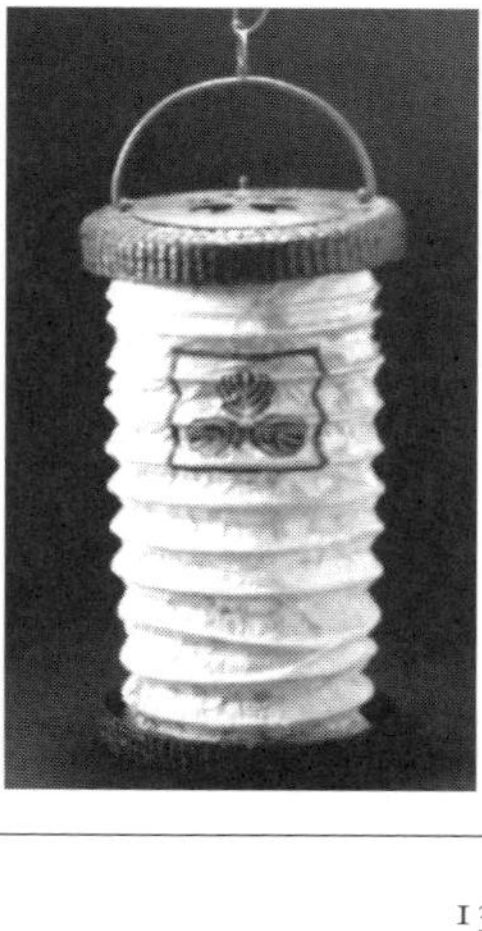

小田原提灯（小田原市郷土文化館）

現在、JR小田原駅の東海道線ホームでは「お猿のかごや」をアレンジした発車メロディーを使用している。「小田原提灯ぶらさげて」までのロングバージョンを聞けたら超ラッキーですよ。

第五章　大久保忠真の時代

父親、幕閣、家中、領民の期待を一身に背負った忠真。

大久保忠真像（模写、小田原城天守閣蔵）

①藩財政の浮き沈み

各地に分散する領地が藩財政の足を引っ張っていた。
小田原藩は城下の商人たちに御用金・先納金の調達を任せた。
藩主忠真の出世が藩財政好転の引き金となった。

火の車の藩財政

享保元年（一七一六）・延享四年（一七四七）の替え地後、残っていたもと小田原藩領も天明三年（一七八三）・同五年の替え地によって戻り、相模・駿河・伊豆三国についてはほぼ噴火以前の領知規模となった。しかし、城付領の生産力回復には時間がかかり、また、飛び地も武蔵《むさし》・常陸《ひたち》・河内《かわち》・美作《みまさか》の各国に分散していたため、十八世紀中頃から藩財政は逼迫の度合いを強めた。

分散領知の改善を願い出るため、文化六年（一八〇九）、物成《ものなり》収納量の変遷を調べたデータ（「藩士覚書」）によれば、富士山噴火前の元禄十二年（一六九九）から五年間の平均値は、田からあが

天明7年の小田原藩領

国	郡	村数	石高	
相模	足柄上	75	28,150	54,455（47.1%）
	足柄下	78	26,217	
	淘綾	1	88	
駿河	駿東	90	15,664	16,992（14.7%）
	富士	5	1,328	
伊豆	君沢	13	2,938	4,376（3.8%）
	田方	7	1,438	
河内	交野	16	6,351	6,351（5.5%）
美作	久米北条	22	19,596	24,347（21.1%）
	久米南条	3	834	
	勝北	7	3,917	
武蔵	多摩	11	1,363	3,640（3.1%）
	葛飾	5	2,277	
常陸	河内	13	4,898	5,466（4.7%）
	真壁	3	568	
計		349	115,619石余（込高2490石余）	

＊国高は石未満は切り捨て表記。
（『小田原市史』通史編近世より）

る物成米四万八千四百九十四石《こく》余、畑方の取永《とりえい》三九八九貫文《かんもん》余で、永一貫文を米一石で換算すると合計で一年の総物成米は五万二千四百八十四石余であったという。一部復領したのち、寛延元年（一七四八）から五年間の平均物成は、計三万五千百十九石余しかなく、噴火前より三三パーセントも少なかった。そのため寛延二年、江戸小川町（上屋敷）から巣鴨への屋敷替えに際して、幕府から五〇〇〇両の引っ越し料を拝借している。復領成った天明六年（一七八六）以降の五カ年平均値は計三万八千百石余、まだ噴火前より二七パーセント減であった。こうした長期にわたる基礎収入の減少は、当然藩の借金を増加させた。

寛政十二年（一八〇〇）から十年間の平均値では、計四万四千七百七十二石余となり、噴火前の八五パーセントに達した。全国的に見ても江戸後期は年貢率が下がっており、噴火からおよそ百年経ってようやく生産力としては元の水準に達したと見てよい。

領内への御用金・先納金の賦課

上方《かみがた》領があるので大坂の大名貸し（金融商人）からも借金して

小田原藩の物成収納量の変遷

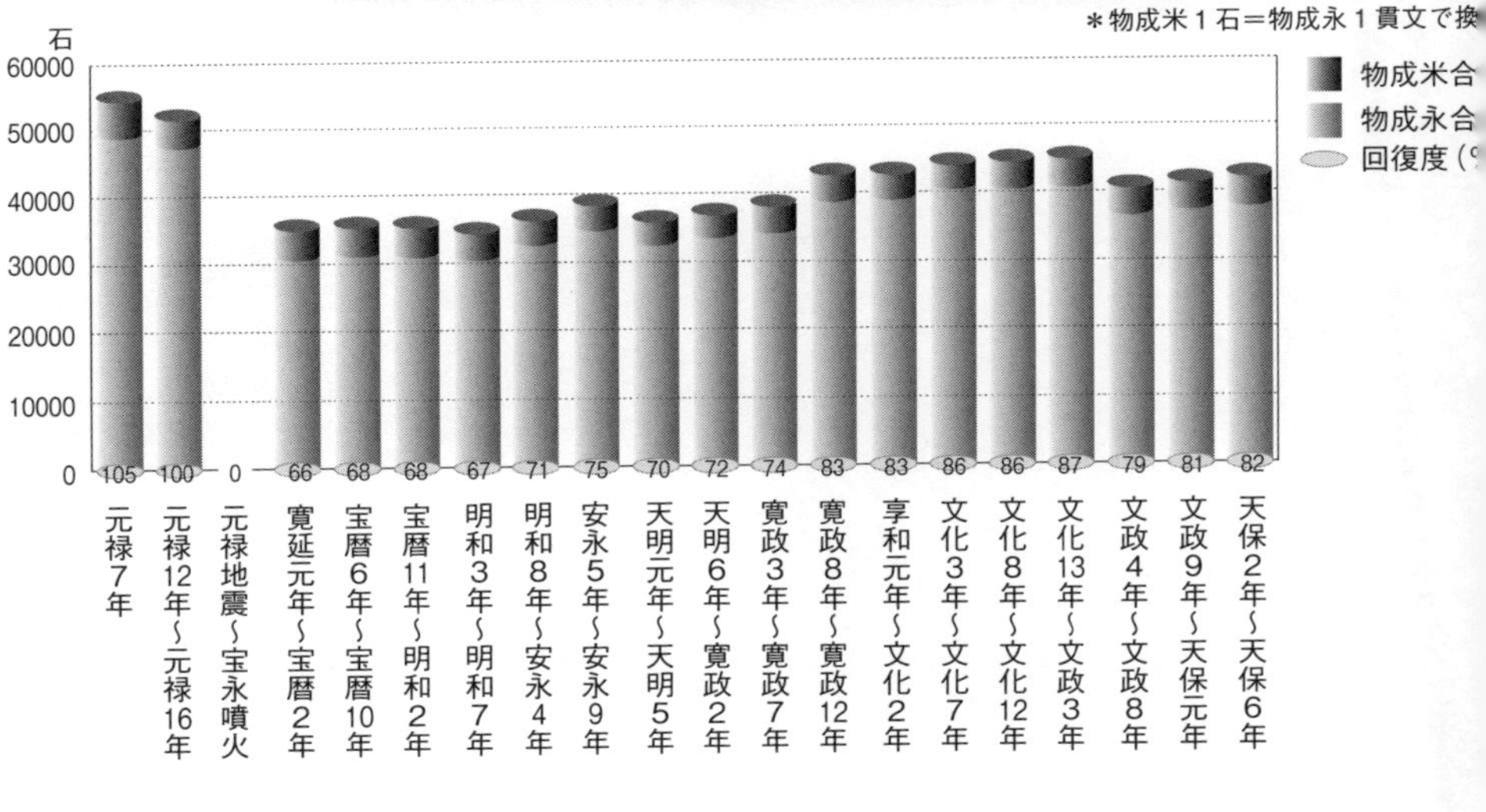

いたが、まず小田原藩は城付領、とりわけ城下の商人や在村の富裕層からの収奪強化に努めた。

享保十八年（一七三三）に城下万町《よろっちょう》の米屋権兵衛★、続いて欄干橋《らんかんばし》町の茶屋六郎兵衛、さらに竹花《たけのはな》町の込山伊兵衛の計三人を藩の勝手方御用聞《ごようきき》に任命し、三人には三～十人扶持と宿老《しゅくろう》★並の待遇が与えられ、藩主への御目見えが許された。御用聞といえば肩書きとしては申し分ないが、要は藩の要請に応じて御用金を取りまとめ納入する責任者である。宝暦十三年からは彼らに城付領からあがる年貢米を預けて貸し付け運用を任せ、藩は必要な分を御仕送りと称して前借りするシステムをとった。一方、領内村から掛け金を強制的に集め、御用聞に貸し付けて運用を任せ、当選者に一部返金するという恵民禄《けいみんろく》★を試行するが、これは失敗した。

年貢の増徴は勿論、領内村へ年貢の一部を前納させる先納金★も恒常化しだす。村側は割当てられた先納金を出せない場合、ほかから借金してでも都合することになる。宝暦六年には中里村ほか一六カ村が先納金のために借りた藤沢遊行寺《ゆぎょうじ》★の施堂金《しどうきん》★一〇一四両余について返済を滞らせ、遊行寺から幕府に訴えられている。

明和元年（一七六四）、新藩主大久保忠由《ただよし》★の初入部に際して祝儀金の先納を村々に命じ、同四年には江戸城の大名火消し役拝命を理由に、領内富裕者に郡中御用金を課した。これらの御用金（借用金）や先納金は一定期間据え置かれたのち村

▼米屋権兵衛
万町に住居。宝暦年間、小田原藩に八千九百両の御用金を用立てたという。

▼宿老
城下町人の町政運営を担当する町年寄（三名）のほかに置かれた名誉職。外郎（薬屋）・益田（本陣）・久保田（本陣）・小西（薬屋）など。

▼恵民禄
一口二百文ずつ、一村に何口と割り当てられ駿豆相で計六千口を集め、一口八百文での半強制的に貸し付け運用を計画。宝暦九年（一七五九）開始、同十二年に休止。

▼先納金
名目上は、藩が借用し後年返済（年貢と相殺）を約束する上納金。

▼遊行寺
時宗総本山の清浄光寺（しょうじょうこうじ）。上人（しょうにん）が諸国を遊行廻国した。

▼施堂金
寺社の建築・修理のために寄進された資金。幕府が許可・優遇した名目金（みょうもくきん）として貸し付け運用された。

側に返済されるべきものであるが、ほとんど返せないのが実状であった。たとえば、御厨《みくりや》領から十年据え置きで納めさせた先納金について、安永四年（一七七五）小田原藩は据え置き期間の六十年延長を一方的に通告せざるをえなかった。

大久保忠顕《ただあき》★が藩主の時代、安永二年（一七七三）に小田原藩は社倉金《しゃそうきん》を開始する。すでに、飛び地の美作《みまさか》領にて実施済みの仕法であった。村から年貢量の一・五パーセントに相当する米・金を積み立てさせ、組合村名主に預け、年利一五パーセントで貸し付け運用するという仕組みであった。利息の複利分は運用益として組合村内や近隣村に貸し付けられた。

社倉金は年貢高一・五パーセントの半強制的な積み立てであったため、出せない農民もおり、足りない分は分限者《ぶげんしゃ》から徳役《とくやく》★で出させている。貸し付けは藩の代官の管理下で行われており、藩の主導のもとに村内の富の再配分と安全な村内金融を貸し付け金運用によって達成しようとしたシステムであった。社倉金は寛政十二年（一八〇〇）まで継続し、一定程度の成果を上げて中止となっている。

天明の地震・飢饉と強訴《ごうそ》未遂事件

天明二年（一七八二）七月十五日、午前二時と午後七時の二度、小田原の西北部を震源とする地震が発生。小田原城の天守が「三尺（約九〇センチメートル）」

▼大久保忠由
前年、宝暦十三年（一七六三）九月、二十七歳で家督相続。

▼大久保忠顕
明和六年（一七六九）十一月、十歳で家督相続。

▼徳役
一律ではなく、経済的に余裕のある有徳人から任意の額・量を多く出させる役負担方式。

歪《ひず》んだ（傾いた）。藩御抱え大工の棟梁《とうりょう》川部匠大夫が城山にシャチ巻★を備え付け、天守を大縄で引き起こしたという。城下の町家・土蔵は七割方破損した。

翌天明三年正月、地震被害を理由に幕府から官金五〇〇〇両を拝借して復旧に取りかかったのであるが、七月に浅間山が噴火して冷害となり、天明飢饉が始まってしまう。年貢の減免が少ないとして十一月十七日から御厨領の農民が一〇〇〇名余、箱根関所まで押し寄せるという強訴《ごうそ》★未遂事件が起きた。

幕府に届け出た小田原藩の損毛《そんもう》は七万百二十五石余（約六〇パーセント）であったという。遅ればせながら、翌天明四年三月になって領内に夫食金《ふじき》として一〇〇〇両を三十年賦で貸し出している。

忠真《ただざね》の入閣と藩財政のやりくり

大久保忠顕の長男忠真は幼い頃から英明の誉れが高かった。十五歳になった寛政七年（一七九五）二月、幕命によって小田原へ初入部する。約半年かけて箱根はじめ各関所・街道筋・御要害を視察し、復領なった領内を隈無《くまな》く見て回った。藩主就任前のお国入りに、幕閣や家中・領民からの期待のほどが感じられる。翌寛政八年正月、忠顕の病気隠居後、忠真は家督を相続し小田原藩主となった。翌寛政九年十一月には阿波徳島藩★主蜂須賀治昭《はちすかはるあき》の娘典《のり》を正室に迎える。

▼シャチ巻
土台に据え付けた巨大な糸巻の心棒に梃子棒を挿して綱を巻き取った。

▼強訴
民衆運動・百姓一揆の一形態。正規のルートを採らずに集団で上意権力に訴え出た。幕府は一貫して禁止した。

大久保忠真像
（模写・小田原城天守閣）

▼徳島藩
二十五・六万石余。外様・国持大名蜂須賀家が一貫して藩主を世襲。

寛政十二年八月奏者番に任じられ、二十歳にしていよいよ幕閣への第一歩を歩み始める。文化元年（一八〇四）正月には寺社奉行に昇進し、奏者番首席を兼帯した。この頃から楽翁《らくおう》こともと老中の松平定信★のもとに足繁《あししげ》く通い、時局を論じては、所感を「春日閑話《しゅんじつかんわ》★」と題して書き留めたという。

同七年六月に大坂城代、同十二年四月には京都所司代へと転任する。このため、小田原藩の物成収入が回復したとはいっても、藩主の昇進および遠国《おんごく》勤めに出費は嵩《かさ》んだ。

文化三年以降、フヴォストフ事件★とも呼ばれる蝦夷地《えぞち》★へのロシア船来航・襲撃を契機に、幕府は房総〜相模湾〜伊豆の海防策を模索し始める。このことを受けて小田原藩も、同五年五月海防等非常時出役に当たり家中の召し連れる軍役人数を改定し、合わせて領内村にも出陣の際の夫人足《ぶにんそく》が割り当てられた。

この時期、小田原藩の物成収入は回復傾向にあったが、藩主の出世に伴い出費要因が増え、藩財政のやりくりが続く。文化七年（一八一〇）の忠真大坂城代就任に際しては、引っ越し料として官金を一万両拝借した。幕府はこの年十月、豊作であるから諸大名に非常用の囲い米を命じたのだが、小田原藩は登坂費用と台風被害を理由に、貯穀開始の先延ばしを願い出ている。その一方で十一月には、大坂城代就任の祝儀として領内へ村高百石につき三両ずつの御用金納入を命じている。加えて、幕府からの拝借金は同年末から返納の予定であったが、これも理

▼松平定信
天明七年（一七八七）老中首座として寛政改革を実行。寛政五年（一七九三）に老中を離職。白河藩主。

▼「春日閑話」
現存していない。

▼フヴォストフ事件
通商交渉に応じない日本に対し、ロシアの南下政策の一環として蝦夷地・周辺諸島への上陸・略奪・襲撃をくり返したロシア船長フヴォストフに因む。

▼蝦夷地
松前藩領を除く現北海道、および千島列島・サハリン（樺太）の一部。アイヌの居住区、松前藩が管轄。

由をつけて先送りし、結果的に二年後の同九年から何とか返し始めた。

　小田原藩は物成収入以外の収入を増やす目的で、領内の「国産国益（産業振興）」を財政策として推し進めていく。中でも漆・楮《こうぞ》・真木《まき》（材木）・薪などの生産については国産方役所を設置して積極的に対応していく。また、脇関所（番所）で炭などの移送に十分一（流通税）を取り立てたり、城下町商人の仕入仲間住吉講★や魚取り引きの五十集《いさば》商★仲間承認などの見返りとして冥加《みょうが》金を徴収した。

　さて何度も内願した結果、大坂への廻米に手間がかかる割に米値段の低い美作領二万四千二百九十四石余が、文化九年ようやく摂津・河内《かわち》へ所替えとなった。これは、同十二年、忠真の所司代への転任に際して上方直轄地から役知一万石を拝領したことと合わせて、上方での物成収入の増加・安定をもたらした。

　所司代就任中に、光格天皇★の譲位に伴う仁孝天皇の即位儀礼や中宮《ちゅうぐう》御所の新築、仙洞《せんとう》御所★・女院《にょいん》御所の修築など大仕事が相次いだ。仙洞御所の池の州浜《すはま》には領内吉浜《よしはま》村★から「一升石」を取り寄せ敷き詰めた。丸く扁平な形・質の良い石一つにつき米一升を与え、真綿にくるんで俵に詰め献上させた。その数二〇〇〇俵といわれる。

　文化十三年十二月には即位の大礼に向け京都御用を無事務めているとして官金五〇〇〇両の拝借が許され、さらに翌十四年の小田原城下の大火により、追加で五〇〇〇両を拝借した。幕閣であると官金の拝借も容易であった。

▼住吉講
米・酒以外の呉服・太物（ふともの）・荒物・水油・瀬戸物等を扱う小田原城下商人の船手荷受仲間。

▼五十集商
魚の仲買商人・魚問屋、魚屋。いさばは磯場（浜・魚市場）の意味。

▼光格天皇
安永八年（一七七九）即位、文化十四年（一八一七）譲位。在位三十九年。

▼仙洞御所
上皇の御所（居所）。皇居とは別に設けられ、一代限りの使用。建設・費用は幕府が負担。

▼吉浜村
現湯河原町。

仙洞御所の州浜
（『小田原市史』通史編近世より）

2 藩政改革の道のり

赤字解消には上方商人からの未返済借金を減らすのが先決。
手っ取り早く資金を調達するには積金趣法が一番。
年寄りの隠居と有能な人材の発掘は、いつの世にも改革の要。

水野忠成《ただあきら》政権の中での老中大久保忠真《ただざね》

文政元年（一八一八）九月、大久保忠真（三十八歳）は老中に昇進する。大久保家としては忠増《ただます》以来、百十六年ぶりである。その前年、将軍徳川家斉《いえなり》の世子《せいし》家慶《いえよし》の側用人から本丸老中格を兼務し、さらに忠真と一緒に本丸老中となって勝手掛を任されたのが水野忠成★。家斉の信頼を得て、天保五年（一八三四）まで幕閣トップとして金権・賄賂《わいろ》政治を展開する。その間に貨幣改鋳が断行され、改悪された文政金銀★は贋金《にせがね》と呼ばれ、「水《（水野）》の出てもとの田沼《（意次）》となりにける」とまで揶揄《やゆ》された。

水戸藩主徳川斉昭《なりあき》★は、生来まじめで勤勉実直な忠真に幕政の改革を期待したが（「山海二策」★）、如何《いかん》せん水野が政権内で金権派閥を形成していたので太刀打ちで

▼水野忠成
旗本岡野家に生まれ、旗本水野家に養子。家斉の小姓となり、天明六年（一七八六）老中水野忠友の婿養子、享和二年（一八〇二）家督相続し沼津藩主。

▼文政金銀
財源獲得のため金銀の純度を下げ出目（益金）を創出。

▼徳川斉昭
文政十二年（一八二九）藩主となり藩政改革を実施。御意見番として幕政にも建言。強制隠居後、海防ため幕政参与となった。死後、烈公と呼ばれる。

▼「山海二策」
徳川斉昭著。「山海二策抄（斉昭と忠真の往復書簡）」が小田原有信会文庫に所収。

きず、忠真もただ時を待つしか無かった。

老中就任とともに、小田原藩の上屋敷も芝海手《しばうみて》から江戸城近くの龍ノ口《たつのくち》南角に屋敷替えとなった。忠朝《ただとも》時代から長らく住み慣れた芝海手の大久保邸は回遊式の汐入《しおいり》庭園（楽寿園）として有名で、現在も旧芝離宮恩賜《おんし》庭園となって残っている。

藩政改革への着手

改革は、享和三年（一八〇三）七月家中に対して直書《じきしょ》（「惣家中江申聞候草案」他）でもって、財政難を乗り切るために旧弊を改め質素倹約に努めるよう訓示したことに始まる。幕府への軍役を全うするために武芸の鍛錬《たんれん》、武備の整備が唱《うた》われているが、まだ改革の具体策は伴っていなかった。

文政元年（一八一八）十一月、京都から参府する途中、忠真は小田原に三泊した。小田原を発つ朝、忠真は酒匂《さかわ》川の河原に駕籠《かご》を留め、領内の村役人を集めて訓示（「先御殿様御帰之節被仰渡書写」）した。六カ条からなる心得の第一条には「風俗を慎み、世並みの習《なら》わしに流れず、一途に実意を尽し精出し、古風を失わざる儀第一」とある。続いて、復興は達成しつつあるが、分限を守って家業に専念し、倹約に心掛けるようにと申し諭し、あわせて奇特人・孝人ら七二名を表彰した。この時、表彰された者の中に栢山《かやま》村の百姓（二宮）金次郎が含まれていた。

旧芝離宮恩賜庭園

これ以降、小田原藩の改革が推し進められていく。まず、小田原城三の丸にあった御用所★前に訴状箱、いわゆる目安箱が設置された。翌年には、治安対策から設けられていた組合村・取締役を大幅に改変し、組合限《かぎり》取締世話役を新たに置き、領内の統治・行政の中間機構として積極的に利用していく。

また文政二年には難村助成趣法《しゅほう》★という無尽講《むじんこう》をスタートさせる。藩が主導かつ一部出資し、領内村から掛金を集め、当たり鬮《くじ》への配当分の残りを困窮する難村に貸し付け（十年季・利息一〇パーセント）運用するという積み金趣法である。また同三年、家中に対しても低利（八パーセント）での貸し付けが始まった（八朱金）。家中・領民から加入金と称して出資金を募り、加入金には利息を付けて返却され、これも難村助成趣法と同様、民間の余剰資金運用という側面を有した。

文政三年十二月、常陸《ひたち》国にあった飛び地領五千四百五十七石余が相模国三浦郡内に替え地★となった。これは江戸湾防備体制へ小田原藩も組み込まれたことに由来する。同年以降、浦賀への海防援兵が相次ぎ、藩財政は軍役による出費という新たな要因に苦慮することになる。

藩借の整理交渉

大久保家は忠真が大坂城代に就任し在坂するようになって、大坂の大名貸しか

▼御用所
地方（じかた）役所ともいった。現小田原市公共職業安定所付近に置かれた。

▼趣法
仕法ともいう。取り組み、事業計画。

▼替え地
五千五百九石余。三浦半島南西部十八カ村（現三浦市・横須賀市の一部）。

らの借金が恒常化しつつあった。こうした商人は借金の引き当て（担保）に相当する物成米の販売を請け負う掛屋《かけや》となることで、藩の蔵屋敷に出入りし「御館入《おたちいり》」★と呼ばれた。藩財政の立て直しのためには、彼らから借用したまま返済できずに累積している藩借の処理が欠かせない。文化期末、幕府からの拝借金三万両★や韮山金★・馬喰《ばくろう》町貸し付け金★も含めて小田原藩の借金は合計二四万両余に達していた。

江戸後期、大名貸しを相手に借金の整理交渉にあたったのが年寄席の吉岡で「吉岡家由緒書」という記録を残している。忠真が藩主を継いだ直後の寛政八年（一七九六）に、まず勝手方御用人であった吉岡信郷《のぶさと》が大坂への出張を命じられ、年利三パーセントへの借金の利下げ交渉にあたった。

文政五年（一八二二）にはその子、年寄吉岡信基《のぶもと》らが上方に赴き鴻池《こうのいけ》善右衛門・同庄兵衛・鹿島屋和三郎ら豪商たちを相手に交渉にあたった。その内容は鴻池側の史料「小田原掛合控《かけあいひかえ》」からも判明する。たとえば両鴻池家から文政元年、計銀三〇〇貫目《かんめ》（金五〇〇〇両）を月利〇・六パーセント、五年据え置きの十年賦返済の約束で借用していたが、「赤面を忍んで」、その返済開始の五年間先送りを頼み込んでいる。交渉は粘り強く進められ、少しは成果があった。

▼御館入
御立入とも書く。大坂蔵屋敷に出入りする御用商人（金融商人）。

▼三万両
文化七年（一八一〇）大坂城代赴任手当てとして一万両、同十二年京都所司代赴任手当てとして一万両、同十三年京都御用・領内風水害につき五千両、同十四年城下火災につき五千両。

▼韮山金
文化六年（一八〇九）伊豆韮山代官江川英毅（ひでたけ）が官金の貸し付けを始める。

▼馬喰町貸し付け金
文化十四年（一八一七）、幕府は代官の貸し付け業務を馬喰町御用屋敷に集中させた。

積金《つみきん》趣法による資金調達

藩借返済の切り札として活用されていくのは、やはり積金趣法であった。民間で行われていた庶民金融システムである無尽講・頼母子講《たのもしこう》と同様に出資金を募り、会期ごとに入札《いれふだ》（抽選）により当選者に当選金を支払い、残りを貸し付け運用するものである。大名も何口か懸けて趣法に加わった。運用は民間（金融商人）に任せ、集まった積金を必要に応じて大名は融通してもらい、藩借の返済に充てた。幕府はこうした武家講を禁止したのであるが、禁止は有名無実化していた。

文化九年（一八一二）に計画された融通積金趣法は領内村を対象とし、一会に一〇〇〇口・三五〇〇両を集め、年二会ごとの当選金を五〇〇両とし、一〇〇〇両を満会割り戻し金の積み立てや経費に回し、残り二〇〇〇両を希望者に年利一〇パーセントで貸し付けるというものであった。十年・二〇会で満会とする趣法であった。

藩借返済を目的に小田原藩は、文政六年（一八二三）領内村と家中を出資対象とする大成《たいせい》趣法を計画した。「大成主法方」という役所も設けたが、これはうまくいかなかったようである。

文政八年江戸の豪商を相手に取りかかったのが惣益《そうえき》趣法である。江戸の御館入

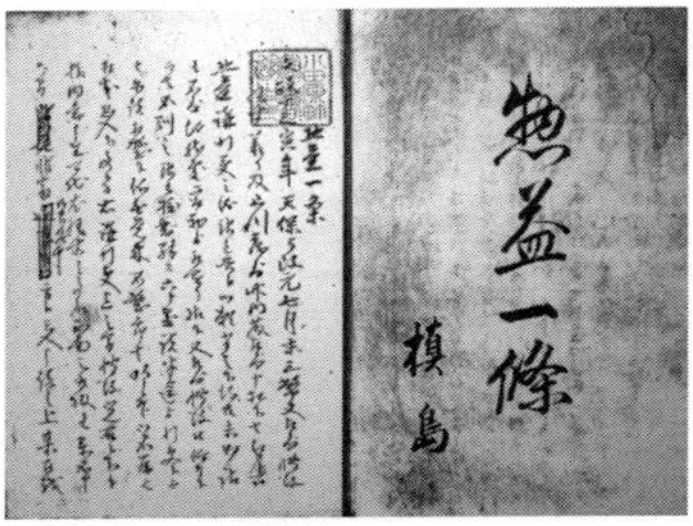
惣益一條
槙島

「惣益一条」（片岡文書）

商人の伊勢屋源兵衛・海津伝兵衛らを世話役に任命して運営を任せた。掛け金は一口一〇〇両で一〇〇口。五カ月ごとに会合を開き、五三会で満会となる取り退き無尽★である。総計四〇万両余の金が動き、貸し付け運用がつまずくと満会時払い戻し金に苦慮するというハイ・リスクな趣法である。実際、天保三年（一八三二）の二二会目の会合で中止に追い込まれた（「惣益一条」）。破講であったが世話役からの借金は二万両ほど減ったという。

　文政九年には上方で先延ばししていた借金の返済が始まることになっていた。登坂した家老吉野図書《ずしょ》・勝手掛年寄吉岡信基らは、大規模な積金趣法を上方銀主（出資者）ら相手に提案したのであるが取り合ってもらえなかった。借金証文の書き替えによる利下げ交渉に変更するも話はまとまらず、ようやく、コンパクトな四貫目（一五〇口）掛講を引き受けてもらうことに成功する。

十カ年御勝手向き改革

　債権者相手に借金を減らす努力をしても一向に減らない藩借であった。文政十年（一八二七）四月、家老の服部《はっとり》十郎兵衛が御勝手方頭取に任命され、藩財政の現状について改めて調査した。結果、藩借は三〇万両ほどに膨《ふく》らんでおり、毎年の収支勘定で平均マイナス一万五〇〇〇両余となっていたことが判明する。

▼取り退き無尽
当選者はその後の掛け金を免除される無尽講。

翌文政十一年十一月、忠真は御勝手向きの「別段（大）」改革を宣言、藩の収支を揃えるという目標が申し渡された（「御直書」）。すなわち、城付領を含む関東領分の朱印高の四〇パーセントを収支の「土台」に定め、その四割を藩主の台所入用に宛て、残り六割を家中の俸禄米に回す。この目標達成のため、十カ年間家中一統が倹約に努めるというものであった。

具体的には、①藩役人の大量削減と隠居勧告（＝世代交代の促進）、および役職の統廃合と有能な人材による役職兼務、それと御番帳外《おばんちょうがい》などからの人材登用を推進していく。つまり、大身《たいしん》（高給取り）の年輩家中には引退いただき、格席が低くても若くて有能な人材に役高（足高《たしたか》）を支給する形でポストを与えた。

また、②家中への俸禄米の渡し方と役高を改正した。あわせて、これを機に多数の切米取・扶持取の家臣が三十石取の知行取に編入された。これによって役職に就いていない家中の手取米が大幅に削減されることになった。

文政・天保期の家中階層構成

区分	石高	文政年間			天保4年		
		江戸	小田原	合計	江戸	小田原	合計
御番帳入	1,000石〜	0	10	10	0	10	10
	300石〜	2	27	29	0	30	30
	200石〜	4	28	32	5	27	32
	100石〜	21	49	70	17	57	74
	50石〜	17	61	78	24	65	89
	30石〜	14	46	60	54	162	216
	知行取小計	58	221	279	100	351	451
	切米・扶持	54	123	177	21	27	48
	扶持のみ	9	29	38	0	4	4
	その他	1	8	9	7	0	7
	銀のみ	42	0	42	21	0	21
	支給なし	4	0	4	12	82	94
	(内隠居)	(2)	(0)	(2)	(10)	(74)	(84)
	合　計	168	381	549	161	464	625
御番帳外	30石〜50石	0	3	3	1	1	2
	切米・扶持	92	162	254	83	157	240
	その他	24	3	27	13	6	19
	支給なし	1	7	8	2	19	21
	(内隠居)	(1)	(7)	(8)	(2)	(13)	(15)
	合　計	117	175	292	99	183	282
総　計		285	556	841	260	647	907

＊文政８年「小田原御家中知行高覚」・文政年間「江戸分限帳写」、「小田原領明細調壱」より作成。（『小田原市史』通史編近世より）

期待される老中忠真の死

天保二年（一八三一）正月、忠真は日光東照宮修築御用の担当を拝命。つつがなく御用を遂行するため、小田原藩領内に村高一〇〇石につき五両の御用金を賦課せざるをえなかった。その矢先、嫡子忠修《ただのぶ》（二十二歳）が病没する。将来を期待されていただけに家中も肩を落とした。この年、日光山の修復を無事終えたこともあって、大久保家がそれまで拝借していた官金計三万両の内、残っていた未返済分が半分免除され、かつ残額も二十五年賦返済への切り替えが許された。

しかし、翌天保四年は天保飢饉の第一波が東日本を襲った。小田原藩領でも年貢の三五パーセント引きを認めざるをえなかった。それがため領内損毛《そんもう》を理由に再び官金五〇〇〇両を拝借することになる。

天保五年二月水野忠成《ただあきら》（七十三歳）が死去した。翌天保六年、但馬出石《たじまいずし》藩の御家騒動（仙石騒動）★が発覚する。その煽《あお》り★を喰って水野派老中松平康任《やすとう》★が失脚したことにより、ようやく勝手掛も筆頭老中忠真の専管となった。これで金権政治の払拭に取りかかれると思った矢先、将軍家斉が隠居を表明する。財政難の中、将軍の代替わりや大御所《おおごしょ》のための西丸《にしのまる》修築など忠真が御用取り扱いを拝命することになる。

▼仙石騒動
家老仙石左京が子小太郎を藩主世継ぎにしようと画策、藩内重臣の対立を惹起。

▼煽り
左京が賄賂を積んで子小太郎と松平康任の姪との縁組みを成立させた。騒動をきっかけに浜田藩における竹島密貿易が発覚する。

▼松平康任
石見浜田藩主（六万四百石）。文政九年（一八二六）老中就任。

追い打ちを掛けるように、天保七年は東北地方を中心に東日本が天保飢饉の第二波に見舞われる。八月には米屋の買い占めを幕府代官が黙認したことから甲州で打ちこわしが発生し（郡内騒動）、小田原藩兵もその鎮圧に出兵することになる。その後も百姓一揆や打ちこわしなど、民衆運動が全国的に展開しだす。

十月頃忠真は風邪を拗《こじ》らせ、さらに舌疽《ぜっそ》★を病みだす。十二月、二宮金次郎を呼び出し、小田原藩領の窮民救済を命じた際にはお目通りが許されず、明けた天保八年二月にとうとう忠真は病臥した。二月十九日には大坂で元大坂町奉行所与力の大塩平八郎が飢饉対策に無策である大坂町奉行や幕政を批判し挙兵した（大塩平八郎の乱）。この騒動が決着を見ない間に、三月九日江戸藩邸で忠真（五十七歳）は息をひきとった。死は十日間伏せられ、十九日になって公表された。

幕政でも藩政でもやり残したことが山積みで、「小田原がばったり消えて元の闇」という落書（『江戸時代落書類聚《るいじゅう》』）を見ると、世間の人びとがどれほど忠真に期待していたのかがよくわかる。五月、孫の仙丸（九歳）に家督相続が許された。

▼舌疽
舌にできる腫れ物。

③ 二宮金次郎と報徳仕法

二宮金次郎の実像と逸話との間にはギャップがある。データの分析と農民のやる気喚起が仕法成功のカギだった。しかし、金次郎は小田原藩の財政再建には口を出せなかった。

歩きながら本を読まなかった金次郎

金次郎は栢山《かやま》村★に生まれ育った。寛政三年（一七九一）、金次郎が五歳の年、大雨で酒匂《さかわ》川の堤が各所で決壊し、金次郎の家の田畑も土砂で埋め尽くされた。父利右衛門も懸命に働いたが体を壊し、同十二年死去する。金次郎（十四歳）と母・弟二人が残された。金次郎は母好《よし》を助けて野良《のら》仕事に精を出し、山で刈ってきた柴を小田原まで売りに行ったりと一生懸命に働いた。その行き帰りに「大学」を懐に忍ばせ、歩きながら暗誦したという（『報徳記』）。

のち明治二十四年（一八九一）に幸田露伴《こうだろはん》が『二宮尊徳翁《おう》』の中で、「薪伐《きこ》る山路の往返《ゆきかえり》歩《あゆ》みながらに読まれける」と記述し、挿絵（小林永興《えいこう》筆）には薪を背負い本を読みながら歩く金次郎の姿が描かれた。小学生用の修身《しゅうしん》の教科書『小学

▼栢山村・曽我別所村　現小田原市。

二宮金次郎像（小田原市城内・報徳二宮神社）

修身経入門』でも同様の金次郎の姿が採用され、大正十三年（一九二四）に最初の金次郎像が愛知県豊橋市の前芝小学校に置かれた。さらに昭和三年（一九二八）、昭和天皇即位の御大典を記念し、兵庫の中村直吉があの金次郎像を鋳金家慶寺丹《けいじたん》長《ちょう》（三代目橘造《きつぞう》）に依頼、神戸・明石や小田原の小学校に寄贈した。その後、全国の小学校に薪を背負い本を読みながら歩く金次郎像が定着していく。

一家の離散と再興

享和二年（一八〇二）に母（三十六歳）も病没し、三人の兄弟だけが残された。親類一同が相談の上で田畑は売り払い、幼い弟友吉と富治郎は母の実家である曽我別所村★の川久保家に、金次郎（十六歳）は父の実家でもある伯父二宮万兵衛に引き取られ、家業の手伝いをしながら、夜は本を読み、算術を独学した。

田植え後に余った苗が捨てられているのを見つけた金次郎は、拾って空いた田んぼに植えてみた。手を掛けて育ててみると秋には米俵一俵の収穫が得られた。小さなことでも、コツコツと積み重ねることにより大きな成果が得られるという「積小《せきしょう》為《い》大《だい》（小を積んで大となす）」を実感した瞬間である。

文化元年（一八〇四）栢山村の名主岡部善右衛門家、続いて翌年には同じく名主の二宮七左衛門家に金次郎は住み込みで奉公した。その後、万兵衛家の隣に小

二宮尊徳像（部分、報徳博物館蔵）

屋を建て、奉公で得た賃金で売り払った田畑を請《う》け戻した。それらの田畑は小作に出し、自分は奉公に出て賃金をもらい、それでまた少しずつ買い戻した。同七年には家も新築することができた。

文化八年金次郎は小田原城下で武家奉公を始め、翌文化九年からは小田原藩家老の服部《はっとり》十郎兵衛家に住み込み、林蔵と名乗り若党《わかとう》★奉公をした。最初の仕事は服部家男子三人の漢学塾への送り迎えと、金次郎も部屋の外から師匠宇野慎助の講義を聴いて、帰宅後、子どもたちの復習に手を貸すことであった。おそらく一番熱心に藩儒宇野の講義に耳を傾けていたのは二十六歳の金次郎だったに違いない。

ほかにも屋敷の使用人たちから頼まれ、飯の炊き方や風呂の沸かし方の節約方法を指南し、主人に余った薪を買い上げてもらった。男衆に夜なべで縄をなってもらい、それを売って小銭を手に入れた。これら節約で手に入れた金銭を「五常講」★と名付け積み立て、さらにその積み立て金を貸し付けて増やしていった。

家に戻った金次郎（三十一歳）は文化十四年、堀之内村★中島家よりきの（十九歳）を嫁に迎え、田畑の自作に精を出した。そんな矢先、かつての奉公先服部家から、借金まみれの家政再建を頼まれる。翌文政元年（一八一八）、単身服部家に乗り込んで経費の節約を指南し、服部家の家族にも協力を要請した。しかし、当主十郎兵衛が藩主大久保忠真《ただざね》の老中就任とともに江戸詰となったため、その分出

▼若党
藩士に雇われた足軽奉公人。

▼五常講
五常は儒学でいう仁・義・礼・智・信、この五つの徳目を実践する貯蓄。

▼堀之内村・飯泉村
現小田原市。

費も嵩《かさ》み、必ずしも思うに任せなかった。

宇《う》津《つ》家桜町領の復興（桜町仕法）を任される

一方、老中となった忠真が江戸へ向かう際に酒匂川河原で奇特人・孝行者を表彰することになり、その一人に金次郎も選ばれた。その理由は、一生懸命努力して一家を再興したことが村のためにもなっているということであった。

きのと離縁した金次郎は文政三年（一八二〇）、服部家に女中奉公に来ていた飯《いい》泉《ずみ》★村岡田弥吉の娘波《なみ》を後添えに迎えた。同じ年、金次郎は村により大きさのバラバラな斗枡《とます》の統一を小田原藩に建言する。年貢米を量る枡の不統一はトラブルの元であり、三杯で四斗一升（米俵一俵分）となる枡が小田原藩に採用された。

同三年、服部家の家政再建に行き詰まった金次郎は勝手掛家老であった吉野図書に直《じか》談判し、借金で苦しんでる家中のため低利の貸し付け金制度を設けてほしいと進言した。これが藩主忠真に聞き入れられ、八朱金と名付けられた低利融資が始まる。金利の年八朱（八パーセント）は金次郎の提案であった。早速、服部家で四五四両の八朱金を借り受けさせ、高利の借金との借り換えに成功する。

小田原藩の飛び地真岡《もおか》領が下野《しもつけ》国芳賀《はが》郡にあった。その内、物井★村にあった峯《みね》高《たか》御林が貞享年間に払い下げられ、畑地に開墾されて（二一町九反余）、元禄九年

酒匂河原での訓示（部分、報徳博物館蔵）

改良枡（小田原市尊徳記念館寄託）

（一六九六）には新百姓八四軒が入植し、桜町と呼ばれることになる。同十一年に大久保忠増《ただます》が家督を相続した際に、弟の宇津教信《のりのぶ》にこの桜町を含む物井村・横田村・東沼村三カ村四千石が分知され、旗本として独立する。

十八世紀中頃から始まる北関東の農村荒廃は桜町領でも顕著であった。家計破綻で潰れ百姓が増えて、村の家数・人口が減り、荒れ地や手余り地★の増加と肥料代など生産コストの上昇は残された百姓経営を圧迫した。加えて鬼怒川《きぬがわ》水系の河川氾濫と旗本領主による御用金・先納金が負のスパイラルを形成していた。

負債に喘《あえ》ぐ宇津家を享和三年（一八〇三）に養子相続したのが釟之助《はんのすけ》で、頼ったのが本家小田原藩大久保家。大久保忠真は酒匂河原で表彰した領民の内、耕作出精人《しゅっせいにん》数人に、文政四年（一八二一）現地桜町へ出張見分させて復興案を上申させた。結果、金次郎の企画案が取り上げられ、復興事業（桜町仕法★）に取りかかることになる。最初から金次郎だけが選ばれたのではない。

金次郎に小田原藩から用意されたのは名主格という肩書きと、徒《かち》奉公人並みの五石・二人扶持という給料と、年に米二〇〇俵・金五〇両の必要経費の支給であった。金次郎は栢山村の田畑・家財を売り払い、文政六年、妻と生まれたばかりの弥太郎（のちの尊行）を連れて桜町陣屋に移り住んだ。

仕法は十年間の事業として計画された。仕法の柱は二つ、桜町領民の生活の立て直しと、領主宇津家の家政再建である。そのために金次郎は過去のデータの収

▼物井村
現栃木県真岡市。

▼手余り地
農民が減って耕作されなくなった田畑。

▼仕法
趣法に同じ。取り組み、事業計画。

桜町陣屋（栃木県真岡市）

集と、仕法に関する詳細な記録を残すことを徹底した。家族や領主の出張役人、手伝う同志らの手によって書類が日々作成され整理・保存★された。

まず、宇津家に倹約生活を了承させた。桜町領からあがる租税の内、米一〇〇五俵余・金一二七両余を領主の生活費に固定する（「土台」）。これは過去の年貢収納高の平均値に基づく数値で、殿様にこの土台に見合った支出での生活（「分《ぶん》度《ど》」）を強要した。そして土台を上回った年貢収入は村の復興資金とした。

桜町の農民には、一生懸命働いている者や奇特な者を村人同志で投票して選び出し、みんなの前で表彰し米・金や農具を褒美として与えたことが、村人の労働意欲を呼び覚ました。借金や年貢未進《みしん》★から田畑を質入れした農民には、報徳金を貸し与え、先祖伝来の名田《みょうでん》を請《う》け戻させた。この報徳金は無利息で五年賦返済とし、六年目は返済が終わった御礼としてもう一年分余計に差し出させるものであった。暮らし向きが改善してきた者は余財を必要としている者へ譲る、という「推譲《すいじょう》」の精神を涵養《かんよう》することになる。

人口も少しずつ増え、年限の天保二年（一八三一）には田方の年貢米は一九八四俵余、畑方金一三八両余の収納があった。宇津家と領民から請われて金次郎の仕法はさらに五年間延長されることになる。

▼整理・保存
『二宮尊徳全集』全三六巻の原典である二宮尊徳関係資料（一万一七六九点）が現存している（国立国会図書館寄託）。

▼年貢未進
年貢の一部あるいは全部の未納。

「以徳報徳《いとくほうとく》」を広める

一説に、天保二年（一八三一）正月、日光山の修復を担当する老中大久保忠真が日光へ向かう途中、結城《ゆうき》★に一泊した際に金次郎は桜町の村役人とともに宿を訪れ、十年間の仕法の経過を報告したという。その時、忠真より金次郎の仕事を「論語」にある「以徳報徳」そのものだと褒められた。徳をもって徳に報いる、これこそ自分のやっている仕事の真髄を言い表していると感銘した金次郎は、それ以降「報徳」という表現を使うようになったとされる。

桜町の復興仕法の評判を伝え聞いて、金次郎の元に仕法の依頼が舞い込み始める。天保二年十一月、旗本川副《かわぞえ》勝三郎（千五百五十石）の知行地である常陸《ひたち》国真壁郡青木村★の村役人が桜町陣屋までやってきて仕法を指導してくれるよう懇願した。当初は固辞したが、領主川副氏の依頼状を差し出されたのち取りかかり、桜川堰の普請を完成させ、復興を軌道に乗せた。

天保五年には下野谷田部（茂木《もてぎ》）藩（一万六千石）細川氏より、藩財政の再建と領村の復興の依頼を受けた。天保七年大久保家の分家である下野烏山《からすやま》藩（三万石）が荒廃で苦しむ領村の復興を金次郎に頼んできた。救急仕法として桜町・青木村から米穀を廻送し施行《せぎょう》にあたった。借金の返済に苦しむ常陸下館《しもだて》藩（二万

▼結城
現茨城県結城市。

▼青木村
現茨城県桜川市。

石）石川家も再三、桜町陣屋に郡奉行《こおり》らを派遣し金次郎に指南を仰いだ。もともと石川家は大久保家と姻戚関係★にあり、たびたび大久保家から養子★をもらって相続してきた間柄である。同藩の仕法は借財の返還を優先し、下館藩領の復興にも手がつけられていく。

小田原藩領での緊急仕法と復興仕法

小田原藩内において、御番頭《おばんがしら》格の三幣《さんぺい》又左衛門や大勘定奉行の鵜沢《うさわ》作右衛門は日頃金次郎の仕法に関心を持ち、ゆくゆくは藩の改革に報徳仕法の導入を模索していたというが、藩内では「野州論《やしゅう》（桜町仕法）」の導入には慎重であった。

飢饉状況が鮮明となってきた天保七年（一八三六）末になって、ようやく藩は困窮民救済のための救急仕法を金次郎に任せることにした。龍ノ口《たつのくち》南角★の小田原藩邸で、病床にあった忠真の直書《じきしょ》（「小田原仕法命令書」）を勝手方用人から金次郎が申し渡されたのは天保八年二月七日。藩主御手元金一〇〇〇両を支給するので、桜町仕法での「善種（報徳米金）」を加えて、飢饉で苦しむ小田原領民への報徳金貸し付けを思う存分やってくれ、という内容であった。

早速、城付領・御厨《みくりや》領の村々を巡り、村ごとの飢餓状況を書き上げさせて小田原の御蔵米を夫食《ふじき》米として貸与し、藩主御手元金（御仁恵金《ごじんけいきん》）を給付して回っ

▼姻戚関係
大久保忠隣の妻が石川家成の娘であったことから、二男忠総（ただふさ）が大垣藩石川家を養子相続。その分家が下館藩石川家。

▼養子
大久保忠増七男総陽（ふさはる）も養子に入り家督を相続。

▼龍ノ口南角
現東京都丸の内一丁目。東京駅から皇居前へ延びる御幸通り北側。

た。この時、金次郎は農民の家ごとの貯穀の度合いを基準に、極難《ごくなん》・中難・無難にランク分けして三十から五十日分の夫食米を貸し付けていく。御仁恵金も同様で、難渋人により多く割り振り、余裕のある者には出金させるという助け合い方針★を基本にしていた。結果、一カ月ほどの内に、相模国九六カ村・駿河国六八カ村に対して当面の暮らしを成り立たせる夫食米三二七五俵余・同金四四六四両余が貸し付けられた。

天保八年（一八三七）九月、御勝手向改革で廃止された郡《こおり》奉行・代官ら地方《じかた》役人の筋分け支配が復活した。西筋担当の郡奉行に松下良左衛門（のち田村弥五兵衛、井沢門大夫《もんだゆう》）、代官は男沢茂太夫・松井恭介、中筋郡奉行は坂部与八郎、代官は入江万五郎・松波造酒兵衛《みきべえ》・松尾弘右衛門、東筋郡奉行は大橋儀兵衛、代官は鵜沢丈助・川口漉右衛門・山崎金五右衛門が当たった。いずれも報徳推進に期待を掛けている者たちであった。

しかし、小田原藩の重役たちは宇津家のように領主（藩）の収支に「分度」を設けることに慎重であった。よって、藩財政には報徳仕法を導入しないが、困窮する農民や農村の復興のためには報徳金の貸し付けを積極的に行っていくこととした。

金次郎は夫食米金の返却分を貸し付け資金の原資に繰り込み、さらに町方手段金★や代官・藩士・商人からの借り入れ米金★、さらに報徳加入金★によって総額で五

▼助け合い方針
在地慣行の「徳役」の方法を導入したと考えられる。

▼町方手段金
積立金、一三〇〇両。

▼借り入れ米金
西筋代官から三〇〇両、藩士五名から六〇両・米一〇〇俵、商人らから九六〇両。

▼報徳加入金
報徳仕法賛同者の拠出資金。家老辻七郎左衛門一〇〇両、桜町領主宇津釩之助一一〇両、城下商人曽比屋甚八郎六二両など八八口・一一二九両余。

▼報徳堀の開削
新たに悪水抜き（排水路）を掘り二毛作を可能にした。近隣村の農民も協力し短期間で完成する。

○○○両を超える資金を調達。これらの報徳金は、借金や年貢未進《みしん》で手放した名田《みょうでん》の請け戻しを目的に貸し出された。

天保九年になると藩は松下・鵜沢らを報徳金御用掛に任命し、報徳方役所を置いて、報徳金の貸し付けを本格的に始める。さらに金次郎の教えを受けて報徳仕法に希望を見出し、実直にやり遂げる見込みのある村役人たちを報徳肝煎《きもいり》・同世話人に任命し、実施体制を整えていく。

藩の担当らと協議しつつ、金次郎は肝煎・世話人らの家に寝泊まりしながら、精力的に指導を展開していく。下新田小八宅への逗留に始まり、続いて塔之沢福住喜平治宅、天保十一年には竹松村で報徳堀の開削★を指導し、耕作出精人《しゅっせいにん》を村びとの入札《いれふだ》で表彰し報徳金を貸与した。その後、曽比《そび》村・中沼村・大磯宿・片岡村・栢山村・西大井村・中里村、さらに韮山《にらやま》代官所からの依頼で伊豆へも足を運んだ。

報徳肝煎・報徳世話人名

	西筋	中筋	東筋
報徳肝煎	茱萸沢村　八右衛門 川島田村　長十郎 深山村　五郎治 底倉村　勘右衛門 五貫島村　平兵衛 大仁村　甚右衛門 高鶴村　台右衛門	井細田村　彦右衛門 壗下村　与惣右衛門 曽比村　庄左衛門 神縄村　庄左衛門 弥勒寺村　徳平 中沼村　田蔵 沼田村　与一郎	矢作村　宇右衛門 酒匂村　新左衛門 中里村　次郎左衛門
報徳世話人	御殿場村　惣次郎 藤曲村　平四郎 竈新田村　平兵衛	曽比村　与右衛門 〃　広吉 竹松村　幸内 牛島村　半助 〃　茂右衛門 久野村　政蔵 栢山村　伊助 〃　政次郎 〃　三郎左衛門 〃　弁左衛門 〃　佐太郎	下新田　小八 〃　段蔵

＊「天保九戊戌年日記」より作成。（『小田原市史』通史編近世より）

その後の金次郎

天保十三年（一八四二）十月、金次郎はその手腕を見込まれ勘定方普請役格（二〇俵・二人扶持）で幕臣として召し抱えられる。それを機に実名《じつみょう》を治政《はるまさ》から尊徳《たかのり》と替えている。弘化元年（一八四四）には日光神領★の荒廃農村復興を任されることになる。その準備の間に、奥州相馬藩★からの仕法依頼があり、それはすでに指導を受けていた相馬藩士の高田高慶★・斎藤高行に任された。嘉永六年（一八五三）からは今市★の報徳役所に拠点を移し、日光神領の仕法に専念した。

さて、小田原藩領での復興仕法は十年目の弘化三年で「畳置き《たたみおき》（廃止）」となる。ついぞ藩財政への仕法導入には至らなかったが、藩領民の中には報徳の精神が息づいていくことになる。

復興仕法の廃止後、藩は尊徳が小田原藩領村へ投入した資金五一〇〇両余の返却を申し出る。しかし、海防御用で実際に現金が用意できないと知ると尊徳は、反対に仕法土台金を含め一万両余を藩の軍用金へ組み込むように申し出た。それでは面目丸つぶれとなる小田原藩はさすがに受け取れず、返納金を先送りすることにした。結局、尊徳はそれら報徳返納金を栢山村の復興費用に用い、残りはすべて日光神領の復興資金にくり入れていく。

▼日光神領
東照宮領一万石・大猷院領三千六百石。のち下野国内四郡の七六カ村・約二万五千石。

▼相馬藩
中村藩ともいう。中村（現福島県相馬市）に藩庁を置く。六万石。藩主は相馬氏が世襲。

▼高田高慶
通称久助。二男であったため無禄のまま天保十年から桜町陣屋で金次郎の仕法を手伝う。妻は尊徳の娘文子。『報徳記』を著す。

▼今市
現栃木県日光市。

④

海防を担う小田原藩

不法な異国船に対する打払令は十八年前に出ていた。
小田原藩の海防出兵は真鶴に、大磯に、浦賀に、下田に。
開国後の下田の警固は小田原藩が担った。

海防意識の端緒

寛政四年（一七九二）、ロシアのラクスマン★が蝦夷地《えぞち》根室★に来航した。漂流民大《だい》黒屋光太夫《こくやこうだゆう》★を送還がてら、通商交渉を求めてのことである。松平定信の寛政改革政権は早速、沿岸諸藩に海防の現状を報告させた。それに応え、小田原藩も異国船の漂着に備えて領内海岸への非常時配置人数（軍役）を定めた。

翌寛政五年、幕府は海防策を模索し始め、海防掛でもある老中定信自身も相模・伊豆を巡見した。根府川の関所を歩いて越えようとした際に、笠を取らなかったので小田原藩の番士大木多次馬《たじま》が見咎め、御供の者に被《かぶ》り物を取って通るように伝えた。あとで藩主大久保忠顕《ただあき》が定信から、自らの心得違いを詫び、番士の精勤を褒めて然《しか》るべきと伝えられたという（『耳嚢《みみぶくろ》』）。

▼**ラクスマン**
ロシアの陸軍将校・遣日使節。皇帝の信書は受理されなかったが、長崎入港の信牌（許可書）を交付される。

▼**根室**
現北海道根室市。

▼**大黒屋光太夫**
伊勢白子（しろこ）の船頭。天明二年（一七八二）遭難し漂流。カムチャッカを経てロシアの首都ペテルブルグで女帝エカテリーナ二世に謁見。

文化期の小田原藩の海防軍役

文化元年（一八〇四）九月、レザノフ★が長崎に来航し、皇帝★の親書を差し出して国交および通商の交渉開始を求めてきた。半年以上も待たせた上で、結局幕府はそれらの要求を拒否した。この仕打ちを受けて、同三年からロシアは威圧方針へと転ずる。樺太《からふと》（サハリン）・千島《ちしま》（エトロフ）・蝦夷地（北海道）や周辺の島（利《り》尻《しり》島・礼文《れぶん》島）などへ上陸し、襲撃や掠奪を繰り返した。ロシア船の海軍船長の名からフヴォストフ事件とも呼ばれる。幕府も漂着した異国船への穏便な対応を変更し、翌四年不法ロシア船打払《うちはらい》令を発令した。異国船への強硬策（打払令）はこれが最初である。学校で習った文政八年（一八二五）が最初ではない。

文化五年四月、小田原藩は、非常時に家中が召し連れる軍役人数を改定し、領内村に海防夫人足《ぶにんそく》・馬を割り当てるとともに、管轄する各関所に大筒《おおづつ》を配備することにした（「近世小田原史稿本」）。

同七年、非常時に会津藩★と白河藩★がそれぞれ相模国と房総に出兵する体制が整えられたのに合わせて、小田原藩も異国船到来時に、土肥《どい》筋（現湯河原町）・小田原浦・根府川関所・羽根尾村詰《つめ》（以上、現小田原市）・門川《もんがわ》村詰（現湯河原町）の出兵人数が定められた。ただし、異国船の上陸に備えるだけでなく、領分外からの

▼**レザノフ**
ロシア領アメリカ会社総支配人、遣日使節。

▼**皇帝**
アレクサンドル一世。

▼**会津藩**
家門松平家、二十三万石。若松（現福島県会津市）に藩庁を置く。

▼**白河藩**
家門松平家、十一万石。白河（現福島県白河市）に藩庁を置く。

▼**フェートン号事件**
イギリス船フェートン号がオランダ国旗を掲げ、長崎に不法入港。長崎奉行松平康英らが責任をとって切腹。

侵入勢力に備える内憂・外患両対応の警備体制であった。

フランス革命戦争後にオランダがフランスの占領下に入り、イギリスとフランスが対立することになったため、日本などと貿易を進めるオランダ船を追ってイギリス船が東アジアへと進出し始めた。ロシア船に代わって、文化五年のフェートン号事件★を皮切りに日本近海へイギリス船が出没しだす。

文化十四年九月二十九日、房総沖に異国船（イギリス船）が出現し、翌月には伊豆大島沖へと移動したが、会津藩も浦賀奉行所★も出陣を見合わせた。一方、三日に大島沖に異国船が見えたと、翌日島奉行★から通報があり、その情報が吉浜村《よしはまむら》役人から根府川関所へ、関所から小田原へと急報された。翌五日小田原藩は御先《おさき》筒《づつ》組★を中心に土肥筋と真鶴岬《まなづる》（真鶴町）に固め人数を派遣し、六日には根府川関所に番人と村足軽★を増員し、さらに羽根尾村へも出兵した。十四日まで昼夜交替で監視体制をとって待機した。伊豆韮山の代官江川も七日には下田へ到着し、幕府勘定所へ会津・白河藩兵の下田派遣を要請したが出動には至らなかった。結局、最初の海防出兵は小田原藩だけが領分境へ出動して終わった。

文政期の小田原藩浦賀援兵体制

文政元年（一八一八）五月イギリス商船ブラザーズ号が浦賀へ来航し、通商要

▼浦賀奉行所
享保五年（一七二〇）、下田奉行に代えて浦賀奉行を任命。浦賀（現横須賀市）に奉行所を置いて江戸湾航行の廻船を取り締まった。

▼島奉行
当時、伊豆七島は韮山代官所の管轄。伊豆大島に島方役所（島会所）が置かれ、地役人の頭取が行政を担当。

▼御先筒組
鉄砲足軽隊。

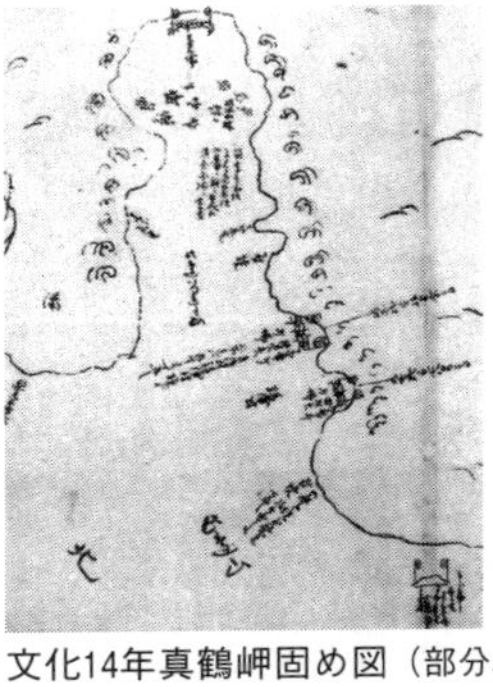
文化14年真鶴岬固め図（部分、平塚市博物館井沢家文書）

▼村足軽
村筒ともいう。山間村で猟師鉄砲を持つことを許された百姓で、非常時に城下・関所・海防箇所へ動員された。

求するという事件があり、同三年十二月江戸湾防備体制が変更された。相州側（三浦半島）は会津藩に代わり浦賀奉行が警備を専管し、非常時に川越藩と小田原藩が援兵を派遣することとされた。そのため、川越藩が三浦半島の江戸湾側、小田原藩が相模湾側に替え地を拝領し、小田原藩は三浦三崎に番所を置いた。

同五年四月二十九日イギリスの捕鯨船《ほげいせん》サラセン号が薪水《しんすい》補給のため浦賀にやってきた。この時は川越藩・小田原藩、および駐屯警備を解除していなかった白河藩の三藩が番船を出し、合わせて沿岸の警備に当たり警戒した。浦賀奉行が応対し、食料・水等を積み込むと五月八日には沖へと去って行った。これによって幕府は、長期にわたり太平洋で操業する異国の捕鯨船が薪水を求めて日本のやって来るという、新たな異国船出没要因を知ることになる。また、イギリスの捕鯨船員の上陸、略奪事件が相次いだことから、文政八年幕府は、ロシア船に限らず不法を働く異国船は二念無く砲撃するよう打ち払い対象を拡大する。

天保七年（一八三六）八月二十日、米穀商の買い占めや代官の無策に憤った甲州郡内地方の農民たちが甲府城下に押し寄せ打ちこわしを始めた（郡内騒動）。信濃高遠《たかとお》藩・駿河沼津藩の出兵によって騒動は鎮圧されたが、この時、小田原藩も出兵している。九月二日に鉄砲携帯の足軽二組を津久井《つくい》方面★に、同じく足軽二組を御厨《みくりや》へ出動させた。御厨部隊が須走《すばしり》村に到着する前に、御厨領の村足軽にも動員がかけられ待ち受けていたが、沼津藩兵が引き揚げるという情報を聞き出兵

サラセン号の番船
（平塚市博物館井沢家文書）

▼津久井方面
文政十年（一八二七）、武蔵国の飛び地領が相模国津久井県・大住郡（計五千百六十九石余）に替え地となる。現相模原市。

足軽隊も須走村から小田原に引き返している。

このように小田原藩にとって、この時期の専守防衛対象は異国船のみならず、領分境の警固も含まれており、要請があれば領外へも派兵する備えであった。

海防体制の改編と下田出兵

幕政改革に着手した水野忠邦《ただくに》★政権は、中国でのアヘン戦争★の情報が伝わると、天保十三年（一八四二）七月に老中の土井利位《としつら》・真田《さなだ》幸貫《ゆきつら》を海防掛★とするとともに、イギリス等との戦争を回避するため打払令を撤廃し、穏便に対応する元の薪水給与令に戻した。江戸湾防警備体制を強化し、房総に忍《おし》藩★、三浦半島には再び川越藩の駐屯体制を布《し》き、さらに羽田奉行★・下田奉行★を置いた。

翌天保十四年六月、三浦郡にあった小田原藩領は上知となり、相模国内、とりわけ大磯宿・平塚宿など相模川以西の東海道沿線に代知を拝領した。八月には小田原藩の非常時浦賀援兵が解除される。弘化元年（一八四四）五月、幕府は財政緊縮策として羽田・下田奉行を早速撤廃し、浦賀奉行を二人に増員、下田の警衛は幕府鉄砲方をも兼務する韮山代官江川の担当とした。この後、小田原藩は江川からの要請次第に下田表へ援兵を派遣する体制に組み込まれる。

弘化三年（一八四六）閏《うるう》五月、アメリカのビッドル艦隊二艘《そう》★が浦賀に来航して

▼水野忠邦
遠江浜松藩主、天保五年（一八三四）本丸老中に就任、同十年に老中首座となり同十二年から幕府政治の改革に乗り出す。

▼アヘン戦争
イギリスと清（しん・中国）との戦争。勝利したイギリスは南京（なんきん）条約を結び、半植民地化を進めていく。

▼海防掛
対外問題担当の臨時職。老中松平定信が最初に兼務。今回も老中の臨時兼務職。

▼忍藩
譜代松平（奥平）氏、十万石。海防のため領知の半分五万石が安房（あわ）・上総（かずさ）へ替え地となる。

▼羽田奉行・下田奉行
将軍家慶の日光社参時の江戸湾防備強化目的で天保十三年設置、弘化元年廃止。

▼ビッドル艦隊二艘
東インド艦隊の軍艦コロンブス号（乗員七百八十名）・同ヴィンセント号（乗組員百九十名）。総員数はのちペリー初来日の時よりも多い。

通商を求めた。二十七日沼津藩・韮山代官から通報を受けた小田原藩は、阿部正弘★政権からの幕命を待たずに二十八日真鶴固めに出動。六月一日には大磯海岸、続いて小田原海岸・片浦・土肥筋に派兵、同四日には下田表へ出兵した。六日には浦賀への援兵要請があり急ぎ兵を送り、沖合に艦隊の停泊する野比《のび》村に陣を張った。出兵人数の総数は不明であるが、最初大磯に向かった人数だけで約三〇〇人という。足軽組に村足軽を加えても足りないため、村・町から動員した夫人足《ぶにんそく》を「地方《じかた》組」と称して、鉄砲を持たせた。

浦賀援兵のため福浦村から須賀《すか》村まで領内沿岸漁村から二四艘の船と船乗り一七四人の動員があり、食料など物資の輸送にあたった。彼らは「海賊」と呼ばれ、異国船の偵察係も受け持った。

ビッドル艦隊は開国の意志のないことを確認すると六日には出帆していった。終《つい》ぞ艦隊の本格的な軍艦も江戸湾口の富津《ふっつ》岬から観音崎ラインを越えて内海に侵入することはなかった。それでも幕府は翌弘化四年二月、代官江川の防備改革構想を容れて、江戸湾口の防衛を一層強化する体制へと変更を図る。川越・忍藩に加え、相州側に彦根藩、上総《かずさ》側に会津藩が配備されることになった。

▼阿部正弘
備後福山藩主。天保十四年に二十五歳で老中就任。翌弘化元年、勝手掛・海防掛となり、同二年水野忠邦失脚で老中首座。

野比村に出陣（部分、平塚市博物館井沢家文書）

忠真の遺命

御手元金一万両を軍用金以外には使用してはならないという忠真の遺言（「吉岡由緒書」）にあった心構えは孫忠愨《ただなお》に受け継がれていく。嘉永元年（一八四八）、小田原で五〇〇匁《もんめ》カノン砲の実射訓練や韮山塾に入門中の家中が指導する小銃組み撃ち調練を上覧した忠愨は、七月直書《じきしょ》（「近世小田原史稿本」）でもって家中に武備強化を命じた。「彰道院《しょうどういん》様（忠真）」の遺命を強調し、御要害・海岸は申すに及ばず、浦賀表まで含めた防御の備えを手厚くし、万一にも「我国（小田原藩）の恥辱《ちじょく》、当家（大久保家）の瑕瑾《かきん》」とならぬよう心構えを諭した。

翌嘉永二年閏《うるう》四月、浦賀に来航したイギリス軍艦（測量船）マリナー号が下田に移動したことを受けて、韮山代官の手勢四七人、小田原藩兵二九一人・沼津藩兵八六人・掛川藩兵五四人が下田に出動し、代官江川がマリナー号との交渉にあたった。新たな伊豆援兵体制がここに実現し、その中心は小田原藩の軍事力であったといってよい。同年十二月、幕府は二〇〇年来の「御国恩」（平和維持）をたてに総国民を海防強化に駆り立てていく（『幕末御触書集成』第六巻）。

この後、小田原藩は韮山塾に学ぶ別府信次郎らを中心に、小田原海岸・大磯照ケ崎・真鶴岬に洋式砲台を備えた台場の建造を開始し、併せて韮山に注文して洋式大砲を調《ととの》え、城下にても火砲の鋳造を推し進めていく。弘化二年に官金（拝借金）の返納は完了していたとはいえ、嘉永三年には芝金杉《しばかなすぎ》★の江戸上屋敷が焼失し、さらに小田原城天守の修理も始まる中、小田原藩は武備強化の資金繰りに苦慮す

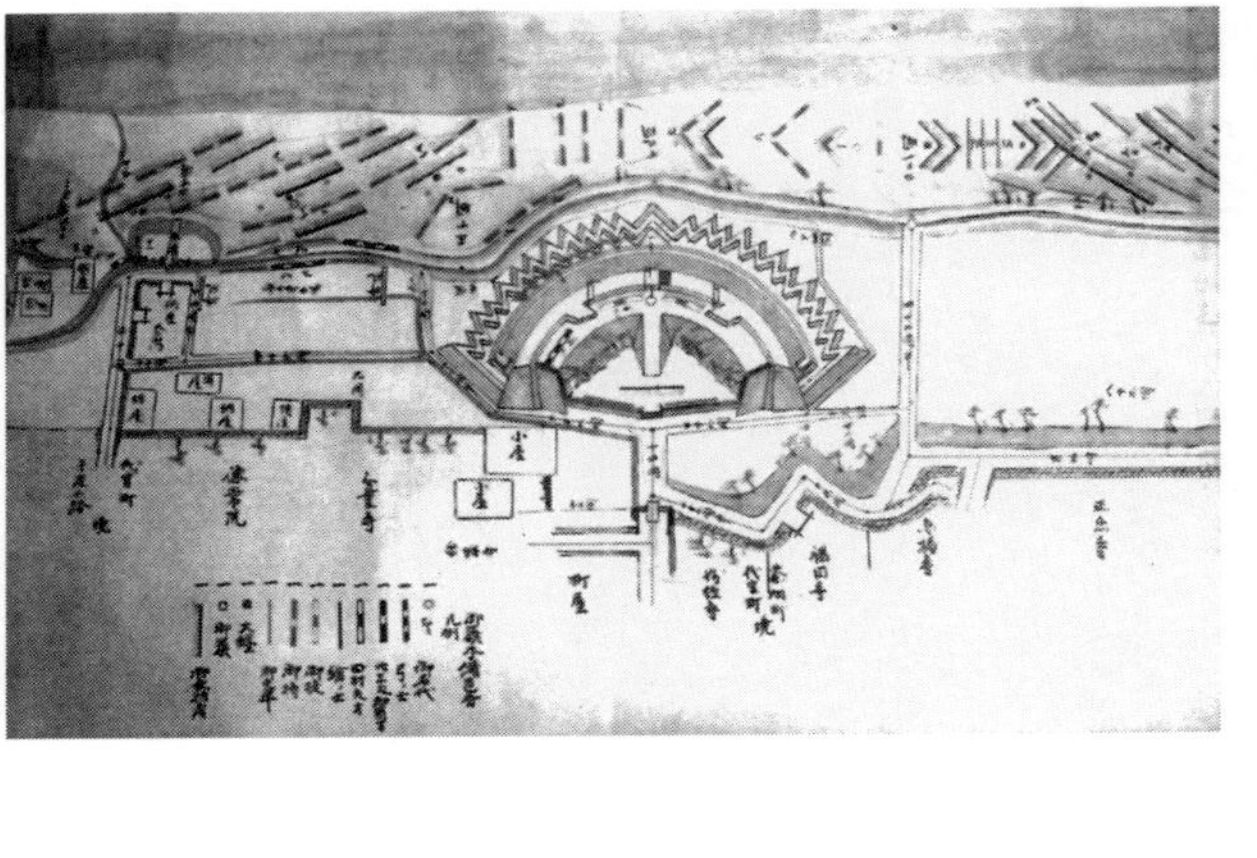

当浦御台場并浜畑町間見取絵図（部分、小田原市立図書館蔵）

▼芝金杉
芝増上寺海手ともいう。文政元年までの芝金杉（現旧芝離宮恩賜庭園）ではなく、現ＪＲ浜松町駅付近。

る。

それでも、嘉永五年、小田原藩は西洋（高島流）砲術の積極的な導入を決定し、台場が完成したことを受けて、海防軍制を台場を組み込んだ編成に大幅改定する。火砲は小田原浦の三台場を中心に、真鶴岬・照ケ崎、土肥・東筋、浦固　後詰《しんがりづめ》、諸手加勢、天神山（小田原城下）備《そなえ》などに配分・配置された。

嘉永地震とペリー来航

嘉永六年（一八五三）二月二日、小田原地方は直下型地震（マグニチュード六・七）に襲われる。小田原城は小破で済んだが、城下の家屋被害（全半壊）は五割ほどで、領内全体では死者が一一九人出た。被害状況を確認に小田原へ帰城した藩主忠愨は、江戸に戻るや否や幕府に願い出て官金一万両を拝借した。

同年六月三日、ペリー提督★率いるアメリカ東インド艦隊★が浦賀沖に現れた。目的は、新興国アメリカがイギリス・ロシアなど西欧先進国を出し抜いて、いち早く日本に開国を迫ることであった。オランダ風説書《ふうせつがき》★によって来航を事前に知っていた幕閣であったが、実際に来航して驚いたのは四艘の艦隊に、「惣鉄張《そうてつばり》」で「車《くるま》仕懸《じかけ》、煙出シ」の蒸気船★が二艘含まれていたことである。六日その内の一艘ミシシッピー号が、あのビッドル艦隊も越えられなかった富津《ふっつ》岬から観音崎ライ

▼**ペリー提督**
来日時は東インド艦隊司令長官兼遣日特使。海軍のトップとして、メキシコ戦争後の海軍力維持も来日成果如何にかかっていたともいわれる。

▼**東インド艦隊**
蒸気船サスケハナ号（旗艦）、同ミシシッピー号、帆船プリマス号、同サラトガ号。アメリカ大陸東海岸を出発、東廻りで来日。

▼**オランダ風説書**
オランダ船が長崎入港後、毎年商館長が幕府に提出する和訳された外国情報。ペリー来日情報は、さらに詳細な別段風説書でもたらされた。

▼**蒸気船**
蒸気機関を用いて船体両側の外車（車輪）を廻して走行。燃料は石炭。外洋で風があれば帆船航行する。

ンを越えて内海に侵入した。ボートで水深を測量しながらであったが、座礁したらお仕舞いの帆船ではあり得ないことである。

金沢沖に停泊して祝砲（空砲）を放った。砲声は江戸までこだました。肝を冷やした幕閣は翌日、恥も外聞も捨てて熊本藩など外様《とざま》七藩に内海海岸への出兵を命じ、大統領★の親書受理を即決する。九日ペリー一行は久里浜★に上陸、即席の応接所で浦賀奉行★に親書を手渡すと、翌年返答を得るために再来すると告げた。

十日、ペリーは蒸気船をさらに羽田沖まで乗り入れ、ここでも祝砲を放ち、十二日には退去していった。江戸藩邸へ応援部隊の一員として小田原から出張途中、保土ヶ谷★でこの砲声を聞いた関一臈《いちろう》★（のち重麿《しげまろ》）は熊本藩兵とアメリカ船との間で、とうとう合戦が始まったと勘違いしたくらいである（「六十夢路《むそじのゆめじ》」）。

小田原藩はすでに四日の段階で大磯・真鶴・小田原浦台場、および下田への援兵人数を派遣していた。

ペリーが去った後、幕府は品川沖に台場を建造して、最終防御ラインを富津と観音崎間からこれらの台場としようとした。江川の設計で、小田原からは真鶴の石材や江之浦★の木材が運び込まれて台場築造が進められたが、結局翌安政元年（一八五四）正月十一日のペリー再来までには十一基の予定の内、六基の完成で終わる。

同じ頃、ロシアのプチャーチン★も日本との条約締結を画策していた。そのこと

▼大統領
フィルモア大統領。ペリー再来日前にピアースが大統領となり、政権は代わっていた。

▼久里浜
現横須賀市。

▼浦賀奉行
戸田氏栄（うじよし）・井戸弘道の両奉行。

▼保土ヶ谷
現横浜市。

▼関一臈（のち重麿）
当時郡奉行（のち御用人）関小左衛門の長男。幕末に軍事掛、周旋方を務め、維新後官吏となり足柄郡長も務めた。

▼江之浦
現小田原市。

▼プチャーチン
ロシア艦隊司令長官兼遣日使節。嘉永六年七月、皇帝ニコライ一世の国書を持参し長崎に来航。

を知るペリーは九艘の艦隊★で威圧し、三月三日横浜での日米和親条約調印にこぎ着けた。アメリカにとっては、欧州諸国に先駆け初めて最恵国待遇を手に入れた対外条約となった。長崎のほか下田と箱館《はこだて》★の開港が決まり、通商交渉は下田で行われることになる。前年同様に小田原藩は各所固め場に出兵し、条約調印後艦隊が下田へと移動したため、六月十六日までの長期下田表駐屯となった。つまり、これ以降の小田原藩の海防は一時《いっとき》の派兵ではなく、各国が条約交渉のため下田に入港するたび警備を目的とする下田常駐体制をとることになる。

　これら軍費捻出のため小田原藩家中には倹約と減米が通達され、領民には「異国船上納金」が命じられた。一方で一層の武備増強が求められ、安政三年（一八五六）十一月から歩行《かち》・足軽や御番帳外の平士への軍事訓練が恒常化し、翌四年十一月には小田原城に近い小峯に調練場が造営された。

▼九艘の艦隊
日本への献上品を積んだ後続船を待つ間に、艦隊は琉球・香港・小笠原諸島に寄港。七艘で再来日、二艘がのち到着。続々軍艦が来航するというペリーのはったりが調印を早めた。

▼箱館
明治二年に函館と表記を改める。

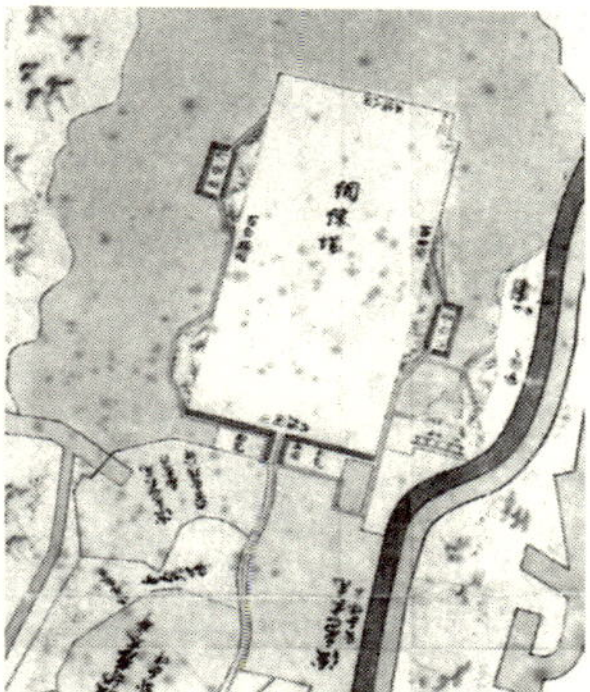
小峯の調練場（「文久図」部分）

第六章

幕末維新の小田原藩

幕府を守り、京都を守り、小田原を守る、それが藩屏たるゆえん。

小田原藩兵の御所守衛箇所（「吉岡由緒書」四より）

①大久保忠礼と京都警備

大久保家の血を引いていない忠礼が新藩主に選ばれた理由とは？
小田原藩の出兵費用はどこから調達されたのか？
京都禁裏の御守衛は幕府が諸藩に課した軍役だった。

忠礼《ただのり》の大久保家相続

安政六年（一八五九）十一月三十日★、大久保忠愨《ただなお》（三十一歳）が没する。室寵子★との間に生まれた伝吉郎は早世していたため世継ぎがおらず、元高松藩松平頼《より》恕《ひろ》★の七男準之助（十九歳）の急養子★を願い出る。養子縁組は許可となり、十二月四日、準之助は忠礼と名を改め小田原藩の上屋敷に入った。

日米通商条約の勅許をめぐり朝幕間の軋轢《あつれき》が強まる中、井伊直弼《なおすけ》（四十四歳）が大老に就任すると将軍継嗣《けいし》問題が巻き起こり、紀州藩主徳川慶福《よしとみ》（十三歳、のちの家茂《いえもち》）を推す南紀派が勝利した。これにより、水戸元藩主徳川斉昭《なりあき》七男の一橋慶喜《よしのぶ》★（二十二歳）を推挙する松平慶永《よしなが》（春嶽《しゅんがく》★）ら一橋派が謹慎処分となり、井伊は朝廷の許可を待たずに条約に調印した。

▼十一月三十日
菩提寺教学院（東京都）の過去帳によれば、実際は九月二十七日死去。

▼寵子
元薩摩藩主島津斉宣（なりのぶ）娘。

▼松平頼恕
もと水戸藩主徳川治紀（はるとし）二男。高松松平家に養子に入り、文政四年（一八二一）家督相続。

▼急養子
末期（まつご）養子ともいう。当主の死去直前、ないしは直後に願い出る養子縁組。

当時高松藩主の松平頼胤《よりたね》は世嗣頼聡《よりとし》（頼恕長男）の室に井伊直弼の娘弥千代《やちよ》を迎えていた。つまりバリバリの南紀派である。高松藩松平家は御三家水戸藩の分家で、頼恕が斉昭の実兄であったが、本家水戸藩とは政権との関係では正反対の立場をとっていた。大久保家は井伊政権側に与《くみ》することになったが、大久保家の血筋が途絶えてしまうことの方が重要な問題であった。

分家荻野山中藩主大久保教義《のりよし》には男子岩丸《いわまる》★（三歳）がいたが、その一人息子の岩丸を本家の養子に迎える訳にはいかない。そこで目を付けたのが大久保家とは重縁関係★にある下館《しもだて》藩石川家である。当主石川総管《ふさかね》（十九歳）の妹亀尾（十六歳）を忠礼室に迎えれば、二人の間に生まれた子どもには大久保の血が復活することになる。忠愨が病臥してから内々に養子縁組および亀尾との婚約の話が進められていたと考えられる。

翌万延元年（一八六〇）三月三日、大老井伊直弼が暗殺された（桜田門外の変）。水戸より尊攘派浪士や民衆が一気に江戸へ押し寄せて来るかもしれないとして、会津・庄内・桑名・小田原の四藩に江戸府内の警衛が命じられた。

同月忠礼は、前年炎上した江戸城本丸再建のため小田原産の石材献上を願い出ている。さらに翌月から小田原藩は西丸《にしのまる》大手御門番を交替で務めることになる。これらの軍役・献上御用は新藩主を盛り立てるためのものであり、家中・領民のバックアップがあってこその譜代藩としての幕府への忠誠アピールであった。

大久保忠礼
（小田原市立図書館蔵）

▼一橋慶喜
水戸藩主徳川斉昭七男、弘化四年（一八四七）御三卿一橋家を相続。のち慶応二年（一八六六）幕府十五代将軍に就任。

▼松平慶永（春嶽）
御三卿田安斉匡八男、天保九年（一八三八）越前福井藩主を相続。当時、開国論を主張していた。

▼岩丸
のち明治元年（一八六八）、忠礼の跡を継ぎ、忠良と名乗り、十二歳で最後の小田原藩主就任。

▼重縁関係
総陽（ふさはる）に世嗣がなく、養子総候（ふさとき）が継ぐと、その妻に大久保忠方（ただまさ）娘美保を嫁がせている。

桜田門外の変を契機に雄藩★の志士らによる尊攘《そんじょう》運動が激化★し始め、また一橋派の処分解除により幕府も公武合体へと舵《かじ》を切ることになる。それを内外に表明する一大イベントが孝明天皇の妹和宮《かずのみや》と将軍家茂との婚儀であった。そのため、和宮の入府と重なり忠礼の初入部は延期となる。その間に忠礼は従五位下《じゅごいのげ》に任じられ、加賀守《かがのかみ》の官名を拝領し、翌文久元年（一八六一）二月四日に亀尾と婚礼の式を挙げる。

文久二年二月十一日、将軍家茂と和宮との婚礼が執《と》り行われるや否《いな》や、同月十九日忠礼はお国入りのため江戸を発った。この初入部を前に「文久図（小田原城図）」と家中の経歴書『御家中先祖並由緒書』がまとめられ、また初入部での御目見え順をめぐって町方と郷方との間で紛糾したことは既述した。

同年六月、将軍家茂の上洛が公示された。二百二十九年ぶりの将軍上洛にどれだけ出費することになるか、小田原藩は鴻池《こうのいけ》★ら上方《かみがた》商人に借金の打診をしている（「小田原組合控」）。その額は銀二二五〇貫目《かんめ》（約三万七五〇〇両）。予想される大通行★を前にあたふたせざるをえなかった。

小田原藩兵、京都を守る

家茂上洛後の文久三年（一八六三）四月、清河八郎ら浪士組★の攘夷行動により、

▼雄藩
大きな藩。国持の外様や御三家・家門大名らを指す。

▼尊攘運動が激化
十二月アメリカ公使館の通訳ヒュースケンが惨殺され、翌文久元年五月イギリス公使館が襲撃された。

▼鴻池
大坂の両替商・大名貸し。幕府御用を務める十人両替の一人。

▼大通行
家茂の随行人数は三〇〇〇人ほどであったが、上洛関連の勅使や京都に呼び出された大名の通行が相次ぎ、上洛中は江戸・要害の警衛も強化された。

歌川国綱「東海道小田原」（『浮世絵が語る小田原』より）

小田原藩など四藩は江戸市中の見廻り役を拝命した。さらに、江戸留守居政権から十万石以上の大名に京都守衛のための御親兵が命じられる。さっそく小田原藩では有浦元右衛門を御番頭代《おばんがしらだい》とする十名が御親兵に任命され、七月八日京都に着任した。二十日に御守衛御用掛三条実美《さねとみ》から御所の平唐御門《ひらからごもん》内守衛を拝命し、二十四日から佐倉藩兵らと昼夜三番交替の任務に就いた。

八月十八日の政変★で三条ら尊攘派公卿《くぎょう》が追放となると、有浦らは御所の日御門《ひのごもん》（建春門）前警備へ部署替えとなった。九月十日には御親兵解除となるが、藩主忠礼の京都守衛担当が早まるとの情報も入手していた。

文久三年十一月、大久保忠礼（二十三歳）は幕府奏者番に任命された。とりあえず幕閣入りである。朝廷は公武合体の挙国一致体制を目指すが、薩摩藩の離脱により暗礁に乗り上げる。翌元治元年（一八六四）三月、水戸藩尊攘派が筑波山で挙兵し（天狗党の乱）★、京都に攻め上る気配が見えてくると、長州藩の京都進攻が噂され始めた。六月、京都の警衛を担当する新撰組★が攘夷派志士を襲う寺田屋事件が発生すると、長州藩兵の出兵が現実のものとなってくる。

当時、京都にあった禁裏御守衛総督一橋慶喜《よしのぶ》・京都守護職松平容保《かたもり》・京都所司代松平定敬《さだあき》ら一会桑政権★は、江戸・京都の守衛のため諸大名に出兵を命じた。忠礼にも五月五日、七月から三カ月間の京都守衛が通達され、藩主上京につき道中継ぎ立ての夫役金として御用金一万両が領内村に賦課された。

▼浪士組
志士・有志で編成され、将軍上洛の警護を務めた。のち分列し、京都に残った者たちが新撰組となる。

▼八月十八日の政変
薩摩・会津藩の公武合体派の策略、宮中クーデター。尊攘を掲げる公家と長州藩が京都から追い出された。

▼天狗党の乱
水戸藩内部での尊攘をめぐる対立・戦闘、領民ら自衛軍により鎮圧されるが、武田耕雲斎ら残党は京都の慶喜に頼ろうとした。

▼新撰組
近藤勇ら新撰組は京都守護職の配下で治安維持のため武装集団化する。

▼一会桑政権
一橋家・会津藩・桑名藩の頭文字から名付けられた。朝廷の信任を得て、江戸の幕府の代理として京都政局を主導。

大坂の摂河《せっか》郡《こおり》奉行石原五郎左衛門は、またぞろ金策のため上方の両替商との交渉に入った。京都出兵には六万両ほどかかり、領内から四万両を都合するから、何とか二万両を才覚してほしいと頼んでいる（「小田原掛合控」）。この時、実際に領内へ賦課された御用金一万両は、半分は村高割で百石につき五両とし、残りは富裕者から拠出された非常備金《そなえきん》★で賄ったようである。

忠礼が引き連れた総人数は一〇五八名で、うち侍分一七八名・御番帳外七五名・足軽（村足軽を含む）三〇九名・中間《ちゅうげん》四九六名であった。六月二十三日に京都に到着、寺町通三条下ルの誓願寺を本陣に、家中たちは周辺の寺院に分宿した。老中稲葉正邦《まさくに》の指令で小田原藩兵は山崎表、続いて朱雀《すざく》口、その後、武家伝奏の命令で御所の日御門《ひのごもん》前の番所守衛を担当する。

禁門の変と越前派兵

元治元年（一八六四）七月十九日、早朝に始まった禁門の変★で小田原藩兵は、朱雀口に一隊出兵した以外は日御門前の番所に出陣した。家中は黄色と萌黄《もえぎ》の縞《しま》模様の襷《たすき》を合い印に、足軽は小田原藩の印である「金地輪貫《きんじわぬき》」の陣笠をかぶって、それぞれ具足に身を固め、鉄砲・道具（刀・槍）を携帯して待機した（「于役襍録《うえきざつろく》」）。直接の戦闘に小田原藩兵が加わることはなかったが、斥候《せっこう》に負傷者が出て、それ

▼**非常備金**
上納・献上ではなく、返却される予定の非常時に際しての出資金。

▼**禁門の変**
蛤御門の変ともいう。攘夷勢力の挽回を目指す長州藩兵と京都を守る会津藩・薩摩藩ら連合軍との戦闘。

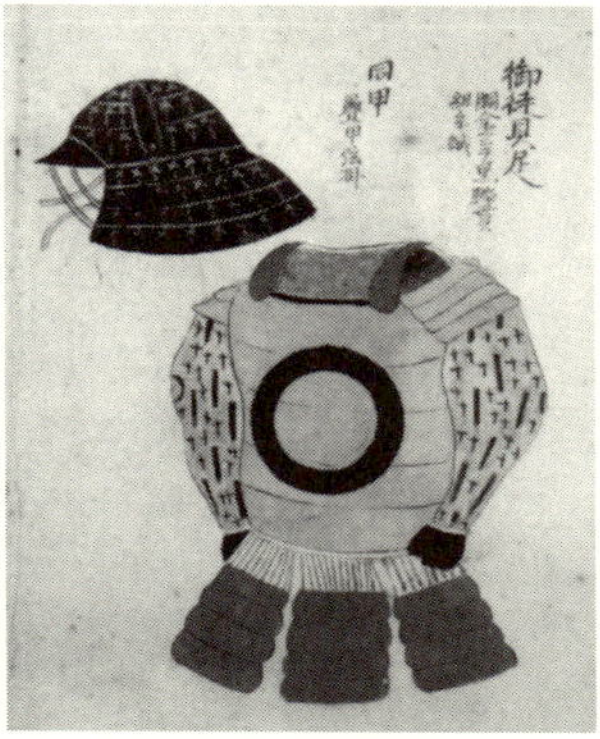

金地輪貫の小田原藩御貸具足（片岡文書）

を救助に向かった医者村山元泰が流れ弾に当たり即死している。

忠礼は十九日午後まで、一橋慶喜らが指揮を執《と》る御所内の常御殿《つねごてん》前に待機したが、その後は日御門前番所に二十日夕方まで詰めた。誓願寺が戦闘による火災で焼失したため、忠礼は姻戚関係にあった公家野宮《ののみや》氏★の屋敷で休息をとった。長州藩兵が退避したのち、二十三日から小田原藩兵は日御門前と山崎手前円明寺の警備に当たった。これら戦闘の急報を受けた小田原では、増員二五〇名余を急ぎ京都に送り込んだ。

この間、忠礼は近習《きんじゅう》から関一臈《いちろう》ら三名を周旋方に任命し、情報収集や一橋慶喜と間の取り次ぎ役とした(「六十夢路」)。忠礼と慶喜とは従弟関係★にあり、八月二六日以降忠礼は、たびたび個人的に慶喜の元を訪れ会見している。

西国大名らによる第一次長州征伐★が実施されると、小田原藩の京都守衛も期間延長となった。さらに天狗党残党の西上が伝えられると、小田原藩・大垣藩・桑名藩・会津藩・水戸藩などに追討が命じられ、十二月四日、近江《おうみ》へ、さらに越前へと出陣することになる。家老渡辺大允《おおすけ》に率いられた小田原藩兵九九一名は、先鋒隊を拝命。冬支度もせず雪中を行軍し、加賀藩兵との挟み撃ち作戦をとったため、寒中での持久戦を強いられ、ようやく二十七日に帰陣した。今回も小田原藩兵たちは戦闘に加わらなかったが、厳しい寒さとの戦いに手を焼いた。

翌慶応元年(一八六五)正月十七日、ようやく忠礼の京都守衛番が解除となる。

▼野宮氏
大久保忠興の娘千勢が野宮定和(定晴)に嫁いでいる。

▼従弟関係
忠礼の父松平頼怨は、慶喜の父徳川斉昭の実兄。

▼長州征伐
朝廷が朝敵長州藩の討伐を幕府に命じ、幕府は西国大名の軍勢約十五万人を出兵させた。

小田原へ帰城したのは二月二十三日、当初三カ月の予定が、年をまたぎ丸八カ月間の長期出陣となった。

同年五月二十日、第二次長州征伐のため上京途中の将軍家茂が小田原城二の丸屋形《やかた》に宿泊した。この御進発には多数の幕閣・役人たちが同行したため、東海道沿線のみならず山間村まで膨大な助郷《すけごう》役が懸けられた。小田原藩領内では「御供郷人足」として延べ三万人がかり出されたという記録（「元治元年御触書付用記録」）もある。

翌慶応二年五月、米価の高騰から川崎宿や江戸で打ちこわしが発生すると、十六日小田原城下でも駄賃稼ぎの馬士たちが小田原浦に集まり、米屋・質屋を打ちこわそうと相談を始めた。幸い町年寄たちの機転で困窮人への金銭支給や米の安売りを実施し、事なきを得る。

北陸出兵行程図（「吉岡由緒書」より）

②小田原藩の戊辰戦争

薩邸浪士隊の焼き討ち標的は小田原藩の分家荻野山中藩陣屋だった。
噂を信じて遊撃隊の口車にのって勤王を捨ててしまった小田原藩。
藩の存亡をかけ勤王証明のために小田原藩が払った代償とは?

忠礼《ただのり》の甲府城代就任

慶応二年(一八六六)七月、大坂城にて将軍家茂《いえもち》(二十一歳)が死去した。一会桑政権も分裂、関白★も京から追放され、朝幕のトップが不在となる。全国で打ちこわしが多発した。十二月に慶喜《よしのぶ》(三十歳)が十五代将軍の座に就いた。難題を抱える幕府政権を尻目に、薩摩藩と長州藩が手を結び倒幕を模索し始める。

同じ頃、小田原藩は「器械《きかい》御改め」と称して多額の冥加《みょうが》金(御用金)を領民から徴収し、大砲の鋳造費に充てている。翌慶応三年六月には、この時献金した村役人や組合村取締役が多数褒賞された。

慶応三年九月、忠礼は幕府から前年新設された甲府城代《じょうだい》★に任命された。しかし、十月、京都で慶喜が大政を朝廷に返上してしまい、政権を握った朝廷は全国

▼関白
二条斉敬(なりゆき)。

▼甲府城代
享保九年(一七二四)甲府廃藩後に置かれていた甲府勤番に替えて、甲府城警衛・城下の支配を担当。

の大名に京都へ出てくるよう命じた。十二月に王政復古★の大号令が出ても、忠礼は甲府に赴任せずに上京はできないとゴネた。というより、幕府の体制を維持しようとする者たちや、武力でもって倒幕実現をはかろうとする薩摩藩・長州藩の動きを考えれば、小田原城や甲府城をもぬけの殻《から》にする訳にはいかなかった。

荻野山中藩陣屋焼き討ち事件

薩摩藩から送り込まれた小島四郎★は尊王攘夷《じょうい》派の志士五〇〇人ほどを集めて、関東で揺動作戦を開始した。彼らは薩摩藩邸を拠点としたことから薩邸浪士隊と呼ばれている。この薩邸浪士隊は、①下野《しもつけ》の出流山《いずるさん》（栃木県）で挙兵する野州《やしゅう》隊、②甲府城（山梨県）を攻略する甲州隊、③荻野山中陣屋（神奈川県）を襲撃する相州隊の三部隊に分かれ、それぞれ街道を制圧して江戸に入る計画であった。慶応三年十二月に入り、具体的に行動が開始される。

長脇差《ながわきざし》★を携えた③相州隊は矢倉沢往還★沿いに厚木町で人足と駕籠《かご》を調達し、十二月十五日の夜中、荻野山中藩★の陣屋を急襲、足軽・中間《ちゅうげん》を二人殺し、奉行役に重傷を負わせ、武器・弾薬・食料を奪うと陣屋に火を放った。その後、相州隊は行く先々で人足を駆り出し、人数は四、五〇〇人にまで膨れあがった。豪農たちから軍資金・米を強制的に差し出させ、一部は困窮民に配りながら八王子へと

▼王政復古の大号令
新政府の成立宣言。幕府の廃止を宣言、京都守護職・所司代も廃止。

▼小島四郎
尊攘派志士。相楽総三と名乗り、西郷の命令で浪士を集めた。のち官軍先鋒隊として赤報隊を組織。

▼長脇差
大小（刀・脇差）二本の携帯が武士のみに許されていたため、無宿や侠客が刀を長脇差と称して一本差しした。

▼矢倉沢往還
江戸から御殿場へ通じる脇往還。現国道二四六号（厚木街道）。

▼荻野山中藩
もと駿河松長藩（一万三千石）。大久保教翅（のりのぶ）が天明三年（一七八三）陣屋を相模国愛甲郡中荻野村（現厚木市）に移転。

向かい、そこで人足たちを帰すと甲州道中を江戸へと進んだ。

三部隊のうち成果をあげたのは、この相州隊のみだった。韮山代官《にらやまだいかん》江川英武《ひでたけ》★の手代が密かに浪士隊を監視していたため、甲州隊は江川の組織した農兵隊★によって途中で駆除されている。

知らせを受けた小田原では、翌十六日浪士隊の残党が領内に入ってくるであろうと予想し、警戒するよう領内村・領分境・飛び地へ通達した。十七日江戸の老中より小田原藩と代官江川に残党探索★が命じられ、さらに十八日には江戸にいた大久保忠礼に速やかに甲府へ出兵するよう催促がなされた。急《せ》かされた忠礼は翌十九日江戸を発《た》ち、小田原を経由して、二十八日甲府へ着城した。

農兵隊計画と勤王声明

慶応三年（一八六七）十二月大晦日《みそか》の夜、小田原城下上幸田《うわこうだ》の藩士島村又市宅風呂場の焚き付けから火の粉が風に煽《あお》られ飛び火した。城下町の東半分を焼失する大火となる。延焼が続き大火災となったのは、浪士隊の残党が抜き身の槍を持って放火して回っているという噂が立ち、住人たちによる消火活動が不徹底だったためといわれている（『明治小田原町誌』上）。

明けて慶応四年（明治元年、一八六八）正月三日、徳川慶喜の率いる幕府軍と薩

▼**江川英武**
英龍の五男。兄英敏の跡を継ぎ文久二年（一八六二）、九歳で代官職を相続。

▼**農兵隊**
英龍・英敏の主張してきた農兵隊が文久三年取り立てを許可された。農民を組織し、武器を持たせ治安維持に当たらせた。

▼**残党探索**
相州隊の残党が甲府へ向かったと噂された。

摩・長州連合軍との間に鳥羽《とば》・伏見にて全面戦争が開始された（戊辰《ぼしん》戦争★）。結果、幕府軍が負け、慶喜は大坂から軍艦開陽丸で江戸へ敗走した。これ以降、幕府軍は朝敵となり、朝敵を討つ薩長軍が官軍となる。

十五日、忠礼は旧幕府より甲府城代を免ぜられ、小田原に戻って箱根等関所の警衛を増強するよう命じられる。そして代官江川の農兵隊が成果をあげたことから、小田原藩でも領内の治安対策のため農兵隊組織を決定した。二月になって三八〇人規模の大隊編成が領内村に通達され、地域ごとに人員も確定したが（「農兵御取立演舌書」）、結局計画だけで実施にまでは至らず仕舞いであった。

一方、東征大総督★のもと官軍が組織され、二月十五日京都を出発。東海道・東山《とうさん》道《どう》・北陸道の各軍を合わせると約五万人からなる官軍を実質的に指揮する参謀は西郷隆盛らであった。東海道の先鋒軍は早速、小田原藩に勤王の意志を問い合わせてきた。すでに江戸では慶喜が上野寛永寺に籠もり恭順の意を示していたので、二十七日、小田原藩も藤枝宿まで来ていた先鋒軍に勤王の誓詞を提出した。先鋒軍参謀★から官軍通行の際の食料・人馬の用意を命じられ、箱根等関所の警備を引き続き任されることになる。三月二十六日、東海道先鋒総督橋本実梁《さねやな》★が小田原に到着。続いて四月十一日には東征大総督有栖川宮熾仁《ありすがわのみやたるひと》親王★が小田原に宿泊し、江戸へ向かった。同日、東征軍の参謀西郷と幕府の陸軍総裁勝義邦《よしくに》（海舟★）の会談により、すでに江戸城は無血開城していた。

▼戊辰戦争
旧幕府・諸藩と新政府軍との間の内戦。鳥羽・伏見の戦いから箱館戦争（明治二年五月）まで続く。

▼東征大総督
諸藩を従属させるために組織された東海道・東山道・北陸道三道の先鋒総督兼鎮撫使を統括。

▼先鋒軍参謀
西郷隆盛・広沢真臣（さねおみ）・海江田武治など。先鋒軍を実質的に指揮した。

▼橋本実梁
公家・左少将。

▼有栖川宮熾仁親王
もと和宮の婚約者。王政復古後、新政府の総裁。

▼勝義邦（海舟）
長崎の海軍伝習所で学び、咸臨丸で太平洋を横断。幕府の軍艦奉行。鳥羽・伏見後、慶喜より後始末を任される。

▼撤兵隊
もと諸組同心などから編成された歩兵隊。隊長福田八郎右衛門以下二〇〇〇名が逃走。

遊撃隊が出現、藩論は佐幕へ、また勤王へ

江戸城が官軍に占領されると、旧幕府陸軍の撤兵《さっぺい》隊★や遊撃隊★は江戸を脱出し、徳川家の勢力回復のため上総請西《かずさじょうざい》★藩主林忠崇《ただたか》（二十一歳）を頼った。林は伊庭《いば》八郎・人見勝太郎らの率いる遊撃隊に協力することを決め、請西藩兵を加えた遊撃隊約三百名は閏《うるう》四月三日請西藩陣屋を出発。海路真鶴《まなづる》に上陸したのち、林の部下が大久保忠礼のいる小田原へ派遣され、協力と挙兵を要請するも拒否された（「大久保忠良記」）。それではと遊撃隊は韮山★へ向かうが、代官江川は京都におり、続いて沼津へ行くも藩主水野忠敬《ただたか》は甲府城代として赴任中であった。

甲府へ向けて黒駒まで来ていた遊撃隊は、西郷の使者山岡鉄太郎（鉄舟《てっしゅう》）・石坂周造らの説得を受けて、沼津城下の香貫《かぬき》村まで引き返した。

一方、大総督府は参謀の配下に軍監を置いて、こうした動きを鎮圧することにした。伊豆・相模二国の担当となった軍監は鳥取藩士の中井範五郎と佐土原藩士三雲為一郎で、

▼遊撃隊
もと小十人組の一部、上野戦争に際して組織された旧幕臣の彰義隊に付属。

▼上総請西藩
もと上総貝淵藩（現千葉県木更津市）、一万石。嘉永三年（一八五〇）陣屋を請西村に移転。

▼韮山
現静岡県伊豆の国市。

＊『小田原市史』通史編近世の掲載図を参考に作成。

五月八日小田原に着任する。

江戸では旧幕府軍の彰義隊★が上野に籠もり官軍相手に反旗を翻《ひるがえ》すが、五月十五日の戦闘で敢えなく壊滅した。その知らせを聞いて遊撃隊は進撃を開始し、人見を隊長とする先鋒隊を江戸へ差し向けた。同じく急報を受けた小田原の軍監は遊撃隊を阻止すべく、小田原藩に箱根関所への藩兵増員を命じた。

十九日、関所での両軍の話し合いは決着が付かず、夜になって戦闘となった。遊撃隊は少人数であったため箱根宿に火を放って退陣した。その頃小田原では、慶喜と脱走兵らが軍艦で下田に着き小田原に向かっているという噂（誤報）を信じ、忠礼ら藩首脳陣は藩論を佐幕に反転させ、遊撃隊を小田原城に迎え入れることにした。関所を通過した遊撃隊の先鋒隊は小田原へ向かう途中、箱根関所へ向け山道を上ってきた中井軍監と鉢合わせし、中井を殺害したのち、二十一日小田原城下に到着した。抜き身の刀をぶら下げた先鋒隊士ら一四八名が宿内に分宿すると、不安を感じた城下住民たちは次々と郊外に避難し始めた。

遊撃隊受け入れの情報を耳にした三雲軍監は身の危険を感じ、小田原を脱出しようとするが、折からの大雨で酒匂《さかわ》川は川止めであった。漁船をチャーターして辛くも追っ手をまき、江戸に小田原藩の裏切りを報告した。

江戸留守居《るすい》中垣斎宮《さいぐう》（謙斎《けんさい》）は無謀な小田原の寝返りを聞いて、すぐさま藩論を勤王に戻すべく小田原に向かい、二十三日、説得を開始する。江戸での小田原

▼彰義隊
慶喜の側近ら旧幕臣で組織され、付属隊も含め三〇〇〇人が上野に立て籠もった。

東征軍の行進（「大総督東下之図」部分、堀内久員蔵・藤沢市文書館寄託）

藩は新政府に協力的だということで五万石の加増が内定★していたのに、これでは水の泡になると藩主忠礼を説得。小田原藩の藩論は再び勤王へと戻り、二十四日、忠礼から挙兵中止を申し渡された遊撃隊は箱根へと引き上げていった。

同日、前藩主忠愨《ただなお》の母浄心院と忠礼の後室順《じゅん》★は久野《くの》村の総世寺《そうせいじ》★へ退去し、忠礼自身も翌二十五日、城下大工町の本源寺★に入って謹慎の意を示した。また、藩は城下住人に対して混乱による休業補償として玄米一〇〇〇俵、周辺村へも蔵米三〇〇〇俵を払い下げた。

箱根戦争

江戸の大総督府は三雲の報告を聞き、鳥取藩・長州藩・岡山藩・津藩の藩兵からなる官軍を引き連れた問罪使《もんざいし》穂波経度《つねのり》らを小田原へ派遣する。小田原藩は家老渡辺了叟《りょうそう》らを大磯宿の問罪使のもとに派遣し、遊撃隊に騙《だま》されたためと釈明し、小田原藩の手で遊撃隊を仕留めてみせると嘆願した。問罪使★は藩主忠礼の官位剥奪・領知没収を宣告するとともに、小田原藩が願い出た遊撃隊の掃討《そうとう》を許可した。

小田原を退去した遊撃隊の先鋒隊は箱根湯本に留まり、追っ手との戦闘準備に入った。湯本の三枚橋から入生田《いりうだ》村山崎★間の東海道を封鎖し、砲台を築いた。一方、小田原藩兵は二十六日朝、先鋒隊の陣地を包囲する戦陣を布いた。昼頃に戦

▼加増が内定
この知らせの使者が大雨による相模川の川止めにより足止めを受け、小田原への通達が遅れていた。

▼後室順
荻野山中藩主大久保教義の娘。

▼総世寺
曹洞宗。文安二年（一四四五）大森氏の開創と伝える。

▼本源寺
大久保氏内庵。もと美濃国加納に大久保忠職（ただもと）が父忠常のために開基した法華宗本性寺。忠朝が小田原入封の際に天台宗本源寺に改める。

▼問罪使
軍監中井を殺害し遊撃隊を受け入れた小田原藩への処分を決定する大総督府からの使節。

▼入生田村山崎
現小田原市。

闘が始まり、銃撃戦ののち白兵戦へと突入。入生田村の山側と反対の石垣山から挟み撃ちにした小田原藩の砲撃が功を奏し、先鋒隊は湯本茶屋に火を放ち敗走していく。

酒匂川の川明けを待っていた問罪使と官軍は、同日小田原藩が出兵したのと入れ替わりで小田原城を接収するため入城した。官軍の一部は小田原藩の掃討戦を見届けるために、小田原藩兵の後詰《しんがりづめ》として出陣する。小田原藩兵は先鋒隊を追い掛け、二十七日は東海道の白水坂・権現坂で追い打ちを掛けた。その後、箱根山中に逃げ入った残党を追い掛け三小隊に分かれて追撃。林ら遊撃隊本隊は日金《ひがね》道《みち》★を越えて熱海《あたみ》に到着し、船にて房総へと落ちのびていった★。追討戦にて討ち取りや生け捕りもあったが、結局遊撃隊を壊滅させることはできなかった。

官軍は六月以降も小田原に駐屯を続け、勝てば官軍と表現される如く、かなり素行が悪かったという（『明治小田原町誌』上）。宿泊先に飯盛女・芸者を引き込んでドンチャン騒ぎをするわ、飲み食い代の支払いを渋るわ、小田原城に備え付けの武具・鉄砲・大筒《おおづつ》を勝手に持ち出すなど、その行動は目に余ったという。

小田原に暮らす人びとにとっての大久保家

勤王から佐幕へ寝返った責任調査で、家老渡辺了叟・吉野大炊介《おおいのすけ》、年寄早川矢《や》

官軍供養碑（小田原市板橋・宗福院）
＊軍監中井範五郎ら一六名を供養する。

▼日金道
三島・熱海から日金山東光寺（熱海市）に至る峠道。現静岡県道一一号。

▼房総へと落ちのびて
林は榎本武揚（たけあき）率いる旧幕府海軍と行動をともにし、十月仙台藩に降伏する。

▼遊行上人
江戸に出て、問罪使を務めた穂波や三条実美・岩倉具視（ともみ）ら公家に忠礼寛大処分を嘆願した。

柄《がら》、御用人関小左衛門がさらなる審問のため江戸に護送され、六月八日、小田原藩の上屋敷に拘禁されることになる。その後、小田原駐屯官軍は津藩兵三百名だけとなり、参謀河田佐久馬《さくま》と軍監三雲が小田原藩地域を取り仕切った。家老岩瀬大江進《おおえのしん》は江戸送りとならなかったことに責任を感じ、六月十日「殿様御謝罪、万分の御一端にも」なればと遺書を残して自害した。

一方、六月三日小田原城下住民と在方領民の代表は藩主忠礼に対する寛大な処分を願う歎願書を作成し、参謀河田に提出した。七日には、領内寺院も一丸となって藤沢清浄光寺《しょうじょうこうじ》の遊行上人《ゆぎょうしょうにん》★を介して河田に嘆願している。七月に入ると小田原宿からの歎願書が、交替した軍監安永又吉★宛てに出され、小田原藩士一同も津藩家老を通じて大総督府に寛大処分を願い出た（『明治小田原町誌』上）。八月には遅ればせながら領内の神主一同も歎願書を軍監に提出している。

さて、資質や人望とは異なる次元で起きた藩主忠礼に対する、こうした命乞い運動はどのような心性に由来するのだろうか。大久保家に他家から養子で入った殿様であり、上京出兵、武備増強、甲府出兵と、ことあるごとに領民に莫大な借用金・御用金を要求した藩主であったが、家中・領民は忠礼を見捨てずに自分たちの領主として支え続けようとした。徳川将軍の「御為《おため》」を究極の目的として、その政権の一翼を担い、小田原を守り続ける大久保家があって、その当主を自分たちの殿様として肯定し続けている。代々仕える家中・家臣がおり、藩主による

▼安永又吉
伊豆・相模両国を担当する豆相軍監。八月からは韮山県付属の監察となり、そのまま小田原に詰めた。

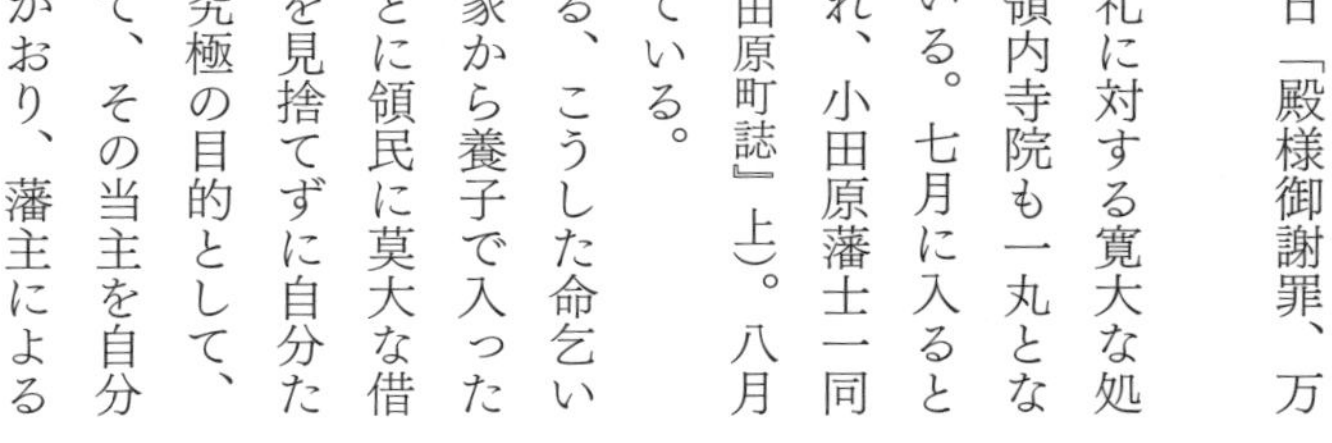

岩瀬大江進遺書写（部分、小田原市立図書館蔵岩瀬家文書）

統治権のもとで藩領域の平和と安定が長きにわたって曲がりなりにも維持されてきた。そのことに対する恩義、すなわち「国恩」に報いる行為といえようか。だから徳川将軍に国内統治権がある限りは、大名領主がどれほど領民に御用金・先納金を要求しようとも、金融商人から何万両借金して返せなくとも、赤字財政だけを理由に藩は潰れたりしない仕組みであった。

八月小田原藩領域は、六月に代官から韮山《にらやま》知県事《ちけんじ》となった江川英武《えがわひでたけ》が支配することになる。東北地方で戊辰戦争がいまだ展開する中、九月八日、慶応から明治と元号が代わり、明治天皇★（十七歳）が東京★へ向け東征を開始する。同月二十七日、忠礼の処分が永蟄居《えいちっきょ》★に決まった。あわせて、大久保家一族の中から後嗣《こうし》を選び、小田原城と七万五千石の所領の相続が許された。三万八千石の減封であるが、大久保家の家名存続が認められたのは、寛大な処置であったといえる。

十月二日、分家荻野山中藩主大久保教義《のりよし》の長男岩丸（十一歳）との養子縁組が許可された。あわせて本家家督の相続が許され、岩丸は名を忠良《ちゅうりょう》と改め、新藩主となった。忠良は、改めて箱根関所等要害の警衛担当を新政府から拝命する。また、拘禁中の家老渡辺について、小田原藩の方でしかるべき処置をするように命じられた。これを受けて渡辺は藩の命令にて切腹する。拘禁されていた残り三人の重役は国元謹慎となり、これによって箱根戦争において小田原藩のとった行動に対する処分は終了した。

▼明治天皇
慶応二年十二月、父孝明天皇（三十六歳）死去。同三年正月践祚（せんそ）。同四年（明治元年）八月即位。

▼東京
先だって七月、江戸を東京（のち東京）と改称。

▼永蟄居
刑罰としての無期限自宅謹慎。

◆3

明治の藩制と小田原県

十一歳の分家長男忠良が大久保本家を相続する。
小田原城は売却され、鯱はドイツへ渡って行った。
わずか四カ月間だけ存在した小田原県、すぐに足柄県となる。

小田原藩の職制改革

新政府は中央集権方針を表明、明治元年（一八六八）十月、藩治職制を公布し、領主権力を中心とする藩体制の解体を目指していく。小田原藩も、翌明治二年に入ると順次改革を進めていった。手始めに大量の藩役人（重役）を罷免し、三月には版籍奉還の願書を新政府に提出した。

六月には藩の職制・兵制、および藩校の制度を大改変した。まず家老・年寄などの職制を府県制★に準じて執政・参政・公議人などに改め、議事の制を取り入れている。御番帳入《おばんちょういり》の家中は一等官～六等官に分けられ、もと御番帳外は七～九等官とし、それぞれ等級に応じた官職が定められた。また藩主大久保家の家政を藩の行政と分離し、家政を担当する家知事を別に置いた。

▼府県制
新政府は閏四月府藩県三治制を導入、旧幕府直轄地が九府・二十二県となり、知府事・知県事のもと地方制度を刷新。

兵制も近代化が推し進められ、職員を除く一～六等官を門閥（格席）にかかわらず兵士とする皆兵制とした。兵士は、もと御番頭《おばんがしら》に相当する番師里見徳太郎・山本主計介《かずえのすけ》・大久保右衛門《えもん》兵衛《ひょうえ》・孕石帯刀《はらみいしたてわき》らのもと、監察・砲車長・総伍知官・砲車伍長・兵士嚮導《きょうどう》・銃手・弾薬方からなる四分隊に組織された。

藩校諸稽古所《しょけいこしょ》は文武館と名を改め、文武両道の推進を方針とし、諸稽古所奉行などの管理職は執政・参与・庶務知事に改変され、教師も文督学と武督学それぞれが一等教師―一等助教―二等教師―二等助教の階層職制に分けられ授業を分担することとした。文督学には新たに国学・英学も取り入れられていく。さらに明治二年末には庶民の入学も許可された。

明治二年六月十九日、版籍奉還の願書が明治政府に受理され、改めて藩主忠良が小田原藩知事に任命される。七月、十月と藩の職制・兵制は改正が加えられ、新体制が整えられていく。徳川慶喜《よしのぶ》・松平容保《かたもり》らの朝廷に反逆したという罪が宥免されたのを受けて、十月四日大久保忠礼《ただのり》の永蟄居《えいちっきょ》も解除された。

行政システムでは、六月に村方を担当する地方《じかた》役所を郡政局、特産品の生産・販売を管轄する国産方を生産方と改め、十月には寺社・郡政・市政（町方）の各局をまとめて民政局が置かれた。役所は民政役所、担当は民政掛と呼ばれることになる。

藩借の行方と小田原城の売却

城下の一丁田《いっちょうだ》町で曽比《そび》屋（質屋・呉服商）を営み、江戸後期から幕末にかけて小田原藩の御金肝煎《きもいり》（御用聞《ごようきき》）だった辻村甚八郎家に残る史料によれば、忠礼の初入部、京都出兵や器械改め、甲府城代赴任、箱根戦争と、そのたびに領内には借用金・御用金が賦課されたことがわかる。村高百石につき三両ずつなどと高割《たかわり》負担を基本としたが、足りない分は富裕な町民・農民からの拠出となった。こうした借用金・御用金を城下・領村から取りまとめて藩への納入を請け負う責任者が御金肝煎である。甚八郎もかなり出費しており、そのことをもって何度も褒賞され、名字《みょうじ》御免や藩からの扶持《ふち》支給は本人のみならず子・孫の代まで永代に許されることになる。慶応三年（一八六七）末に甚八郎が取りまとめて納入した金額は一万両に達し、翌明治元年（一八六八）も続けて借用金を都合し、そのことを褒賞して藩は明治二年三月、久野《くの》村★坊所《ぼうしょ》にあった御林《おはやし》八反《たん》一畝《せ》二十歩《ぶ》（約八〇アール）を甚八郎に渡している（「御勘定所ニ而被仰渡候」）。借用金は当分返せる見込みがないので、せめてもと御林の一部を下げ渡したのであった。

勿論、大坂の金融商人らかの借金も増えていた。明治二年十二月、大坂の石原五郎左衛門は鴻池《こうのいけ》ら債権者の手代を呼び出し、忠良の家督相続に対する祝儀に

▼久野村
現小田原市。

辻村甚八郎拝領の文箱（辻村百樹蔵）

返礼するとともに、藩借の返済方法について改めて頼み込んでいる。鴻池家からだけでも、元治元年（一八六四）から慶応三年（一八六七）までの四年間で銀九五七貫目の新規借金があり、総額では一二八一貫目に達しながら小田原藩は無返済であった（明治五年「旧藩負債書上ケ取調控」）。結局、銀相場の下落から金立てに改められ、銀八〇〇貫目（金四八七二両余）は無利息十五年賦返済、残り銀四八一貫目（金二八二五両余）は同じく無利息三十年賦返済という内容の二通の証文に書き替えてもらうことができた。

　減封で表高が七万五千石となった小田原藩の実質の収納高は二万石そこそこで、藩知事の家政は、その収納高の一〇分の一で賄うこととされた。明治三年六月、忠良は二の丸屋形を出て、三の丸のもと家老杉浦邸に移った。閏《うるう》十月赤字財政を補塡するため小田原浦の三台場と荒れ放題の小田原城の売却を新政府に願い出ることになる。許可が下り、十一月十日、天守と五つの櫓《やぐら》は高梨町の平井清八郎に九〇〇両にて払い下げられた（『明治小田原町誌』上）。天守の鯱《しゃちほこ》は横浜のドイツ人に七百両で売られ、ドイツに渡ったといわれているが、その後の行方はわかっていない。同月二十六日には大久保家の刀剣・書画・茶器なども入札にかけられた。翌明治四年三月、小田原藩は災害等での窮民救済を目的に義倉《ぎそう》局を設け、天守等の払い下げで得た代金を元手にはしたが足りず、士族から庶民まで一軒ごとに毎日三文ずつの積み立てを開始することになる。

解体中の天守（横浜開港資料館蔵）

つかの間の小田原県

明治四年（一八七一）になって小田原藩内では郡県制★の議論も出始めていた。一方、政府内部では六月にそれまでの参議が総辞職し、西郷隆盛・木戸孝允《たかよし》らが新参議に任命されると、中央集権体制をより一層強めるために廃藩置県★の断行が議論され始めた。七月十四日、在京していた五六人の藩知事が皇居に呼び出されると突然、廃藩置県の詔書《しょうしょ》が読み上げられた。藩知事は皆罷免され、国元にあった藩知事も華族★として東京への移住が強制された。これによって小田原藩の歴史は幕を閉じ、九月に忠良、十一月には忠礼が東京に移り住むことになる。

小田原藩は小田原県に移行し、直前に大参事であった大久保忠重がとりあえず代理を務めたが、小田原県参事が正式に任命されるのを待たずに、十一月十四日小田原県・荻野山中県・韮山県は合併され足柄県となった。足柄県参事（のち権令・県令）には韮山県の柏木忠俊★が就任し、県庁は小田原城内二の丸に置かれた。そして、その足柄県の官員の過半は、もと小田原藩士が占めることになる。

なお、明治六年廃城令後も小田原城は残った、同年末本丸・二の丸の所轄は陸軍省に移されることになる。

▼郡県制
全国を郡・県に分け、中央から役人・軍隊を派遣し統治する地方制度。藩士たちから身分・知行を取り上げることになる。

▼廃藩置県
藩体制の廃止、計二六一藩が廃藩。全国は一使（開拓使）・三府（東京・大阪・京都）・三〇二県となった。

▼華族
明治二年版籍奉還後、公卿（公家）・諸侯（大名ら）の呼称を華族に改めた。

▼柏木忠俊
元伊豆韮山代官所手代、代官所廃止・韮山県設置後、同県大参事となる。

これも小田原

最後の小田原藩主 大久保忠良《ちゅうりょう》

　忠良は安政四年（一八五七）、上総一宮《かずさいちのみや》藩主加納久儔《ひさとも》の娘を母に、小田原藩大久保家の分家・荻野山中藩主大久保教義《のりよし》の長男として生まれた。幼名を岩丸《いわまる》といって、嫡《ちゃく》男《なん》とされたが、明治元年（一八六八）十月、大久保忠礼《ただのり》の蟄居《ちっきょ》に伴い宗家小田原藩主の家督を相続することになる。まだ十二歳であった。

小田原藩知事大久保忠良
（『関重忠日記抄』より）

　翌明治二年六月、藩知事を拝命するに際して新政府より従五位下《じゅごいのげ》・相《さが》模守《みのかみ》に叙任される。十月から忠礼が付けてくれたという実名《じつみょう》（諱《いみな》）忠良を名乗りはじめ、同三年十二月にはもと公武合体派の公家徳大寺公純《きんいと》の娘と婚約する。

　明治四年七月、廃藩置県により藩知事を免ぜられ、その年のうちに東京に移り住む。九月には慶應義塾への入学が認められているので、しばらくは学生生活を送ったようだ。同八年七月、病気を理由に宗家当主の座を忠礼に譲ったかと思うと、翌九年一月には下士官養成の陸軍教導団に入学した。二十歳になってたから陸軍士官学校でもよかったような気もする。

　しかし、翌明治十年西南戦争が始まるや三月には陸軍伍長に任命され、翌月には征討軍付となり九州へ出陣。そして同月二十九日、激戦地田原坂《たばるざか》に近い木留口《きとめぐち》平野村（熊本県植木町）にて敵弾を受けて戦死した。

　翌年、小田原の松原神社境内に忠良と小田原出身の戊辰・西南戦争戦没者を追討する「靖献《せいこん》之碑」が建てられた（現在は城山の大久保神社へ移転）。

「靖献之碑」
（「小田原史蹟名勝写真誌」より）

これも小田原

小田原の名物・名産②

《イカの塩辛《しおから》・鰹《かつお》のたたき》

筋違橋町《すじかいばしちょう》の美濃屋吉兵衛《みのやきちべえ》は、先祖浅井吉兵衛が外郎家と同様に戦国時代に小田原へ来住したという由緒を持つ。江戸時代になって梅干しを商っていた。

生来大酒のみの五代目吉兵衛は、連日大漁のイカを酔った勢いで大量に買い付けた。値段は暴落、売れないイカをとりあえず塩漬けにして、いろいろ考えた末に糀《こうじ》を混ぜてみた。二、三日おいてから食べてみると美味《おい》しかったので、ほしい客には捨て値で売れと命じて、店先に塩辛の樽を並べたところ、大当たりとなったという。

美濃屋の看板

「名物イカの塩辛・鰹のたたき、相州《そうしゅう》小田原筋違橋美濃屋吉兵衛」と記された看板が今も残っている。

《竹の物差し》

年輩の方なら誰でもが、小学校にあがるとランドセルに三〇センチメートルの竹製の物差しをさして通った記憶があるはずだ。昭和三十年（一九五五）頃、全国で生産された約七〇〇万本の物差しのうち、小田原産が八割を占めたという。

一説に、将軍徳川吉宗が紀州熊野神社にあった古尺をもとに、標準の物差し「享保尺」製造を酒匂《さかわ》村の名主鈴木新左衛門《しんざえもん》に許可したことに始まるとされる。

明治八年（一八七五）、度量衡の統一のため、各府県での製作が制限されることになった。足柄郡では、度器《どき》（物差し）が酒匂村の鈴木新左衛門、量器（ます）が小田原の曽根田忠蔵、衡器（はかり）は同じく小田原の野沢好兵衛が免許を取得。その後、神奈川県に編入後、鑑札人数制限が無くなっても、鈴木家は度器製作を続け、小田原の地場産業の一つに成長していくことになる。

昭和15年神奈川県の度器生産（「小田原現勢写真帖」より）

エピローグ

小田原藩の歴史資料を受け継ぐ

平成二十九年（二〇一七）、小田原藩大久保家の家臣子孫を中心とする親睦会である小田原有信《ゆうしん》会《かい》が解散し、その百三十九年の歴史に幕を下ろした。

明治十二年（一八七九）に家臣やその子弟が藩主家を盛り立てるために保護社を設立し、同二十一年に小田原共同社と改称する。当時の社員は七百六十名を数え、小田原と東京それぞれに部会を組織していた。同二十六年には小田原城天守台への大久保神社鎮座に大きな役割を果たした。そして、同三十二年小田原有信会と名を改め、大正～昭和期には大久保家からの拠出金をもとに会員子弟の育英奨励事業を推進した。

昭和に入ってからは散逸しつつある資料の収集に努め、小田原地域の史跡の調査を行い、昭和六年（一九三一）には瀬戸秀兄を中心にして「近世小田原史稿本」を編纂した。出版こそされなかったが、今となっては稿本にしか記録されていない史料もある。戦後、有信会は占領軍によって一旦解散を命じられるものの、対日講和条約締結後の昭和二十九年に再び組織された。

東京の大久保邸が戦災に逢い、戦後平塚にあった大久保家も火災で焼失したことから、小田原藩の藩有文書といえる古文書は極めて少ない。残った古文書類は有信会に受け継がれ、一部藩士家の史料と合わせて昭和三十七年小田原市立図書館に寄贈された。図書館では貴重な郷土資料として特別集書の一つに加え、同四十三年『小田原有信会文庫解説目録』を作成し、公開している。

小田原有信会文庫のうち、大久保家家中の履歴書である「御家中先祖 並《ならびに》 親類書《しんるいがき》」は小田原市立図書館から郷土資料集成四～七巻として出版された。ほか『神奈川県史』や『小田原市史』に収録された史料も多い。また、建言文が福沢諭吉作とされる、明治十三年の相模国足柄上郡・淘《ゆ》綾《るぎ》郡の国会開設請願署名簿も文庫に含まれている。

小田原市立図書館は小田原有信会文庫をはじめ、寛永・元禄・大正とたび重なる地震被害をくぐり抜けた有浦《ありうら》家・岩瀬家・板倉家など、藩士宅に残った古文書も所蔵している。また、本陣片岡家の資料は数少ない江戸時代の城下を物語る史料群である。そのほかにも所蔵・寄託資料を多く保有しており、これらのアーカイブズ（記録史料）が今後も整理・保存・公開・活用されることを願って止まない。

あとがき

小田原のことを研究しだして三十年近くになる。一九九一年の春から『小田原市史』の編さんに携わることになったのが切っかけだ。それまではまったく違う分野を勉強していた。来てみると小田原の近世史を対象とする若手研究者は皆無で、小田原の藩政史に関するアカデミックな研究論文も少なく、史料編はいざ知らず、通史編を成すには先行研究どころか執筆者の確保すら覚束ない状況だった。否応なく、小田原の藩政史に手を染めていくことになる。

まずは、十七世紀の小田原藩政を解き明かすのに欠かすことのできない、「永代日記」を始めとする「稲葉日記」を読み始めた。まだパソコンソフトが普及する前で、市役所にあった、すでに型落ちのパソコンとメーカ開発の古いデータベースソフトを使ってデータを取り始めた。ソフトが表計算ソフト等に変換可能であったことに気付いた。それが幸いだった。市内の古文書の収集・整理の合間を見て、二年以上かかってしまったが、「稲葉日記」は一級の史料であったため、その虜になってしまった。

その成果を研究誌に発表しながら、のち学位論文や著作に結実させることができたし、『小田原市史』通史編近世の執筆にも活かされることになる。そして稲葉期の藩政のみならず、小田原地方の地域社会のシステムを解明することから、研究対象を地域史のさまざまな分野に手を広げていった。というより、視野を広げ、複数の視点から分析しなければ良質な地域史は描けないと悟ったような所もあった。近世史の全体像を総体的に解明する理論などという学会での流行より、通説化している地域の歴史像に物申すことの方が楽しく思えるようになってきた。素材となる古文書は、見きれないほどあった。

自分自身が小田原のことを勉強することも大事であるが、それ以上に気にかけたのは地域の近世史を扱える若手の研究者を呼び集めることで、そのために小田原近世史研究会を立ち上げた。大学や研究機関を母胎としない、例会後の飲み会が一層盛り上がる小さな研究会ではあるが、論集を二冊世に問うた。協力してくれた同僚・仲間がいてくれたから成果を出せたと自覚している。偉そうにできないし、偉くもないので、後輩たちを盛り立てることに専念してきた。しかし、それとても未来の小田原近世史研究が安泰かといえば、どうであろうか。

今回はページ数の限られた一般書であるので割愛した内容があるし、十分な形で取りあげられなかった先行研究もあるが御寛恕願いたい。本書は小田原城天守閣の諏訪間順氏の薦めがあって、執筆することができた。また、現代書館の菊地泰博氏・加唐亜紀氏には編集・校正にて大変御世話になった。この場を借りて御礼申し上げたい。

二〇一八年八月　　　　　　　　　　下重　清

参考文献

【史料】

「文久図」小田原城天守閣
「大久保忠真詠草」／関重麿「六十夢路」／「小田原現勢写真帖」小田原市立図書館
「安政五年順席帳」小田原市立図書館有浦家文書
「小田原城図（天保図）」小田原市立図書館板倉文書
「相州小田原古絵図（加藤図）」／「藩士覚書」小田原市立図書館岩瀬家文書
「安政三年宿賄請払勘定帳」／大久保忠真「春鶯集」小田原市立図書館片岡文書
「近世小田原史稿本」／「小田原本丸御殿図」／「嘉永元年韮山塾中条目」／徳川斉昭「山海二策抄」／「小田原家秘記」／「小田原史蹟名勝写真誌」小田原市立図書館小田原有信会文庫
「小田原掛合控」大阪大学経済学部経済史・経営史資料室鴻池家文書
「招隠館漫録抄」京都府立京都学・歴彩館田辺家文書
「明治五年旧藩負債書上ケ取調控」鴻池合資会社資料室鴻池家文書
「徳川家康書状」／「稲葉日記」淀稲葉神社
「寛文三年箱根湖切貫の立願状」箱根神社
「元治元年御触書村用記録」小田原市小沢俶男
「安政六年宿柄指出書類」小田原市小西正樹
「吉岡由緒書」東京都吉岡卓也

【文献資料】

『御触書寛保集成』
『幕末御触書集成』第六巻
『下野国近世初期文書集成』第三巻
新井白石『藩翰譜』
新井白石『折たく柴の記』／富田高慶『報徳記』／根岸鎮衛『耳嚢』（『岩波文庫』）
飯沼関弥『会津松平家譜』
内田四方蔵編『関重忠日記抄』
十返舎一九『東海道中膝栗毛』（『日本古典文学大系』）
福原高峯『相中留恩記略』
松浦静山『甲子夜話』（『東洋文庫』）
矢嶋松軒『江戸時代落書類聚』
『武野燭談』（『江戸史料叢書』）
「東海道宿村大概帳」（『近世交通史料集』）
『細川家史料』永青文庫細川文書（『大日本近世史料』）
「梅津政景日記」秋田県立図書館（『大日本古記録』）
『楽只堂年録』柳沢文庫（『史料纂集』）
「日向変動記事」（『新収日本地震史料』第二巻）
「諸国郷村へ被仰出（慶安の御触書）」（『徳川禁令考』）
「東照宮御実紀付録」／「大猷院殿御実紀」（『徳川実紀』）
「（享保九年）順席帳」横浜市大澤廉夫／「惣家中江申聞候草案」埼玉県茅島惇子／「惣益一条」小田原市立図書館片岡文書／「文政八年小田原御家中知行高覚」「（文政年間）江戸分限帳写」小田原市立図書館／「小田原仕法命令書」兵庫県二宮尊志／「于役襍録 乾」小田原市立図書館旧大久保家文書／「大久保忠良記」東京大学史料編纂所（『小田原市史』史料編近世Ⅰ）
「相州小田原宿書付」開成町岡野家文書／「貞享四年条々」大井町武松春雄／「開発馬飼料麦種代三色金割付連判帳」小田原市立図書館船津家文書／「今度富士山焼申候ニ付石砂降見分帳」小田原市宇佐美勝朗／「降砂ニ付小田原へ」山北町鈴木家文書／「相州川浚御普請記録帳」岡山大学附属図書館池田家文庫（『小田原市史』史料編近世Ⅱ）
「御領主様御入部記」小田原市立図書館片岡文書／「御目見郷町前後論再願書写」小田原市長谷川範／「先御殿様御帰之節被仰渡書写」小田原市稲子家文書／「農兵御取立演舌書」大井町間宮恒行／「御勘定所ニ而被仰渡候」東京都辻村百樹（『小田原市史』史料編近世Ⅲ）
「宝永天守閣棟札」小田原市大久保神社（『小田原市史』別編城郭）
片岡永左衛門『明治小田原町誌』上／『御家中先祖並親類書』小田原有信会文庫（『小田原市立図書館郷土資料集成』）
「稲葉氏覚書」淀稲葉神社／「稲葉正則書状」京都府立京都学・歴彩館田辺家文書／「稲葉家御引送書写」小田原市立図書館岩瀬家文書（『神奈川県史』資料編4）
「元禄・宝永地震」小田原市大久寺（『神奈川県史』資料編5）
「小田原町明細書上」小田原市久保田家文書（『神奈川県史』資料編9）
大淀三千風「鴫たつ庵縁起」／三浦寛作「相中襍誌」（『神奈川叢書』）
清水浜臣「箱根日記」（『神奈川県郷土資料集成』6）
「小田原領明細調壱」「小田原領明細調四」（『二宮尊徳全集』第十四巻）
「文政十一年御直書」／「天保九戊戌年日記」（『二宮尊徳全集』第十五巻）
「村鑑 塚原村」南足柄市石川明世／「御目見江一条願書控」南足柄市（『南足柄市史』2）
「今度富士山焼申候石砂見分帳」南足柄市関本区有文書（『南足柄市史』3）

【参考文献】

『小田原市史』別編城郭（小田原市、一九九五）
『小田原市史』通史編原始・古代・中世（小田原市、一九九八）
『小田原市史』通史編近世（小田原市、一九九九）
小田原市市史ダイジェスト版『おだわらの歴史』（小田原市立図書館、二〇〇七）
『裾野市史』6〈資料編深良用水〉（静岡県裾野市、一九九一）
『小山町史』7〈近世通史編〉（静岡県小山町、一九九八）
『南足柄市史』6〈通史編1〉（南足柄市、一九九九）
『大磯町史』6〈通史編古代・中世・近世〉（大磯町、二〇〇四）
『山北町史』通史編（山北町、二〇〇六）
『二宮町史』通史編Ⅱ〈近世〉（栃木県二宮町、二〇〇八）
『新横須賀市史』通史編近世（横須賀市、二〇一一）
『〈図録〉七湯の枝折』（箱根町立郷土資料館、二〇〇四）
『〈図録〉戦国最大の城郭 小田原城』（小田原城天守閣、二〇一二）
『小田原城天守閣 展示案内』（小田原城天守閣、二〇一六）
『〈図録〉小田原城址の一五〇年』（小田原城天守閣、二〇一七）
中央防災会議災害教訓の継承に関する専門調査会編『一七〇七 富士山宝永噴火報告書』（二〇〇六）
内閣府防災担当『一七〇三 元禄地震報告書』（二〇一三）
『御用米曲輪発掘調査概要報告書』（小田原市教育委員会、二〇一六）

◇

岩崎宗純『箱根七湯』（有隣堂、一九七九）
岩崎宗純編『浮世絵が語る小田原』（夢工房、二〇〇一）
内田哲夫『小田原藩の研究』（夢工房、一九九六）
大島慎一「〈資料紹介〉史跡石垣山一夜城跡発見の加藤肥後守銘金石文について」『小田原市郷土文化館研究報告』No.35、一九九九
小田原近世史研究会編『交流の社会史』（岩田書院、二〇〇五）
下重清『幕閣譜代藩の政治構造』（岩田書院、二〇〇六）
下重清「嘉永～安政期の小田原藩の海防」『小田原地方史研究』一九号、一九九四
下重清「小田原藩の海防」『地方史研究』二五四号、一九九五
下重清「近世城下町住人の諸負担」『比較都市史研究』一七巻二号、一九九八
下重清「藩主代替りと初入部」『小田原地方史研究』二二号、二〇〇三
下重清「お目見え儀礼にみる領民の身分序列と由緒形成」『日本歴史』六八三号、二〇〇五
下重清「田中休愚以前」『小田原地方史研究』二四号、二〇〇七
下重清「元禄地震の掘り起こし」『小田原地方史研究』二七号、二〇一四
下重清「大老堀田正俊殺害事件の真相を考える」『小田原地方史研究』二八号、二〇一六
下重清「譜代小田原藩の財政を考える」『日本史研究』六六四号、二〇一七
高田稔『小田原教育小史（二）』（一九六七）
高田稔『神奈川の寺子屋地図』（かなしん出版、一九九三）
中根賢「町奉行大岡忠相の小田原領支配」『法政大学大学院紀要』二九号、一九九二
中根賢「大御所徳川秀忠の小田原隠居計画」『小田原市郷土文化館研究報告』No.29、一九九三
馬場弘臣「小田原藩における俸禄米問題と行財政の改革」『地域史研究と歴史教育』熊本出版文化会館、一九九八
松尾公就『二宮尊徳の仕法と藩政改革』（勉誠出版、二〇一五）
三津木國輝『大久保忠世・忠隣』（名著出版、一九八〇）

協力者

小田原市立図書館／真岡市教育委員会／小田原城天守閣／小田原市郷土文化館／小田原市尊徳記念館／株式会社うぃろう／平塚市博物館
諏訪間順／西岡文夫

下重　清（しもじゅう・きよし）
一九五八年（昭和三十三）、北海道生まれ。早稲田大学大学院文学研究科博士後期課程退学、文学博士。
小田原市史編さん課勤務などを経て、現在は東海大学文学部非常勤講師、小田原市立図書館嘱託員。
著作は、『稲葉正則とその時代』（夢工房）、『幕閣譜代藩の政治構造』（岩田書院）、『〈身売り〉の日本史』（吉川弘文館）。

シリーズ藩《はん》物語《ものがたり》 **小田原藩《おだわらはん》**

二〇一八年十月十日　第一版第一刷発行

著者――下重　清
発行者――菊地泰博
発行所――株式会社　現代書館
東京都千代田区飯田橋三―二―五　郵便番号102―0072　http://www.gendaishokan.co.jp/
電話03―3221―1321　FAX03―3262―5906　振替00120―3―83725
組版――デザイン・編集室エディット
装丁――伊藤滋章（基本デザイン・中山銀士）
印刷――平河工業社（本文）東光印刷所（カバー・表紙・見返し・帯）
製本――鶴亀製本
編集――加唐亜紀
編集協力――黒澤　務
校正協力――高梨恵一

 ISBN978-4-7684-7150-0

江戸末期の各藩

松前、**八戸**、七戸、黒石、**弘前**、**盛岡**、**一関**、秋田、亀田、本荘、秋田新田、仙台、松山、**新庄**、**庄内**、天童、長瀞、**山形**、上山、**米沢**、米沢新田、相馬、福島、**二本松**、三春、**会津**、**守山**、棚倉、平、湯長谷、泉、**村上**、黒川、三日市、**新発田**、村松、三根山、与板、**長岡**、椎谷、**高田**、糸魚川、松岡、笠間、宍戸、**水戸**、下館、結城、**古河**、下妻、府中、土浦、麻生、谷田部、牛久、大田原、黒羽、烏山、喜連川、**宇都宮・高徳**、壬生、吹上、**足利**、佐野、関宿、高岡、佐倉、小見川、多古、一宮、**生実**、鶴牧、久留里、大多喜、請西、飯野、佐貫、勝山、館山、岩槻、忍、岡部、**川越**、沼田、前橋、**伊勢崎**、館林、高崎、吉井、小幡、安中、七日市、飯山、須坂、**松代**、**上田**、**小諸**、岩村田、田野口、**松本**、諏訪、**高遠**、飯田、金沢、荻野山中、**小田原**、**沼津**、小島、田中、掛川、**相良**、横須賀、浜松、富山、加賀、大聖寺、郡上、高富、苗木、岩村、加納、大垣、高須、今尾、犬山、挙母、岡崎、西大平、西尾、吉田、田原、大垣新田、尾張、**刈谷**、西端、長島、**桑名**、神戸、菰野、亀山、津、久居、鳥羽、宮川、彦根、大溝、山上、西大路、三上、膳所、水口、丸岡、勝山、大野、**福井**、鯖江、敦賀、小浜、**淀**、新宮、田辺、紀州、峯山、宮津、田辺、綾部、山家、園部、亀山、福知山、柳生、柳本、芝村、郡山、小泉、櫛羅、高取、高槻、麻田、丹南、狭山、岸和田、伯太、豊岡、出石、柏原、篠山、尼崎、三田、三草、明石、小野、姫路、林田、安志、龍野、山崎、三日月、赤穂、鳥取、若桜、鹿野、**津山**、勝山、新見、岡山、庭瀬、足守、岡田、岡山新田、浅尾、松山、鴨方、福山、広島、広島新田、高松、丸亀、多度津、西条、小松、今治、松山、**大洲・新谷**、**伊予吉田**、**宇和島**、徳島、**土佐**、土佐新田、**松江**、広瀬、母里、浜田、津和野、岩国、徳山、長州、長府、清末、小倉、小倉新田、**福岡**、**秋月**、**久留米**、柳河、**三池**、蓮池、唐津、**佐賀**、小城、鹿島、大村、島原、平戸、平戸新田、**中津**、杵築、日出、**府内**、臼杵、**佐伯**、森、**岡**、熊本、熊本新田、宇土、人吉、延岡、高鍋、佐土原、飫肥、薩摩、対馬、五島（各藩名は版籍奉還時を基準とし、藩主家名ではなく、地名で統一した）

★太字は既刊

シリーズ藩物語・別冊『それぞれの戊辰戦争』（佐藤竜一著、一六〇〇円＋税）

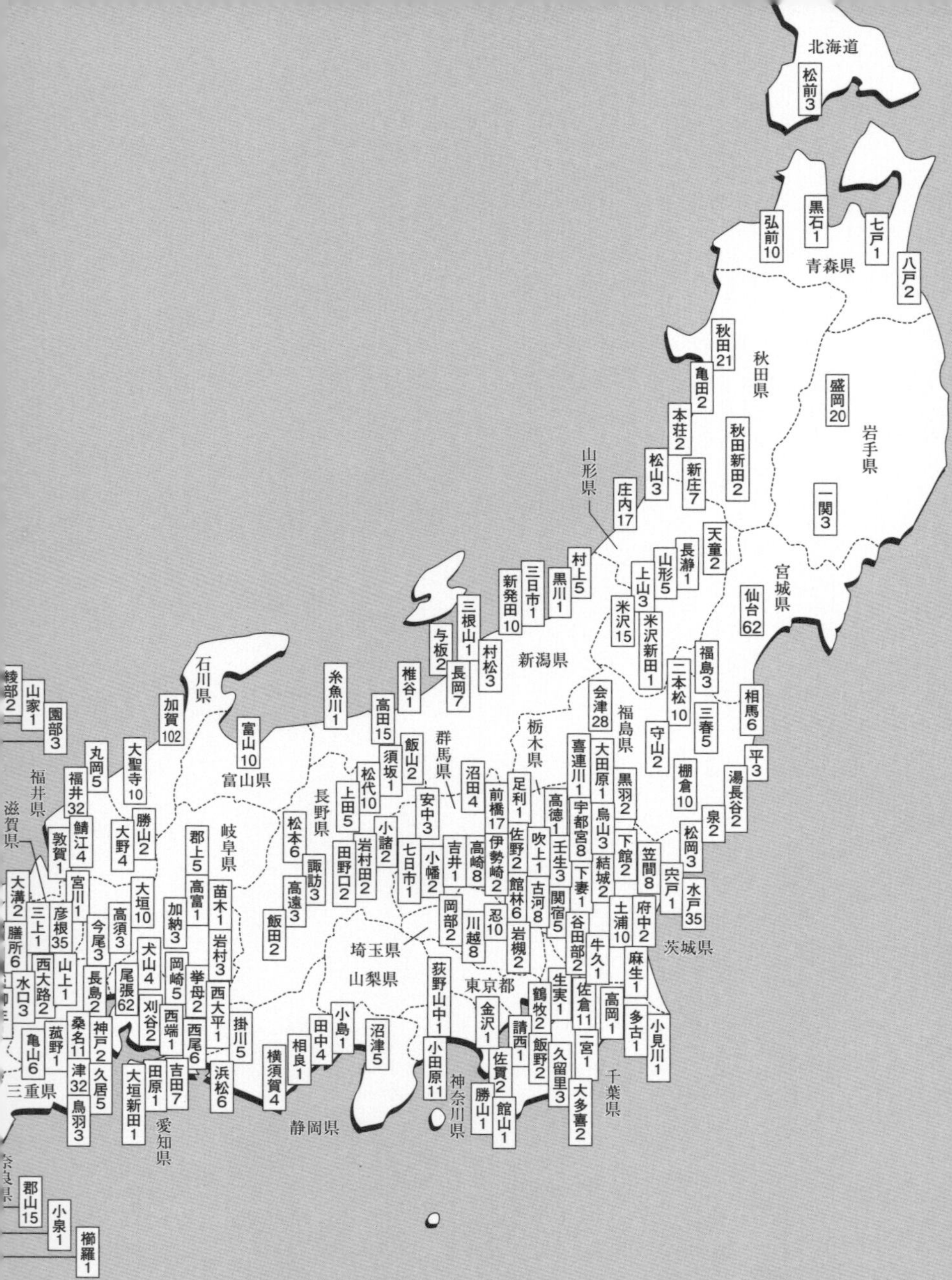

江戸末期の各藩
（数字は万石。万石以下は四捨五入）